경상북도
이야기 여행

서 문

"경상북도의 속살을 만나는 이야기 여행,
솜사탕보다 달콤하고 재미난 여행으로 초대합니다"

로마의 스페인광장은 '이탈리아인이 설계하고 프랑스인이 지불했으며, 영국인이 배회를 하다 지금은 미국들이 점령하고 있다'는 이야기가 있다. 실제로 이 광장은 1725년에 프랑스 대사의 금전적인 도움으로 만들어졌으며, 스페인 대사관이 이곳에 있어 스페인광장이라고 불리는 것이다. 지금도 광장 주변에는 영국풍의 찻집이 많고, 미국 관광객들이 몰려들기 때문에 이런 이야기가 나도는 것으로 알려진다.

유럽의 여행지에서 돈을 가장 많이 쓴다는 미국 관광객들이 스페인광장에 몰려들기 시작한 것은 영화 〈로마의 휴일〉이 공전의 히트를 친 이후다. 오드리 햅번이 인상적인 연기를 펼친 이 영화 때문에 스페인광장 계단에는 언제나 꽃들이 피어 있고, 초상화를 그려주는 이들과 꽃가게도 줄지어 있다. 계단 앞의 조각배 분수에는 항상 거리의 악사들이 기타를 치고, 사진 찍는 관광객들로 번잡하다. 잘 만들어진 스토리 하나가 수많은 관광객을 불러모은다는 사실을 〈로마의 휴일〉에서 확인할 수 있다.

경상북도 23개 시·군의 구석구석에 숨어 있는 스토리를 근간으로 경북 스토리 여행을 시작하면서 〈로마의 휴일〉처럼 신문기자와 공주의 사랑 이야기보다 흥미진진한 이야기가 하나쯤 나오기를 꿈꿨다. 연오랑과 세오녀가 바닷가를 거닐며 싹튼 사랑이 배를 타고 동해를 건너야하는 가슴 아픈 이야기로 끝맺을 때 연오랑세오녀상이 있는 영일만 해맞이광장이 로마 스페인광장으로 변할지도 모르겠다는 기대를 하며 상상의 나래를 펼치기도 했다.

스토리텔링은 이야기의 큰 줄기를 이루는 주제를 꺼내 재미난 요소들을 재구성하는 방법이 일반적이다. 이야기 속에 슬그머니 녹아 있는 작은 모티프를 찾아내 그럴듯한 스토리를 만들기도 한다. 여기서 중요한 것은 설화나 전설, 역사적 사실에 얽매이지 않고 작가의 상상력과 이야기를 풀어 나가는 구성의 힘이다. 그리고 읽은 뒤 마음이 유쾌해지는 '재미'라는 요소가 필요하다.

《경상북도 이야기 여행》은 여행작가 8명이 경북의 다양한 여행지에 널려 있는 이야기들을 찾아 작가 특유의 상상력을 섞어 만든 공동 작업의 결과물이다. 취재를 위해 여러 차례 드나들던 곳에 숨어 있는 이야기들을 찾아 여행 전문가 특유의 시각으로 재구성해서 만든 이야기이기 때문에 조금 더 싱싱한 것 같은 느낌이 든다. 여행지에서 만난 사람들과 대화하고 그곳의 삶을 여행 정보와 함께 전해주는 일을 하는 작가들이다 보니 좀더 깊이 있고 재미난 이야기를 쓸 수 있었는지도 모른다.

작가들이 각자 개성이 강한 만큼 잘 여문 옥수수 알처럼 고르지는 않지만, 34가지 다양한 이야기들이 담겨 있다. 이중 황당하거나 비현실적인 이야기가 있을지도 모른다. 재미없는 이야기가 간혹 섞여 있을지도 모른다. 그런 이야기를 발견한다면 과감하게 다음 이야기로 넘어가도 좋다. 책을 끝까지 읽은 뒤 기억에 남는 이야기가 3~4개라도 있다면 나머지는 용서를 구한다.

《경상북도 이야기 여행》이 나오기까지 취재해서 글과 사진으로 결과물을 만들어낸 여러 작가들과 작업에 힘을 실어준 경북도청 관계자, 경북테크노파크 서곡숙 박사님, 기획과 진행을 맡아준 한은희 회원, 상상출판사 유철상 대표의 노고에 감사의 뜻을 전한다.

2009년 가을 (사)한국여행작가협회

Contents

P·A·R·T 1

- 2   서문
- 8   한눈에 보는 경상북도 화보
- 12   23개 시·군 경상북도 관광 지도

한옥의 향기 가득한 북부권

- 16   벌거벗은 동자상, 새로운 인연을 만나다
  김천 직지사
- 24   리즈벳, 엘리자베스 여왕의 뒤를 잇다
  안동 퀸즈로드
- 30   김 서방과 소금의 비밀
  안동 간고등어
- 36   안동 유생들이 만들어낸 한밤중의 해프닝
  안동 헛제삿밥
- 42   매화처럼 곱고 귀한 인연, 퇴계와 두향
  안동 도산서원
- 50   역사 속에 희생된 아이들의 울부짖음, 청다리 전설
  영주 제월교
- 54   죽어서도 의상을 지키고 싶은 일편단심 선묘아씨
  영주 부석사
- 62   임진왜란의 불패 신화, 정기룡 장군을 만나다
  상주 경천대
- 68   동승, 상추로 대승사의 불을 끄다
  문경 김룡사

76 **한국을 대표하는 사과와인**
의성 한국애플리즈

82 **우리나라 최초의 사화산에 깃든 이무기의 전설**
의성 금성산과 산운마을

90 **지고지순한 사랑이 담긴 나무**
청송 관리 왕버들

98 **시인의 숲에서 만난 두 형제 시인**
영양 주실마을

104 **나는 막걸리를 좋아하는 소나무**
예천 석송령

110 **산에 오르는 것이 책을 읽는 것과 같다?**
봉화 청량산

114 **명당보다 인간의 마음가짐이 중요한 거야**
봉화 닭실마을

PART 2
신화가 깃들어 있는 동해권

- 124 쪽배 타고 동해 건넌 연오랑 세오녀의 사연
  포항 영일만
- 128 영일만은 어떻게 만들어졌는가?
  운제산 대왕암
- 136 울지와 마립간의 장니 약속
  경주 천마총
- 142 재물은 분뇨와 같다?! 300년 부자의 비밀
  경주 최부잣집
- 148 질풍노도의 10대 반항아, 김유신
  경주 김유신 장군 묘
- 156 연인들의 일출 순례지
  영덕 창포말등대와 강구항
- 164 늙은 소나무가 들려준 삶의 지혜
  울진 금강소나무
- 170 관동제일경은 마음에 있다
  울진 망양정
- 178 울릉 개척민의 목숨을 구해준 명이나물
  울릉 태하동

P·A·R·T
3

과거·현재·미래의 꿈이 담긴 남부권

186	신라 최초의 사찰	구미 도리사
194	시안, 다시 꿈을 담고 날다	영천 시안미술관
200	별빛이 연결해준 나로와 아라의 사랑	영천 보현산천문대
208	액운을 쫓는 한국의 토종개	경산 삽살개
216	마을에 내린 돌비로 쌓은 돌담	군위 대율리 전통문화마을
224	천년의 숨결을 간직한 고찰	청도 운문사
232	대가야가 타전하는 찬란한 고대 문화	고령 대가야박물관과 지산리 고분군
240	사도세자와 충직한 신하에게서 소통과 믿음을 배우다	성주 한개마을
248	고즈넉한 풍경과 격조 높은 건축물이 아름답다	칠곡 가실성당

경상북도를 즐기기 위해서는 세 가지 마음가짐이 필요하다.
첫째는 선조들의 삶을 이해하는 것이고
둘째는 그 삶의 바탕이 되는 옛것을 존중하는 마음이다.
셋째는 산에서, 땅에서, 바다에서 경상북도를 즐기는 마음이다.

가야에서 태어났지만 신라의 장군으로 삼국을 통일한 김유신은
멸망한 왕국의 후손으로서 어떤 고뇌와 절망이 있었을까?
김유신 장군 묘에서 신비한 두 개의 비석을 거쳐 선덕여왕릉까지…
천 년을 살아남은 이야기를 찾아 길을 나서자.

경상북도 이야기 여행

영주시 50쪽

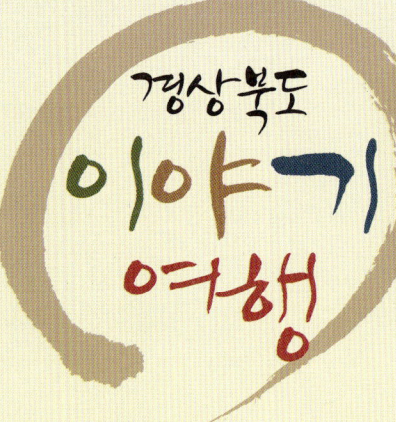
문경시 68쪽

예천군 104쪽

상주시 62쪽

의성군 76쪽

구미시 186쪽

군위군 216쪽

김천시 16쪽

칠곡군 248쪽

성주군 240쪽

고령군 232쪽

울릉군 178쪽

울진군 164쪽

봉화군 110쪽

영양군 98쪽

안동시 24쪽

영덕군 156쪽

청송군 90쪽

포항시 124쪽

영천시 194쪽

경주시 136쪽

경산시 208쪽

청도군 224쪽

김천	직지사
안동	퀸즈로드
	간고등어
	헛제삿밥
	도산서원
영주	제월교
	부석사
상주	경천대
문경	김룡사
의성	한국애플리즈
	금성산과 산운마을
청송	관리 왕버들
영양	주실마을
예천	석송령
봉화	청량산
	닭실마을
포항	영일만
	운제산 대왕암
경주	천마총
	최부잣집
	김유신 장군 묘
영덕	창포말등대와 강구항
울진	금강소나무
	망양정
울릉	태하동
구미	도리사
영천	시안미술관
	보현산천문대
경산	삽살개
군위	대율리 전통문화마을
청도	운문사
고령	대가야박물관과 지산리 고분군
성주	한개마을
칠곡	가실성당

경상북도 관광 지도 ❖ 13

P·A·R·T

1

한옥의 향기 가득한
북부권

오랜 선비의 고장에는
오래된 한옥만큼이나 이야기도 많습니다.
한옥 처마 밑에 앉아
도란도란 이야기를 나누던
정겨운 가족처럼,
할머니 무릎을 베고 누워
옛날이야기를 듣던 아이처럼
경상북도의 이야기를 들을 수 있는 것은
그 때문일 것입니다.
경상북도의 이야기에는 힘이 있습니다.
꼿꼿하게 선 채로 수백 년을 견뎌낸
소나무처럼….

벌거벗은 동자상, 새로운 인연을 만나다
김천 직지사

간절히 원하면 이뤄진다는 이야기가 있다. 아주 오래전부터 사람들은
이루고자 하는 꿈과 희망을 누군가에게 의지하고 기대해왔다.
꿈과 희망이 이뤄졌을 때 그 영험함이 입소문을 타고 그곳을 찾는 사람들의
발길이 꼬리를 물고 이어진다. 하지만 간절하다고 모두 이뤄진다면 세상의 꿈과 희망은
사라질지도 모른다. 김천 직지사에도 간절히 원하면 이뤄진다는 이야기가 전한다.
꿈과 희망을 위해 직지사를 찾는 이들의 간절함을 들여다보자.
글·사진 | 문일식

직지사 대웅전과 동서 삼층석탑

직지사의 천왕문

문화유산해설사로 활동하는 대식은 요즘 수심이 깊다. 결혼한 지 벌써 5년째 접어드는데 아직 아이가 없기 때문이다. 아이가 없는 것은 둘째 문제. 우울한 표정으로 하루하루를 보내는 아내 수련의 백지장 같은 얼굴이 마음에 걸렸던 것이다. 멍하니 창밖을 바라보는 수련의 모습에 대식의 어깨는 금세 축 처진다.
대식은 잠시 바람이나 쐴 요량으로 수련에게 말을 걸었다.
"오늘 어디 좀 다녀오자."
"난 그냥 집에 있고 싶은데, 몸이 좋지 않아서 말이야…."
대식은 말꼬리를 흐리는 수련의 어깨를 잡고 바깥으로 나섰다. 뭉게구름 피어난 파란 하늘이 유난히 쾌청해 보이고, 차창 너머로 스며드는 따뜻한 햇살에 눈이 부셨다.
"가까운 곳에 직지사가 있거든. 주변에 공원도 있고 도자기박물관도 있으니 산책도 하고, 이야기도 좀 나누자. 직지사 가면 재밌는 이야기 많이 해줄게. 내가 전문가잖아. 하하하."
대식이 멋쩍게 웃자 수련도 내심 싫지 않은지 차창 밖을 내다보며 미소 지었다.
직지사에 도착한 대식은 수련의 손을 꼭 잡고 경내로 들어섰다. 숲이 주는 편안한 색감에 수련은 벌써 흡족한 모양이다. 대식과 수련은 직지사 입구 숲길을 거쳐 일주문, 대양문, 금강문을 지났다. 이내 커다란 천왕문이 시야에 들어왔다.
"와, 이 건물은 엄청나게 크네."
수련이 놀라자 대식은 신이 난 듯 천왕문 이야기를 꺼냈다.
"천왕문은 사천왕문이라고도 하는데, 사찰을 지키고 악귀를 쫓을 뿐 아니라 불법을 수호하는 역할을 하는 수호신을 세워놓는 곳이야. 얼굴이 아주 험상궂지?"
"응, 진짜 무섭게 생겼네. 무척 크고 화려해."
"이곳에는 네 분의 수호신인 천왕이 있어. 어디를 가나 마찬가지거든. 각 천왕을 잘 봐. 손에 들고 있는 물건이 다 다르지?"

"그러네. 어느 천왕은 탑을 들고, 어느 천왕은 기타를 들고…."
"하하하, 그건 기타가 아니고 비파라는 악기야. 천왕들이 손에 들고 있는 것에 따라 이름이 붙거든. 칼을 든 동지국천왕, 탑을 든 서광목천왕, 용과 여의주를 쥔 남증장천왕, 비파를 연주하는 북다문천왕."
"맞아, 전에 같이 간 사찰에서 본 기억이 있어. 그때도 무서워서 얼른 지나갔잖아. 하하하."
"맞아, 그랬지. 하하하."
대식과 수련은 모처럼 크게 웃었다. 얼마 만에 보는 웃음인지….
그렇게 웃는 동안 만세루를 지나 대웅전 앞에 이르렀다. 하늘을 찌를 듯 날카로운 두 탑이 푸른 하늘을 가르며 힘차게 솟아 있고, 두 탑의 호위를 받는 듯 대웅전이 서 있다. 대웅전 안에는 사람들이 부처님을 향해 공손히 합장하고 절을 하고 있었다. 이심전심이라던가! 사람들의 얼굴에 비친 간절함은 대식과 수련의 눈에도 그대로 내비쳤다.
대식과 수련은 사람들 사이에 나란히 서서 공손히 절을 올린 뒤 대웅전을 나서 사명각 앞에 이르렀다. 사명대사(四溟大師)의 영정 아래 노스님이 목탁을 치며 염불을 외고 있었다. 대식은 노스님의 예불에 방해가 될까 낮은 목소리로 수련에게 이야기했다.
"쉬잇~ 여기는 사명각인데, 이곳에서 출가하고 주지를 맡았던 사명대사의 영정이 봉안되어 있어. 긴 수염에 눈이 호리호리한 분 있지? 저분이 사명대사야."

비로전 안에 있는 벌거벗은 동자상

사명각 안에서 목탁 소리가 잠시 끊기더니 나지막한 목소리가 흘러나왔다.
"예불을 드리는데 밖이 너무 시끄럽구나. 누구신고?"
사명각에 대해 설명하던 대식은 깜짝 놀라 노스님에게 공손히 머리를 숙이며 사죄했다.
"하하하, 아니 괜찮네. 어디서 오셨는가?"
호탕한 웃음과 함께 노스님이 말을 건네자 수련이 대답했다.
"요즘 마음이 답답하고 불편했는데 남편이 직지사에 가보자고 해서 왔어요. 덕분에 재밌는 이야기도 듣고, 기분도 좋아졌어요."

사명각 내에 안치된 사명대사 영정

"보아하니 무슨 근심이 있는 것 같은데, 기분이 좋아졌다니 다행이구먼. 허허…"
"사실 결혼한 지 5년이 넘었는데 아직 2세를 보지 못했습니다. 아내도 요즘 힘들어하고 해서 머리 좀 식히러 들렀습니다."
대식이 쑥스러운 듯 스님에게 이야기를 건넸다.
"옷깃만 스쳐도 인연이라지만, 사람과 사람 사이의 인연이 어디 쉽게 이어지는가? 꼭 만날 인연이라면 반드시 만날 것을…. 너무 조바심을 내면 올 것도 안 온다네. 허허허. 혹시 비로전에는 들렀다 왔는가?"
"아뇨, 이제 막 가보려던 참입니다. 천 개의 불상이 안치된 곳 말씀하시는 거죠?"
"정작 들러야 할 곳을 아직 못 가본 게로군. 천불이 있는 곳은 누구나 깨달으면 부처가 될 수 있는 곳이라네. 그 천불 중에는 나와 인연이 깊은 부처가 꼭 하나 있게 마련이네. 절을 한 다음 고개를 들어 가장 먼저 눈이 마주치는 불상이 바로 자신과 인연을 맺을 부처라네. 얼른 다녀오시게나."
대식과 수련은 노스님의 말을 듣고 비로전으로 발걸음을 옮겼다. 비로전에 들어서자마자 조용히 합장을 하고 절을 올렸다. 합장한 손을 가슴께 내리고 바라본 불상 속에는 벌거벗은 채 자신들을 조용히 응시하는 작은 동자상이 있었다. 대식과 수련은 이 동자상이 우리와 인연을 맺을 부처라 생각했다. 아니 우리와 인연을 맺을 2세의 모습이라는 생각이 들었다. 대식과 수련은 비로전을 나오면서 가슴이 뻥 뚫리는 듯한 후련함이 느껴졌고, 그 길로 노스님을 만나러 발걸음을 재촉했다. 노스님은 아직도 염불을 외고 계셨다.
"스님, 비로전에서 벌거벗고 있는 동자상을 봤습니다."
노스님이 고개를 돌리며 껄껄 웃더니 대식과 수련을 보았다.
"동자상을 보았다니 제대로 본 모양이구먼. 그 동자상이 바로 자네들과 인연을 맺을 부처라네. 이곳 직지사에는 비로전에서 절을 올린 뒤 천불 가운데 벌거벗은 동자상을 본 사람은 옥동자를 낳는다는 이야기가 전한다네. 그 동자상을 보았으니 아마도 조만간에 좋은 소식이 있을 걸세. 허허허."

이야기를 전해 들은 대식과 수련의 얼굴에는 기쁨의 낯빛이 가득했다.

"스님의 말씀만 들어도 기분이 날아갈 듯하네요. 좋은 말씀 감사합니다. 그런데 스님의 법명은 어떻게 되시는지요?"

"그건 알아서 뭐에 쓰려고…. 나는 그저 여기 사명각에 머무는 늙은 중이라네. 앞으로 만날 소중한 인연 잘 이어가게나. 허허허."

순간 대식과 수련의 눈앞이 환해지더니 노스님은 온데간데없고, 사명대사의 영정만 환히 빛났다. 대식과 수련은 잠시 어리둥절했지만, 노스님이 자신들의 간절한 인연을 이어주기 위해 나타난 사명당이란 사실을 직감하고 있었다. 대식과 수련은 손을 꼭 잡은 채 조용히 미소를 지었고, 근엄하기만 하던 사명대사의 영정이 왠지 온화해짐을 느꼈다.

참고 문헌과 자료 출처
직지사 홈페이지 www.jikjisa.or.kr
전통사찰관광종합정보 홈페이지 www.koreatemple.net
한국일보 '경상북도 김천에 가면 아들을 낳을 수 있다?'
http://news.hankooki.com/lpage/culture/200709/h2007092015390084330.htm

스토리가 있는 여행 길

일주문 》 대양문 》 금강문 》 천왕문 》 삼층석탑과 대웅전 》
사명각 》 비로전 》 삼층석탑 》 청풍료

직지사는 일주문을 지나 금강문, 천왕문, 만세루를 거쳐 대웅전에 이르는 전형적인 가람 배치를 보이지만, 예스러움은 그리 많지 않다. 유난히 큰 천왕문과 만세루를 지나면 대웅전(보물 제1576호)과 함께 날씬한 삼층석탑(보물 제606호)이 두 개 있다. 비로전 앞 삼층석탑(보물 제607호)과 문경의 도천사지에서 옮겨온 것이다. 제 고향도, 제 모습도 아니지만 경북을 대표하는 절집의 경내여서인지 위풍이 자못 당당하다.

대웅전 경내를 지나 만나는 사명각은 임진왜란 당시 승군으로 명성을 떨친 사명대사의 영정이 모셔진 곳이다. 사명대사는 직지사에서 머리를 깎고 출가했고, 30세에 직지사의 주지가 된 인연이 있다.

벌거벗은 동자상이 있는 비로전을 지나면 직지사 경내를 관통하는 물길을 만난다. 시원한 여름이면 잠시 앉아 탁족을 즐겨보는 것도 좋다. 청풍료는 강원으로 사용되다가 지금은 경북 지역의 불교 문화재를 전시한 성보박물관으로 사용되고 있다. 도리사 금동육각사리함(국보 제208호), 김룡사 동종(보물 제11-2호)을 비롯해 국보 1점, 보물 6점 등 다양한 유물을 만나볼 수 있다. 문의 054-436-6174(www.jikjisa.or.kr)

여행 정보

| 김천 세계도자기박물관 |

김천시 대항면 운수리 직지사 입구에 위치. 김천 세계도자기박물관은 세계의 도자기 흐름을 짚어보는 기획전시실과 18~20세기 유럽 자기의 전시 공간, 크리스털·유리전시실 등으로 구성된다. 관람 시간은 오전 9시~오후 6시(매주 월요일, 1월 1일, 설날과 추석 연휴 휴관), 관람료는 1천 원이다. 문의 054-430-6086

| 백수문학관 |

김천 세계도자기전시관 뒤편에 자리 잡고 있다. 김천 출신 시조시인 백수 정완영 선생의 문학 정신을 기리기 위해 지난 2008년 개관했다. 관람 시간은 오전 9시~오후 6시(매주 월요일, 1월 1일, 설날과 추석 연휴 휴관), 관람료는 무료다.
문의 054-436-6834(baegsu.gc.go.kr)

| 직지문화공원 |

직지사 입구에 위치한 직지문화공원은 직지사 경내의 계곡을 끌어들인 산책과 휴식의 공간이다. 중앙의 음악조형분수를 중심으로 4km에 이르는 산책로가 조성되었고, 국내외 유명 조각가들의 작품도 볼 수 있다. 공원 입구에 자리한 우리나라 최대의 장승뿐 아니라 황악정에서 한눈에 보이는 황악산의 능선이 장관이다.

| 방초정 |

김천시 구성면 상원리에 위치. 방초정은 조선 인조 때 세워진 2층 누각으로, 경북 유형문화재 제46호로 지정되었다. 2층의 가운데 한 칸은 들어열개 창을 설치해 방과 마루로 동시에 사용할 수 있도록 했고, 방초정 앞의 연못은 가운데 둥근 섬이 두 개 있어 다른 연못과는 구별되는 모습을 보인다. 특히 여름이면 배롱나무 꽃이 피어 아름답다.

| 성산 여씨 하회택 |

김천시 구성면 광명리에 위치. 성산 여씨 하회택은 일제강점기에 김천 지역에서 독립운동을 한 여환옥 선생의 생가다. 18세기에 지어진 건물이지만 농민항쟁 당시 방화로 불타고, 수해를 당해 일부만 남았다.

| 옛날솜씨마을 |

김천시 증산면 평촌리에 위치. 옛날솜씨마을은 수도암과 청암사 가는 길목에 있으며, 다양한 농촌 체험과 함께 수려한 자연환경을 그대로 느낄 수 있는 농촌 전통 테마 마을이다. 농산물 수확 체험, 짚풀 공예, 먹을거리 체험도 가능하며, 마을 내 민박도 있다.
문의 054-437-0455(somsi.go2vil.org)

김천 세계도자기박물관

방초정과 최씨담이 어우러진 풍경

편안한 휴식 공간인 직지문화공원의 전경

 1 day
09:00~11:00 직지사
11:00~13:00 김천 세계도자기박물관, 백수문학관
13:00~14:00 점심식사 (직지사 주변 산채정식)

14:00~15:30 직지문화공원
16:00~17:30 방초정, 성산 여씨 하회택
18:00~19:00 저녁식사 (지례 흑돼지불고기)
 2 day
09:00~12:00 옛날솜씨마을

수도계곡의 명소인 용소폭포

● 맛집

직지사 입구에 경동산채식당(054-436-6029), 뉴서울식당(054-436-6045) 등 산채정식을 주로 하는 식당이 많다. 지례면에는 흑돼지가 유명하다. 방목한 지례 흑돼지는 다른 품종에 비해 비계가 적고 육질이 담백하며 쫄깃하다. 장영선원조삼거리식당(054-435-0067), 두꺼비식육식당(054-434-1088), 흑돼지농장가든(054-434-5730) 등이 있다. 옛날솜씨마을 입구에는 흑두부를 전문으로 하는 평촌식당(054-437-0018), 토종닭과 한방백숙을 잘하는 장뜰산촌식당(054-437-0079)이 있다.

| 청암사 |

김천시 증산면 평촌리에 위치. 불령산 자락에 자리 잡은 청암사는 신라 헌안왕 때 도선이 창건한 사찰로 알려졌다. 입구에서 10분 정도 계곡을 따라 이어지는 숲길이 참 좋다. 비구니 사찰이라 제한된 공간이 많지만, 아기자기한 경내 풍경이 아늑하고 소소하다.
문의 054-439-9511(www.chungamsa.org)

| 수도암 |

청암사의 부속 암자로 김천시 증산면 수도리에 있다. 수도계곡을 따라 끝까지 오르면 산 중턱 넓은 터에 수도암이 보인다. 석조비로자나불좌상(보물 제307호), 약광전 석불좌상(보물 제296호), 삼층석탑(보물 제297호) 등 문화재가 있고, 수도산 정상이나 청암사로 넘어가는 등산 코스도 좋다. 문의 054-437-0700

| 용소폭포 |

경북 성주에서 김천 수도계곡에 이르는 대가천은 한강 정구 선생이 주자의 《무이구곡》을 본떠서 쓴 《무흘구곡》의 배경이다. 수도계곡에는 만월담, 와룡암, 용소폭포가 무흘구곡에 포함된다. 특히 용소폭포는 파인 암반을 따라 떨어져 여성스러움이 느껴진다.

● 숙박

직지사 주변으로 김천파크관광호텔(054-437-8000), 쉘모텔(054-436-6114), 샤르망모텔(054-434-6119), 알프스산장모텔(054-437-8933) 등이 있다. 옛날솜씨마을에는 소망의집(054-437-0150), 정원속의집(054-437-0068), 석감주익는집(054-437-0359), 짚풀공예집(054-437-0389), 사거리정자집(054-437-4536), 무골집(054-437-4744), 상록수의집(054-437-4774) 등 민박집이 있다.

● 찾아가는 길

경부고속도로 추풍령 IC에서 나와 4번 국도 김천 방면이나 김천 IC에서 나와 대전·영동 방면 4번 국도를 타고 덕천사거리에서 좌회전해 4km 정도 가면 직지사에 이른다. 직지사 입구에서 첫 번째 만나는 주차장보다 직지문화공원을 지나 직지사 매표소 주변 주차장을 이용하는 게 편리하다.

12:00~13:00 점심식사
13:30~15:00 청암사
15:30~17:00 수도암
17:00~18:00 용소폭포

리즈벳, 엘리자베스 여왕의 뒤를 잇다
안동 퀸즈로드

1999년 봄, 영국 엘리자베스 여왕이 안동을 방문했다.
가장 한국적인 모습을 보기 위해 찾았다는 안동에서 산태극 물태극으로
물줄기가 돌아드는 하회마을의 충효당과 담연재를 들러보며 생일상을 받았다.
10년 뒤 이 길을 따라가는 리즈벳의 눈에 비친 안동은 어떤 모습일까?
인생의 커다란 숙제를 안고 온 리즈벳은 그것을 풀 수 있을까?

글·사진 | 이동미

2009년 4월, 큰 키에 금발머리가 눈에 띄는 리즈벳이 인천국제공항에 도착했다. 엘리자베스 여왕이 한국을 방문한 지 10년 만이다. 리즈벳은 10년 전 학생일 때부터 한국 방문을 꿈꾸다가 대학 졸업 후 디자인 회사에 다니며 월급을 모았다. 그녀가 한국 방문을 꿈꾼 것은 순전히 엘리자베스 여왕 때문이다. 리즈벳이 태어났을 때 많은 사람들은 축하를 아끼지 않았다. 엘리자베스 여왕과 생일이 똑같았기 때문이다. 어릴 때부터 TV에 엘리자베스 여왕이 나오면 "우리 리즈벳은 여왕님과 생일이 같아. 여왕처럼 멋지게 살 거야. 축하해"라는 말을 수시로 들었다. 하여 리즈벳은 전 세계를 누비는 엘리자베스 여왕의 모든 것에 관심을 가졌다. 그러다가 10년 전, 여왕이 한국의 안동 하회마을을 방문해 생일상을 받는 모습, 탈춤 장단에 발장단을 맞추는 모습을 보고 한국 방문을 결심한 것이다.
그 순간 리즈벳의 휴대폰이 울렸다.
"리즈벳? 잘 도착했어? 날씨는 어때?"

엘리자베스 영국 여왕이 찾은 안동 하회마을

안동

리즈벳의 남자친구 필립이다. 사귄 지 8년 되었고 얼마 전 청혼을 받았지만, 아직 마음을 정하지 못해 한국 방문 후 답을 주기로 하고 떠나온 터였다. 리즈벳이 필립을 좋아하지 않는 것은 아니다. 항상 따뜻하게 감싸주고 아껴주는 필립을 사랑한다. 단지 인생에서 커다란 문제고, 필립이 운명의 남자인지 확신이 조금 부족하기 때문이다.

국내선과 버스를 갈아타며 안동 하회마을에 도착했다. 안동은 한국에서 가장 많은 지정 문화재(239점)가 자리한 '고(古) 건축물의 보고'라 했다. 또 산과 물에 둘러싸인 자연이 빼어나다고 했다.

리즈벳이 하회마을의 충효당(忠孝堂)에 도착한 것은 아침 햇살이 싱그러운 11시쯤. 엘리자베스 여왕은 11시 10분에 도착했다. 당시에는 한국 국기와 유니온 잭을 든 환영 인파 2만여 명이 곳곳에 자리해 축제 분위기였다. 지금은 환영 인파 대신 한적하고 상큼한 봄 햇살이 오래전부터 그녀를 기다렸다는 듯 온몸을 부드

서애 유성룡의 집
충효당

럽게 감싸주었다.

충효당은 조선 중기 이름난 문신 서애(西厓) 유성룡(柳成龍, 1542~1607)이라는 사람의 집이다. 여왕은 충효당을 돌아보다 안채에서 여자들이 김치와 고추장 담그는 모습을 보았다. 김치와 고추장은 한국 사람들에게 없어서는 안 되는 전통 음식이다. 여왕은 방 안에 들어가 충효당 가족들과 인사를 나누었다. 한국의 전통 가옥인 한옥은 댓돌에 신발을 벗어놓고 들어가는 구조라 여왕 역시 해외 순방 중 처음으로 신발을 벗고 마루에 올랐다. 리즈벳도 맨발로 마루에 올라섰다. 반들거리는 나뭇결을 딛는 느낌이 시원하고도 간지러웠다. 엘리자베스 여왕이 심었다는 충효당 마당의 구상나무 앞에서 기념 촬영을 했다. 충효당에서 나와 담연재(澹然齋)로 가는 길에는 파릇파릇 봄소식을 알리는 채소들이 자라고 있었다. 10년 전 오늘, 소를 몰고 밭을 가는 농부가 있어 여왕이 지켜보던 곳이다.

엘리자베스여왕은 담연재에서 하회탈춤을 관람했다. 하회별신굿탈놀이는 '못 보고 죽으면 염라대왕도 보고 오라며 돌려보낸다'는 한국 전통 탈춤으로, 엘리자베스 여왕이 공연을 보며 발장단을 맞추고 흥겨워했다. 이곳에서 여왕은 73세 생일상을 받고 아주 즐거워했다. 여왕은 1926년 런던에서 출생해 25세의 나이로

50여 개국을 거느린 대영제국의 최고 통치자가 되었다. 지금도 영연방 54개 국가 국민의 상징이며, 여왕의 일거수일투족은 세간의 관심을 모은다.

이날 생일상은 안동소주 기능 보유자이자 한국 음식 연구가인 조옥화씨가 임금님의 생일상을 준비하듯 대한민국의 농산물을 이용해 47가지를 차렸다. 여왕은 조선시대 궁중 연회에 쓰이던 꽃떡이 생일상에 오른 것을 보고 "very good, wonderful"을 연발했다.

여왕이 생일상 받는 모습을 보려고 담연재 옆 초가지붕에 많은 관광객이 올라가 지붕이 일부 망가지는 해프닝도 벌어졌다고 한다. 생일상을 받는 여왕은 웃고 있었는데, 리즈벳은 여왕의 얼굴이 밝지만은 않다고 생각했다. 혹 영국에 혼자 있는 에든버러 공이 떠오르지 않았나 싶었다. 그들의 사랑 이야기는 지금 생각해도 영화처럼 멋지다. 1939년 6월, 그러니까 여왕이 13세 때 부왕 조지 6세와 해군 사관학교를 시찰하면서 사관생도 에든버러를 보고 첫눈에 반했다고 한다. 그리고 8년 뒤(1947년) 결혼을 했다. 리즈벳도 필립과 만난 지 8년 정도 되었다. 생일이 여왕과 같다고 해서 같은 인생을 사는 것은 아니지만 말이다.

리즈벳은 천등산 자락의 봉정사로 향했다. 일주문을 지나 한국의 목조 건축물 중 가장 오래되었다는 극락전을 돌아보았다. 여왕은 만세루에 올라 남쪽으로 병풍처럼 둘러싸인 봉정사를 둘러본 후 잠시 감회에 젖었다. 리즈벳 역시 만세루에 올랐다. 살살 부는 산사의 바람에 이따금 풍경 소리가 들렸다. 기와가 얹힌 사찰의 지붕이 끊어질 듯 맞물려 산줄기와 이어진다. 이것이 진정한 한국의 모습이리라.

봉정사를 돌아 나오는데 'Happy Birthday, Lizabeth, I Love you, Phillip' 이라는 문자 메시지가 도착했다. 리즈벳은 씩 웃으며 한 줄 적고 가라는 스님의

생일상을 받고 즐거워하는 영국 여왕
(사진 제공: 경북도청)

가을걷이가 한창인
하회마을 주민들

말씀에 방명록을 적었다. 'I miss you, Phillip. Lizabeth, from Korea.' 순간 스님이 눈을 동그랗게 뜨고 자신을 쳐다봤다. 그러더니 필립이 누구고 리즈벳이 누구냐고 물었다. 자신이 리즈벳이고 남자친구가 필립이라는 말에 잠깐 기다리라며 안에서 무언가를 가지고 나왔다.

'As I visit the Pongjong Temple in the peaceful mountains, I feel the beauty of a Korean spring day. April 21, 1999. - Her Majesty Queen Elizabeth Ⅱ' '조용한 산사 봉정사에서 한국의 봄을 맞다' 라는 엘리자베스 여왕의 방명록이다. 이것이 어떻다는 말이냐는 뜻으로 스님을 보았더니 다음 장을 넘겨주었다. 거기에는 'I miss you, Phillip. Lizabeth, from Korea' 라고, 자기가 쓴 것과 똑같은 글귀가 적혀 있었다. 엘리자베스 여왕이 공식적인 인사말을 남긴 후 개인적인 글귀를 하나 더 남겼다는 것이다. 그때 뒤통수를 치듯 떠오르는 것이 있었다. 리즈벳이 영국에서 떠날 때 필립이 해준 말이다.

"그거 알아? 자기가 엘리자베스 여왕이 갔던 길을 따라 한국에 간다고 했지. 그래서 엘리자베스 여왕에 대해 좀 찾아봤어. 신기한 것이 있더라구. 엘리자베스 여왕은 어릴 때 집에서 리즈벳으로 불렸대. 자기랑 똑같이 말이야. 그리고 또 있어. 에든버러 공 말이야, 원래 이름이 필립 마운트배튼이야. 필립, 뭐 느껴지는 거

없어? 내 이름이 필립이잖아, 엘리자베스 여왕과 에든버러 공, 그리고 리즈벳과 필립, 이건 운명이라구, 운명!"
순간 범종각에서 예불을 알리는 타종 소리가 은은히 울려 퍼졌고, 리즈벳은 지그시 눈을 감았다. 모든 것을 씻어내는 듯, 마음의 평안을 주는 듯 봉정사의 범종 소리가 아련하게 이어졌다.

 참고 문헌과 자료 출처
〈엘리자베스 2 영국 여왕 방문기〉(보고서), 안동시청
〈선비와 신사의 만남〉(영상물), 안동시청
네이버 블로그 http://blog.naver.com/imtaun?Redirect=Log&logNo=100067170138

하회마을 입구 》 여왕 방문 기념 전시관 》 충효당 》 담연재 》 봉정사

학자를 많이 배출한 양반 고을이며, 임진왜란 등 전란의 피해 없이 잘 보존되어 마을 전체가 중요민속자료 제122호로 지정된 안동 하회마을은 말 그대로 물이 돌아간다는 뜻으로, 낙동강 줄기가 마을을 휘감고 S자로 흐르며 산이 병풍처럼 마을을 둘러싸고 있다. 하회마을 입구에는 당시 상황을 고스란히 보여주는 '엘리자베스 2세 영국 여왕 방문 기념 전시관'이 마련되어 있다. 이곳을 먼저 관람하고 하회마을로 들어가면 여왕이 방문한 충효당, 여왕이 심은 구상나무, 담연재에서 생일상을 받던 장면들을 떠올리며 좀더 재미있게 돌아볼 수 있다. 하회마을의 주요 명소는 양진당(養眞堂, 보물 제306호), 충효당(보물 제414호), 북촌댁(중요민속자료 제84호), 빈연정사(賓淵精舍, 중요민속자료 제86호), 유시주 가옥(중요민속자료 제87호) 등이다.
하회마을에서 나와 엘리자베스 여왕이 다녀간 봉정사에도 들러볼 것. 봉정사에서는 일주문을 지나 참나무 숲에서 산새 소리와 물소리를 감상하고 단아한 극락전을 돌아보며 여왕처럼 고요한 산사의 봄을 만끽하자. 신라 문무왕 12년(672) 의상대사의 제자 능인대사가 창건한 봉정사는 능인대사가 도력으로 종이 봉황을 접어서 날렸는데 현재의 자리에 머물렀다 하여 봉황새 봉(鳳)자에 머무를 정(停)자를 써 봉정사라 이름지었다. 한국에서 가장 오래된 목조 건물인 극락전(국보 제15호)을 비롯해 대웅전(국보 제311호), 화엄강당(보물 제448호) 등이 있다.
문의 안동 하회마을(054-854-3669, www.hahoe.or.kr), 봉정사(054-853-4181, www.bongjeongsa.org)

김 서방과 소금의 비밀
안동 간고등어

안동 간고등어는 안동의 대표 얼굴이라고 할 수 있다.
살집이 푸짐한 안동 간고등어는 구워도 비린내가 나지 않으며,
고소한 감칠맛이 일품이라 따끈한 밥에 한 점 올려 먹으면 절로 행복해진다.
동해에서 잡은 고등어를 등짐으로 날라 안동까지 조달했다는데,
누가 어떻게 이 맛을 찾아냈는지 궁금하다.

글·사진 | 이동미

찌는 듯한 더위에 숨이 턱턱 막힌다. 한 걸음 내디딜 때마다 흙먼지가 풀썩이고 등에서는 땀이 쉴 새 없이 흘러내린다. 오늘도 장돌림 김 서방은 땀을 뻘뻘 흘리며 길을 걷는다. 날씨는 왜 이리 더운지…. 그는 등에 진 고등어가 상할까 걸음을 재촉한다.

'오늘이 유월 초사흘, 낼모레가 챗거리 장 서는 날이니 서둘러야 한다.'
영덕 강구항에서 새벽밥을 먹고 동해에서 펄펄 뛰는 고등어를 등짐 지어 날랐다. 돈이 있는 장사치들이야 삼바라(소달구지)에 싣거나 지게 짐으로 날랐지만, 김 서방은 가진 것이 맨몸뚱이 하나라 그저 바지게(발채를 얹은 지게)를 져서 날랐다. 홑겹 바지에 저고리를 입고 머리에는 패랭이를 썼으며, 다리에는 행전을 쳐 바짓가랑이가 휘적거리지 않게 하고 짚신을 단단히 신었다.

밥 단지를 달고 황장재를 넘어가다 거랑(개울가)에서 끼니를 때우고, 흐르는 물에 발 담그고 걷고 또 걸어야 하니 고달팠다. 하루 종일 걸으면 해 질 녘 진보 신촌마을에 도착한다. 더는 발가락 하나 움직일 수 없을 정도도 몸이 무거워지니 어떻게 잠이 들었는지도 모르게 봉놋방 구석에서 구부리고 잔다.

다음날 새벽밥을 먹고 다시 출발하면 저녁나절 임동면 챗거리 장터에 도착한다. 강구항에서 200리 길이다. 낼 아침부터 장이 열릴 판이니 등금쟁이(등짐장수)와 보부상이 진을 치고 있다. 우마차도 들어온다. 얼른 돈을 벌어 우마차를 사는 것이 김 서방의 꿈이다.

안동 간고등어 50년 간잽이 이동삼씨

"오랜만이시더…."

장터 모퉁이 객주에 짐을 풀고 안면을 튼 염전에서 소금을 사 왔다. 고디(고등어의 안동 지방 사투리)는 바다에서 펄펄 뛰던 놈인데 '살아서 썩는다'고 할 정도로 유난히 비린내가 많이 나고 쉽게 부패하는 생선이다. 그러니 이쯤 되면 고등어 내장이 상하기 시작한다. 내장을 꺼내고 맑은 물에 깨끗이 씻어 왕소금을 친 다음 하룻밤을 재워야 한다.

'편항장'이라고도 하는 챗거리 시장은 인근 유통의 중심지였다. 각종 산물이 풍부하고 교통이 발달해 어물과 농산물의 거래가 용이하니 경제 거점지가 되었다. 영덕 등지에서 나는 해산물이 몰려들어 이를 사려는 우마차꾼들이 줄을 이었으며, 장사치들이 붐볐다. 장터 인근에는 마방(馬房)도 성행했다.

게다가 5일과 10일에 챗거리 장이 서면 인근 부내장(안동장), 현내장(풍산장), 옹천장, 구미장, 포저장(봉화장)에서 팔 물건을 조달하기 위한 장사치들이 합세해 더욱 복잡했다. 김 서방처럼 몇 군데 장시를 떠도는 장돌림도 있고, 관아의 허가를 받고 전국 장터를 조직적으로 움직이는 보상과 부상도 있다. 이곳에서 물품을 구입한 등짐상들은 북부 지역 산골 마을로 다니거나 인근 5일장에 가서 되팔았다.

이중 안동에서 온 장사치들은 고등어를 많이 찾았다. 안동은 양반 고장이라 유림과 제사가 많아 제사상에 올릴 고등어를 찾는 이들도 많았다. 이 고디는 제사상이나 대갓집 밥상에 오르지 않으면 자린고비 집 천장에 매달릴 것이다.

따끈한 밥에 얹은 간고등어 한 점

고등어 재우는 중요한 일을 했으니 한 술 뜨고 잠자리에 들었다. 날이 훤해지기도 전에 장터가 시끌시끌하다. 포목 장수, 신발 장수, 그릇 장수 등 온갖 장수들이 모여 자신의 물건을 사라고 소리를 지른다. 김 서방은 늘 자리잡던 곳에 고등어를 보기 좋게 늘어놓았다.

"밥은 자셨니껴?"

안동 간고등어
이야기가 시작되는
강구항

"뭐라카노?"
구수한 소리들이 귓가에 스쳐간다.
고등어의 모양새를 잡는데 익숙한 여인네의 치맛자락과 신발이 눈에 들어온다.
"아지매 왔니꺼?"
안면이 익은 여인이 젊은 일꾼을 대동하고 나타났다. 안동 김 대감 댁 안채에서 부엌일을 하는 여인이다. 집안에 중요한 행사가 있으면 직접 챗거리 장까지 나온다. 김 대감 댁 큰 자제가 장가를 들어 장을 보러 왔는데, 지난번 제사 때 쓴 김 서방네 고등어가 맛이 좋았기에 다시 찾았다는 것이다.
김 서방은 자신의 귀를 의심했다. 이것이 무슨 일인지….
집안 경사에 쓸 것이라며 값도 후하게 쳐주었다. 이른 아침부터 가져온 물건을 모두 팔아버린 김 서방은 기분이 좋아 장 구경을 하기로 했다. 그동안 고등어를 파느라 돌아보지 못한 장에는 진귀한 것이 많았다. 기분도 좋고 해서 마누라와 딸아이에게 줄 댕기를 하나씩 샀다. 한양의 명품 담배 종성연(鐘聲烟)을 파는 연죽전(烟竹廛)에서 담배침도 하나 샀다. 담뱃대의 대통(담배 담는 부분) 속에 모인 담뱃진을 끌어낼 때 쓰는 것인데, 물고기 모양으로 멋지게 생긴 것이 마음에 들었다. 백당전(白糖廛)에서 엿과 사탕도 조금 사며 시장 구경을 했는데, 그 와중에도 김 대감 댁 여인의 말이 귓가를 맴돌았다.

왼쪽 안동 간고등어 운송 모습 재현
(사진 제공 : 안동 간고등어)
오른쪽 염장을 기다리는 고등어들

다른 장수 고등어보다 김 서방네 것이 맛나다며 소금은 언제 얼마나 치는지 등을 물었다. 장돌림과 상인들은 대부분 영덕항이나 거진항, 강구항에서 소금을 친다. 양이 많기도 하거니와 상할까 봐 걱정되기 때문이다. 하지만 김 서방은 등으로 질 수 있는 정도라 양이 적고, 고등어를 판 지 얼마 되지 않기에 아직 소금 거래처를 트지 못했다. 또 어제 묵은 진보는 작은 곳이라 소금을 구할 길이 없었고, 챗거리 장터까지 와도 고등어는 걱정만큼 상하지 않았다. 김 대감 댁 여인은 고개를 끄덕이며 영덕에서 챗거리까지 오는 동안 고등어가 먹기 좋은 상태로 발효되고, 상하기 바로 전에 소금을 뿌린 뒤 안동으로 가다 보니 소금 간이 숙성되어 맛이 좋은 모양이라 했다. 짜기만 한 다른 이의 고등어보다 훨씬 깊고 감칠맛이 난다는 것이다.

김 서방은 집으로 돌아가 아내에게 돈을 보여주며 오늘 있었던 이야기를 해주었다. 아내 역시 고개를 끄덕였다.

하여 다음 장날에는 아내와 같이 장터에 나왔는데, 김 대감 댁 여인이 얼굴에 미소를 띠며 다른 대감 댁 여인을 대동하고 왔다. 김 대감 댁 혼사에 참석한 사람들이 고등어가 맛있다고 칭찬했다며 이제부터 최 대감 댁도, 그 이웃도 김 서방네 고등어만 쓰기로 했다는 것이다. 다음 장에는 어느 정도 준비해달라며 선주문도 하고 갔다.

김 서방은 아내를 부둥켜안고 덩실덩실 춤을 추었다. 잠시 후 마음을 가라앉히고 염전에 소금을 넉넉히 주문한 뒤, 영덕항에 들러 고등어도 많이 달라고 부탁했다.

다음 장날, 김 서방은 떨리는 마음으로 이른 아침 챗거리 장터에 나와 김 대감 댁 여인을 기다렸다. 저 멀리서 김 대감 댁 여인이 등짐 질 하인을 데리고 나타났다. 김 서방의 얼굴이 순간에 쫙 펴졌다. 그 후 안동의 내로라하는 대감 댁에서는 김 서방네 고등어만 찾았고, 입소문이 더해지면서 김 서방은 가장 맛있는 간고등어를 대주는 사람으로 알려져 부자가 되었다.

참고 문헌과 자료 출처
네이버 백과사전 http://100.naver.com/100.nhn?docid=812717
인빌쇼핑 www.invil.com/servlet/common/InvilServlet?module=productdetail&action=view&productCode=8801234164719&townCode=54AD0002
안동 간고등어 홈페이지 http://godunga.co.kr/center/index.php?doc=html/legend01.htm

강구항의 새벽 모습

임하댐 》 안동 간고등어 공장 》 간고등어 식당 》 간고등어 판매장

안동에서 청송 방면으로 가다 보면 거대한 임하댐이 앞을 가로막는다. 영양에서 발원해 청송을 거쳐 안동으로 흐르는 물길을 1993년 높이 73m, 길이 515m에 이르는 댐이 가로막은 것이다. 고등어 이야기가 있는 챗거리 장터와 인근 지역이 수몰되었으니 어디쯤인지 정확한 위치를 아는 이가 없다. 그저 임하댐 구경 정도로 만족해야 한다.

다음은 안동 간고등어 공장. 50년 간잽이 이동삼씨의 지휘 아래 안동 간고등어가 만들어진다. 산지에서 직송된 고등어의 내장을 정리하고 핏기를 뺀 다음 왕소금을 쳐 숙성고에서 소금기가 고루 배게 한다. 하지만 아쉽게도 식품 위생상 견학은 불가능하다. 당북동의 안동간고등어직영식당(054-854-0545), 구이마당(054-858-1118), 남안동 IC 직전의 남안동휴게소(054-859-7760), 그 외 하회마을 인근이나 월영교 등 안동 시내 곳곳에서 맛볼 수 있다. 돌아가는 길 안동 간고등어를 구입할 수 있는 곳은 남안동휴게소 내 직판장(054-859-7760), 학가산온천 농·특산물 직판장(054-852-2353), 안흥동의 안동간고등어 직판장(054-854-9245) 등이다.

안동

안동 유생들이 만들어낸 한밤중의 해프닝
안동 헛제삿밥

안동 헛제사밥은 간장 양념으로 비벼 먹는다.

안동에 가면 소문난 먹을거리 중 하나가
헛제삿밥이다. 제삿밥은 알겠는데
헛제삿밥은 뭘까? 제사상에 올라가는
상어 돔배기며 호박전, 동태포가 그대로
제기에 오르고, 탕 역시 상에 나온다.
게다가 비벼 먹으라며 나물 담긴 밥도 나오지만,
고추장이 없는 요상한 상차림이다.
'헛' 자는 왜 붙었는지, 어떻게 유래되었는지
궁금증을 불러일으키는
헛제삿밥 이야기를 들어보자.
글·사진 | 이동미

유림이 많은 안동에 자리한 청원루에는 척화론의 거두 김상헌의 흔적이 있다.

술시(戌時 : 19시~21시)부터 준비한 제사가 자시(子時 : 23시~다음날 1시)에 본격적으로 시작되었다. 불천위(不遷位) 제사는 향교에서 지내는 보통 제사보다 큰 제사기 때문에 아침부터 20여 명이 동원되어 떡을 하고 전을 부치며 제수를 준비하느라 부산을 떨었다. 특히 본편은 두 시간을 넘게 쌓아 올렸다. 시루떡을 쌓아 올리듯 온갖 정성과 기술을 다해 일정한 법칙으로 쌓는 것이다. 맨 밑에 시루떡을 17줄 쌓고, 옆설기(나물떡) 1궤를 쌓은 뒤, 녹두 고물로 만든 떡을 2궤, 경단과 부편, 국화전, 작과, 조약, 쑥구리 등을 차례로 쌓아 올린다. 밑은 좁고 위로 올라가면서 넓어지는 역 피라미드 구조라 허물어지지 않도록 세심한 정성과 노력을 기울여야 한다. 떡을 다 쌓으면 한지로 곱게 싸는데, 이 작업을 '편봉한다'고 한다. 떡 외에 어적, 육적, 계적 등 고기와 생선 등도 세심하게 쌓아 제기에 올려놓았다.

준비가 끝난 제상 앞에 앉았다. 광솔로 불을 밝힌 향교는 대낮같이 환했고, 의관을 정제한 유생들이 정숙하게 자리를 지켰다. 하지만 평상시 같으면 깊이 잠들었을 시간인지라 축문을 읽는 전교의 말소리는 점점 자장가가 되어 너울대고, 하염

유생들이 서원에서
학업 중인 장면
(사진 제공 : 경북도청)

없이 쏟아지는 잠에 취해 결국 장연의 머리는 축문과 리듬을 맞추었다. 게다가 생나무 타는 연기처럼 눈에 맵지도 않은 것이, 동헌 밖 색주가 기생 치맛자락에서 살랑거리는 향도 아닌 것이 무미건조하기 이를 데 없는 만수향 줄기가 이리저리 돌아다니며 두 눈을 감기게 만들었다.
"여보게 장연?"
혹시나 전교의 불호령이 떨어질까 옆줄에서 용케 잠을 떨친 현식이 팔꿈치를 찔렀다.
"그래, 공자님을 만나뵈오니 강건하시던가?"
뒷줄에 있던 태주가 농을 치며 싱겁게 웃었다.
"공자님께서 나는 괜찮으나 태주 자네의 공부가 부족하다며 걱정이라 하시네."
농으로 받아치는 장연의 재치에 현식과 태주가 어깨를 들썩이며 싱겁게 웃었다.
고려시대에 창건되고 조선 명종 22년(1567)에 중건된 안동향교(安東鄕校)는 그 규모가 한양에 있는 성균관과 동일하고, 영남 지방에서 제일 큰 향교로 공자를 위시한 성현 122인을 모시는 곳이다.
5년 전부터 안동향교에서 동문수학하는 교생 장연과 현식, 태주는 사흘에 한 번 꼴로 지내는 성현들의 제사와 유학 공부에 점점 흥미를 잃고 제사보다는 젯밥에, 공부보다는 풍류에 관심이 많은 말썽꾸러기 유생들이다. 불천위 제사만 끝나면 하늘 같은 선배들과 전교가 2~3일 출타하실 테고 성현의 제사도 없는 날이라 몰래 와룡산 기슭 계곡으로 가 한숨 늘어지게 자다 오려는데, 오늘따라 제사가 끝날 기미가 보이지 않는다.

원래 제사는 4대가 지나면 지내지 않으나, 영원토록 위패를 옮기지 않고 모시는 것을 불천위 제사 혹은 부조위(不祧位)라 한다. 불천위는 세 종류로 나뉜다. 나라에 큰 공훈을 세운 공신으로 국가에서 인정하는 국불천위, 지역의 유림들이 공론을 거쳐 학문과 인격, 행실이 뛰어나다고 인정되는 사람을 모시는 유림불천위(향불천위), 문중의 훌륭한 조상으로 인정되어 문중이 모셔야 한다고 뜻이 모아진 문중불천위(사불천위)가 있다. 이중 오늘은 중요한 국불천위를 모시는 중이다.

긴 제사가 끝나고 드디어 음복 시간이 되었다. 제사를 주관하는 등급에 따라 독상이나 겸상을 받는데 장연과 현식, 태주는 한자리에서 겸상을 받았다.

"내일 아침 동트기 전에 동재(東齋) 뒤편 청아루(菁莪樓) 아래로 오게."

"태주 자네는 주사(廚舍 : 부엌)에 가서 남은 음식이 있거든 가져오게! 금강산도 식후경이라 했거늘 와룡산 계곡에서 배고프면 낭패 아닌가?"

다음날 하루 종일 와룡산에서 배고프면 먹고, 더우면 물에 들어가 몸을 담그고, 졸리면 달콤한 낮잠을 즐기던 말썽꾸러기 유생들은 하늘이 어슴푸레해지자 숙소인 동재로 돌아왔다.

전교와 선배 유생들은 없고 후배 유생들은 모두 잠든 듯 조용한지라, 몰래 숙소에 들어와 경전을 보는 둥 마는 둥 하고 자리에 누웠다. 하지만 온종일 낮잠을 자서 잠은 오지 않고, 밤이 되니 출출해서 견딜 수가 없었다. 주사에 가서 뭔가 찾아보려 했으나 명색이 양반인데 하인들처럼 밥을 해 먹을 수도, 찾아 먹기도 난감한 상황이었다. 출출한 배를 움켜쥐던 장연이 꾀를 내었다.

"중요한 성현의 제사가 있다고 거짓말을 하고 하인들을 깨워 준비하도록 하세. 마침 전교도, 선배들도 없는데다 이제 막 들어온 유생들이 뭘 알겠나."

"그래! 이 향교에만 공자를 포함해 성현 122의 제사를 모시는데 하인들이 알 게 뭔가."

현식이 맞장구를 쳤다.

장연이 곤히 잠든 하인들을 불러 제사상을 준비하도록 명했다. 하지만 하인들도 이 향교에서 잔뼈가 굵은지라 조금 이상한지 선뜻 나서지 않는다. 그때 늙은 하인이 말했다.

"소인들은 잘 모르오나 오랜 경험과 들은 바를 토대로 하면 이곳 안동향교 대성전에는 공자를 위시하여 사성십철(四聖十哲)과 공문72현(孔門七十二賢), 송조6현(宋朝六賢) 등을 봉안했고, 대성전의 좌우에 있는 동무와 서무에 동국18현(東國十八賢)등 모두 122위를 봉안했다 들었습니다. 어제 동국18현의 하나이신 문충공 정몽주 선생님의 제사를 지낸 지 익일이 되는 오늘은 제사가 없는 것으로 알고 있사옵니다. 다시 한 번 확인해주시기 바랍니다."
장연은 늙은 하인의 올바른 지적에 매우 당황했으나 짐짓 태연한 척하며 근엄한 표정을 지었다.
"지금 풍천면 병산리에 있는 병산서원(屛山書院)의 건물이 낡아 사당에 올릴 제수를 준비하는 전사청(典祀廳)과 사당의 보수 공사가 진행 중이라는 사실은 다 알 것이다. 오늘 병산서원에서 급히 우리 안동향교에 위폐를 잠시 안치해달라고 온 것이 있는데, 그중 한 성현의 제사가 오늘이니라. 허니 군말 말고 제사상을 준비하도록 하라."
하인들이 그제야 주섬주섬 제사상을 준비하기 시작했다. 상어, 고등어, 달걀, 명태가 제기에 올라 나오고 계절에 맞는 탕과 비빔나물이 상에 올랐다. 있지도 않은 위패에, 있지도 않은 성현의 제사를 지낸 유생들은 음복상을 받아 푸짐하게 배를 채웠다.

안동 제일의 서원인 병산서원과 만대루

"돌아가신 분이 아니라 산 우리가 먹으려고 제삿밥을 차리니 이게 바로 헛제삿밥이구먼."
태주가 농을 던졌다.
"조상님들이 먼저 드시고 남은 음식을 먹는 헛제삿밥이라 그런지 배가 덜 부르구먼."
장연 역시 농지거리를 해가며 배를 두드리고 만족하게 드러누웠다. 그러다 세 명의 눈길이 마주쳤다. 튀어나오는 웃음을 참아가며 킥킥거리기 시작했고, 휘영청 달빛은 하염없이 쏟아졌다.

참고 문헌과 자료 출처
《제사와 차례》, 한국의맛연구회, 동아일보사, 19쪽
《한국의 맛》, 정건조 외, 경향신문사, 230~233쪽
《종가의 제례와 음식 6》, 국립문화재연구소, 김영사, 89쪽
네이버 백과사전 http://100.naver.com/100.nhn?docid=811363
네이버 백과사전 http://100.naver.com/100.nhn?docid=812718
네이버 백과사전 http://100.naver.com/100.nhn?docid=858932
병산서원 홈페이지 www.byeongsan.net
안동음식문화 http://andong-food.co.kr/board/index.php?doc=program%2Fdoc.php&do_id=35

스토리가 있는 여행 길

임청각 》 하회마을 근처 헛제삿밥 식당 》 병산서원 》 월영교 근처 헛제삿밥 식당

전통적인 양반 마을 안동은 4대 봉사와 시제까지 한 해 스무 번이 넘게 제사를 지내는 집이 많다. 도시 곳곳에 자리한 서원에서도 모시는 성인들을 위한 제를 지냈으니 제사가 많은 고장이라 할 수 있다. 안동 헛제삿밥은 이렇듯 많은 제사와 연관이 있다. 선비들이 밤늦도록 글을 읽다 배가 고프니 실제로 제사를 지내지 않고 제사를 지냈다며 음식을 먹었다는 것. 이외에도 여러 가지 설이 전해진다.

안동 헛제삿밥과 연관되어 제사를 자주 지냈을 법한 장소는 석주(石州) 이상룡(李相龍)을 배출한 뼈대 있는 집안 임청각(臨淸閣)이나 공자를 위시한 성현을 모시는 안동향교, 사설 교육기관인 병산서원이나 도산서원(陶山書院) 등이다. 이중 한 장소를 돌아보고 헛제삿밥을 파는 식당으로 가보자. 상에는 제사 지낼 때 제기에 올리는 음식이 그대로 나온다. 월영교 옆 까치구멍집을 예로 들면 쇠고기, 명태, 상어 돔배기, 동태포전, 다시마전, 호박전, 두부전이 오른다. 다른 제기에는 상어 돔배기와 쇠고기 파산적이 오르고, 또 다른 제기에는 떡과 약밥이 오른다. 탕은 상어고기 자투리와 무, 두부, 다시마 등을 넣어 끓인 것이고, 미나리와 숙주, 당근 지단을 얹은 탕평채도 보인다. 그리고 밥 옆에는 6가지 나물이 담긴 그릇이 놓여 밥을 넣고 고추장 대신 간장으로 비벼 먹는다. 디저트로는 고춧가루 물이 들어 붉은빛을 내며 시원하고 매콤하면서도 달콤한 안동식혜를 먹는다.

직사에서 바라본 도산서원 풍경

매화처럼 곱고 귀한 인연, 퇴계와 두향
안동 도산서원

안동

조선의 학자 퇴계는 모두 우러르던 시대의 스승이다.
그의 마음을 마지막까지 사로잡은 것은 이른 봄, 꽃 소식을 전해주던 매화다.
그러나 퇴계가 지극한 마음으로 사랑한 꽃송이 위로 어른대던 모습은 따로 있었다.
단아하고 고운 모습 속에 기품 있는 매무새는 두향의 것이었다.
피기보다 지기 쉬운 봄날의 꽃처럼 애틋하던 퇴계와 두향의 짧은 만남과
긴 이별을 찾아 도산서원 매화원에 가본다. 퇴계가 말년을 보낸 도산서당 완락재(玩樂齋)
밖으로 자리한 매화원에서 퇴계의 눈 속에 꽃처럼 피어났을 두향을 떠올린다.

글·사진 | 유현영

바람은 잠잠하고 하늘은 곱다. 숨을 크게 들이쉬며 호기롭게 걷는 은수의 표정은 "나는 행복합니다"라고 말하는 듯하다. 앞서 걷던 정민이 저만치 앞서 손을 흔든다. 뭐가 그리 좋은지 만면에 웃음을 띤 정민의 모습에 은수도 손을 흔들어 답한다.
"마누라 얼굴만 봐도 좋아?"
슬쩍 농을 건네는 은수에게 정민은 당연하다는 듯 고개를 끄덕이며 은수의 손을 잡고 걷는다.
"내가 말한 물건부터 보자."
정민은 은수를 옥진각(玉振閣)으로 이끈다. 은수는 정민이 잘못 본 것이라며 고개를 젓지만 정민은 자신만만한 표정이다.
"돌아가실 때 남기신 물건이 얼마나 단출했는데 그런 호화로운 물건이 퇴계 선생의 유물이겠어? 내가 장담하는데 당신이 잘못 봤거나 다른 곳이랑 혼동하는 거야."
자그마한 유물관 입구에 들어서서 정민을 따라 걷던 은수는 유리벽 너머 유물을 보고 눈이 동그래진다. 정민이 말한 물건이 떡하니 자리하고 있다. 청자로 빚은 의자의 둥근 몸체에 당초무늬와 연꽃무늬가 아름답게 새겨졌다. 투각으로 새긴 무늬는 정교하고 화려하다.
"어머, 이거야? 이게 의자란 말이지? 정말 퇴계 선생께서 쓰시던 게 맞아?"
은수의 질문이 쏟아질 것을 예상한 정민은 뿌듯한 미소를 지으며 설명해준다. '매화등'이라는 청자 의자는 퇴계가 매화를 감상하기 위해 사용하던 것이라고.

옥진각에서 고직사 올라가는 길

퇴계의 매화 사랑을 알긴 했지만 의자의 용도를 알고 나니 더 놀랍다. 이토록 유별난 매화 사랑엔 특별한 무언가가 있는 것은 아닐까?
정민은 이야기를 이어간다. 퇴계 선생에게는 매화와 얽힌 이야기들이 전하는데, 그중 잘 알려진 이야기가 임종 전에 매화분을 부탁한 이야기다. 선생은 임종하기 사흘 전 제자들에게 유언을 남겼다. 그리고 임종하시던 날 제자들에게 몸을 세워달라고 하신 뒤 벽에 기대앉아 "매화분에 물을 주어라" 하고 돌아가셨다고 한다. 은수는 유언까지 한 마당에 매화분을 붙들고 있었던 연유가 궁금해졌다. 아끼는 매화분이라는 것 말고 진짜 이유 말이다. 그런 은수의 마음을 눈치 채기라도 한 듯 정민이 말한다.
"당신, 퇴계 선생과 단양 기생 두향의 사랑 이야기는 알아?"
"정민씨, 그건 정말 말도 안 돼. 다른 사람이면 몰라도 퇴계 선생은 그런 스캔들과 거리가 먼 분이야. 그렇지 않아?"
믿을 수 없는 얘기라는 듯 바라보는 은수에게 정민이 들려준 얘기는 다음과 같다.
퇴계가 단양군수로 부임한 이른 봄, 관기 두향을 만났다. 아내와 아들을 차례로 잃고 마음에 구멍이 뚫린 듯 허전하고 슬픔에 잠겼던 퇴계의 곁을 지키며 살뜰하게 살핀 이가 두향이다. 시와 서에 능한 두향과 퇴계의 마음을 이어준 것은 봄철

곱게 핀 매화다. 매화의 아름다움을 노래할 줄 아는 두향은 퇴계의 마음속에서 화선지의 먹빛처럼 은근하게 번져갔다. 하지만 열 달이 되기도 전에 퇴계가 다른 지역으로 옮겨 가면서 이제 막 마음을 나누는 사이가 된 그들은 이별을 했다. 갑작스런 이별은 퇴계가 죽기까지 20년 가까운 세월 동안 계속되었다.
"아휴, 무슨 그런 생이별이 있어. 두향이를 데려갈 수는 없던 거야? 하긴 그 시절엔 어림도 없는 일이겠지만…."
"퇴계 선생이 떠나실 때 두향이 짐 속에 매화분을 넣어두었다고 해. 매화를 사랑하는 선생에 대한 사랑의 징표인 셈이지. 선생은 긴 겨울을 기다려 봄에 꽃이 필 때마다 반가운 마음으로 꽃을 즐기셨을 거야. 선생께서는 이 의자에 앉아 매화를 감상하셨대."
은수는 청자 의자를 보고 있으니 정인을 돌보듯 매화분을 돌보았을 선생의 살뜰한 손길과 담담한 옷자락이 서걱대는 소리가 들리는 듯했다. 죽음에 이른 순간에도 차마 놓아버릴 수 없는 마음이 어떠했을지 떠올리니 목구멍이 아파온다.
매화등에 오도카니 앉아 '전생에는 밝은 달이었지(前身應是明月), 몇 생이나 닦아야 매화가 될까(幾生修到梅花)'라며 달빛과 매화에 그리운 마음을 싣던 퇴계의 쓸쓸한 모습이 그려지는 듯하다. 어둠이 깊어지고 달빛이 환하게 비추는 한밤까지 깨어 있던 퇴계의 눈에 두향은 꿈인 듯 다녀갔을지도 모르겠다. 달빛에 청아하게 빛나는 매화에 마음을 빼앗긴 선생의 모습을 바라보는 이, 누구라도 가슴이 미어졌겠다.

매화가 새겨진
청자 의자 매화등

은수는 처음 청자 의자를 보았을 때는 화려한 물건이라 퇴계 선생의 다른 소지품과는 어울리지 않는다고 생각했는데, 사연을 듣고 나니 그의 곁을 지키고 있었을 청자 의자가 다시 보인다. 누가 선물했는지 알려지진 않았지만 선생의 마음을 잘 헤아린 사람인가 보다.
"두향이는 그 뒤로 어떻게 되었어?"
"헤어지고 나서 직접 만난 적은 없다고 해. 대신 두향이 인편에 무엇을 보내기도 하고, 퇴계가 답을 했다고도 전해지지. 퇴계 선생이 돌아가신 뒤에 함께 거닐던 강선대에서 두향이 강물에 몸을 던져 생을 마감했다고 해. 아직 그 무덤이 남아 있고, 매년 봄 두향제를 지내지. 퇴계가 두향에게 보냈다는 시도 한 수 전해져."
"두향의 마음을 위로하고 싶으셨나 보다. 대놓고 사랑한다고, 보고 싶다고 말할 수는 없지만 행간에 숨은 마음을 알았겠지? 세월을 넘어선 러브 스토리지만 너무 가슴 아픈 얘기야."
은수는 길고 추운 겨울을 견디고 피어나는 매화와 가슴 깊이 묻은 채 오랜 세월 그리워한 두 사람의 사랑이 참 많이 닮았다고 생각한다. 그녀는 서당 밖 매화원의 매화 가지를 한동안 쓰다듬고 서 있다. 이른 봄이 되면 잊지 않고 피어나는 매화처럼 봄만 되면 그들의 사랑 이야기가 떠올라 꽃 몸살이 제대로 날 듯하다. 조선시대 학문의 요람이었으며, 퇴계학파의 성지인 이곳이 사뭇 달라 보인다.

참고 문헌과 자료 출처
《안도에게 보낸다》, 퇴계 이황, 들녘, 314쪽
《퇴계 선생 일대기》, 권오봉, 교육과학사
《매화시첩》, 퇴계 이황, 보고사
《선비의 탄생》, 김권섭, 다산초당, 41~42쪽

스토리가 있는 여행 길

도산서원 매표소 》 도산서원 입구 》 도산서원 》 옥진각(유물관) 》 도산서당 》 농운정사, 역락서재

도산서원 입구에 들어서면 앞으로 진도문(進道門)이 있고, 그 끝에는 퇴계 이황 선생을 배향한 도산서원이 자리한다. 양옆에 있는 도산서당과 농운정사(瀧雲精舍)는 마지막에 보기로 하고, 서고인 동서광명실(東西光明室)을 지나 도산서원으로 들어선다. 한호(韓濩)가 쓴 현판을 보고 마루에 잠깐 앉는다. 아래로 도산서원 구역이 한눈에 보이고, 멀리 잔잔한 물길과 평화로운 풍경이 펼쳐진다. 발을 옮겨 옥진각으로 향한다. 퇴계 선생이 생전에 사용하신 문방사우, 책상과 청려장, 옆구리 터진 베개 등 선생의 흔적이 생생하게 남아 있는 그곳에서 선생의 숨결을 느껴보자. 퇴계의 매화 사랑이 전해지는 매화 무늬가 새겨진 벼루와 매화 감상을 위해 앉았던 청자 의자, 손수 가린 시 91편이 묶인 《매화시첩(梅花詩帖)》도 찾아볼 것.

> 뜨락을 거닐 제 달이 사람 쫓아오니
> 매화 언저리에 몇 번이나 맴돌았나
> 밤 깊도록 오래 앉아 일어날 줄 모르니
> 향기는 옷에 가득 그림자는 몸에 가득

퇴계의 매화 시는 철학적인 이치를 다룬 철리시(哲理詩)로 높이 평가되지만, 그의 인간적인 고뇌가 담기지 않았다면 감동을 주지 못했을 것이다. 그의 인간적인 면모를 엿볼 수 있는 이야기를 따라 도산서원을 돌아본다.
문의 054-856-1073(www.dosanseowon.com)

여행 정보

안동 한지전시관

| 안동 한지전시관 |
하회마을 들어가는 길 오른쪽에 자리한 안동 한지전시관에서는 닥나무를 원료로 수작업을 통해 한지를 만든다. 한지에 곱게 물을 들여 선비상이나 찻상을 만드는 한지 공예, 한지로 옷과 가방을 만드는 한지 패션도 만나볼 수 있다. 한지전시장과 공장 견학은 물론, 한지 뜨기와 한지로 탈 만들기 등을 체험할 수 있다.
문의 054-858-7007(www.andonghanji.com)

옥연정사

| 부용대, 옥연정사, 겸암정사 |
태극 모양으로 물이 돌아 나가는 물도리동 하회마을을 좀더 잘 보기 위해서는 하회마을 동북쪽에 자리한 64m의 절벽, 부용대에 오르는 것이 좋다. 하회마을을 조망한 후 부용대의 좁다란 층길(친길)을 이용, 옥연정사와 겸암정사에 가보자. 옥연정사는 서애 유성룡이 1586년 지은 건물로 마당에 수백 년 된 노송이 멋지고, 겸암정사는 서애의 형인 겸암 유운룡이 세워 학문 연구와 제자 양성에 힘쓰던 곳이다.

| 병산서원 |
조선 선조 때의 재상 유성룡을 향사한 서원. 전신은 고려 말 풍산현에 있던 풍산 유씨의 사학 풍악서당이었는데, 1572년(선조 5)에 유성룡이 이곳으로 옮겼다. 1863년(철종 14) '병산' 이라는 사액을 받아 사액서원으로 승격되었다. 많은 학자를 배출했으며, 흥선대원군이 1869년(고종 6) 내린 서원철폐령에 훼철되지 않고 남은 47개 서원 가운데 하나다.
문의 054-858-5929(www.byeongsan.net)

제비원 석불

| 하회동 탈박물관 |
1995년 안동하회민속마을 입구에 개관한 탈 전문 박물관이다. 한국 탈 19종 300점, 35개국의 외국 탈 500점 등 2천 점이 넘는 탈을 소장하고 있다. 박과 나무, 한지를 이용해 탈을 만드는 과정을 순서대로 보여주는 코너가 마련되었으며, 하회별신굿탈놀이에 등장하는 선비, 부네, 백정의 밀랍인형과 다양한 소품들도 전시되었다. 문의 054-853-2288(www.mask.kr)

| 제비원 석불 |
보물 제115호로 지정된 고려시대의 불상이다. 634년(선덕여왕 3) 명덕이 세운 연미사 옛터에 있던 석불상으로, 자연 암벽에 불신을 새기고 그 위에 머리 높이 2.43m, 전체 높이 12.38m에 이

09:00~10:30	10:30~12:00	12:00~13:30	13:30~14:30	14:30~15:30	15:30~17:30	17:30~18:30
안동 한지전시관	부용대, 옥연정사, 겸암정사	점심식사(병산서원 부근 식당)	병산서원	하회동 탈박물관	하회마을	저녁식사(하회마을 내 식당, 간고등어)

매화처럼 곱고 귀한 인연, 퇴계와 두향 ❖ 47

여행 정보

르는 석불을 조각했다. 소발에 육계가 있고, 이마에 백호가 양각되어 장중하고 근엄한 인상이다. 불상 제작 시기는 11세기 무렵으로 추정된다.

| 안동포 전시관 |
안동포는 대마라고 불리는 삼 줄기의 껍질을 벗겨 잘게 쪼갠 후 실처럼 이어 수작업으로 짠 것이다. 경북 무형문화재 제1호며, 안동 지역 대표 특산물로 한 올 한 올 가늘기가 유달리 섬세해 유명해졌다. 안동포타운 내 전시관에는 안동포에 관한 모든 것을 전시해놓았고, 맞은편 건물에서는 안동포 짜는 모습을 볼 수 있다.
문의 안동포 타운(054-840-5314)

안동포 전시관

| 만휴정 |
경북 문화재자료 제173호 만휴정은 조선시대의 문신 보백당 김계행이 만년을 보내기 위해 건립했다. 정면 3칸 측면 2칸으로 정면은 누마루 형식으로 개방하여 자연경관을 감상할 수 있도록 했고, 양쪽에는 온돌방을 두어 학문을 위한 공간으로 활용했다. 만휴정에 오르는 오솔길과 도중에 만나는 폭포, 만휴정을 지나 펼쳐지는 너럭바위 경관이 아주 멋지다.

만휴정

| 묵계서원 |
안동의 25개 서원 중 하나인 묵계서원은 조선 성종 때 부제학을 지낸 보백당 김계행 선생과 세종 시절 사헌부 장령을 지낸 응계 옥고 선생을 봉향한 서원으로, 1687년(숙종 13)에 창건됐다. 흥선대원군의 서원철폐령으로 사당이 사라지고 강당만 남았다가 1998년 후손들이 힘을 보태 복원했다.

계명산 자연휴양림

| 계명산 자연휴양림 |
계명산 자연휴양림은 태고의 신비를 간직한 천연 소나무와 참나무 숲, 통나무집이 절묘한 조화를 이루며, 각종 편의 시설을 갖춰 휴식을 취하기에 최적의 장소다. 인터넷을 통해 예약, 숙박할 수 있다. 문의 054-822-6920(www.andongtour.com)

| 안동소주박물관 |
정식 명칭은 '민속주안동소주전승관' 으로 1987년 경북 무형문화재 제12호로 지정된 안동소주 기능 보유자 조옥화 관장이 설립했다. 안동소주박물관과 전통음식박물관, 소주체험장, 시음장 등이 있고 안동소주 관련 자료 200점, 전통 음식 관련 자료 460점 등을 전시한다. 제조장에서는 안동소주를 만드는 과정을 관람할 수 있고, 시음도 가능하다. 문의 054-858-4541(www.andongsoju.net)

안동소주박물관

 2 day
09:00~11:00 봉정사
12:00~13:30 안동 시내 시장 구경, 점심식사(안동찜닭)
15:00~17:00 만휴정, 오솔길
18:00~19:00 계명산 자연휴양림 숙소 이동, 저녁식사
 3d

08:00~09:00 아침식사(하회마을 내 민박집)
11:00~12:00 제비원 석불, 인근 암자
13:30~15:00 안동포 전시관

17:00~18:00 묵계서원, 숲속 휴식
08:00~09:30 안동 시내 이동, 아침식사

| 임청각 |

임청각은 우리나라에 현존하는 살림집 가운데 가장 큰 규모로, 500년 유구한 역사를 자랑하는 고성 이씨의 종택이다. 세칭 99칸 기와집으로 알려진 이 집은 조선시대의 전형적인 상류 주택으로, 석주 이상룡을 비롯한 독립운동가를 다수 배출했다. 일제강점기 철도 부설 때 행랑채 50여 칸과 부속 건물이 철거되었다.
문의 054-853-3455(www.imcheonggak.com)

| 안동민속박물관, KBS 드라마 촬영장, 월영교 |

안동시 성곡동에는 '달빛이 드는 다리'라는 뜻의 낭만적인 월영교가 있다. 한국에서 가장 긴 목책교(길이 387m, 폭 3.6m)로 중간에 월영정이 있다. 다리를 건너면 KBS 드라마 촬영장으로 쓰이는 초가집과 사대부 집이 재현되었고, 안동댐 아래 자리한 안동민속박물관에서 관혼상제를 중심으로 한 안동의 민속 문화를 관람할 수 있다. 안동댐 안쪽으로도 해상 촬영장이 있다.
문의 안동민속박물관(054-821-0649, www.adfm.or.kr)

| 농암종택 |

영천 이씨의 문호를 연 농암 이현보의 종택으로, 낙동강 상류 청량산 자락인 도산면 가송리에 자리한다. 종택 앞에는 은빛 모래밭이 펼쳐져 퇴계가 지은 〈도산 9곡〉의 비경을 선사한다. 종택의 일부를 숙박과 체험 시설로 사용할 수 있으며, 청량산 트레킹, 〈어부가〉와 〈도산 12곡〉의 탁본, 다도 등의 체험이 가능하다.
문의 054-843-1202(www.nongam.com)

● 맛집

안동댐 월영교 부근의 까치구멍집(054-821-1056)과 옥류정(054-854-8844)의 헛제삿밥이 유명하고, 터줏대감(054-853-7800)과 양반밥상(054-855-9900)의 간고등어도 추천할 만하다. 그 외 풍산 이장한우식당(안동한우, 054-858-2043), 구시장 안에 중앙통닭(안동 찜닭, 054-855-7272)도 맛있는 집이다.

● 숙박

안동 하회마을(054-854-3669, www.hahoe.or.kr)에 숙박 시설이 여럿 있고, 고택 스테이로는 임청각(054-853-3455, www.imcheonggak.com), 농암종택(054-843-1202, www.nongam.com), 수애당(054-822-6661, www.suaedang.co.kr), 지례예술촌(054-822-2590, www.chirye.com) 등이 있다. 병산서원 근처에는 강변민박(054-853-2566), 민박과 식당을 겸하는 병산민속식당(054-853-2589) 등이 있다.

● 찾아가는 길

중앙고속도로 서안동 IC에서 나와 34번 지방도를 이용한다. 안교사거리에서 죄회전해 916번 지방도로 빠지면 오른쪽으로 안동 한지 전시관이 보인다.

09:30~10:30 원이 엄마 동상, 안동소주박물관

10:30~11:30 임청각, 전세동 7층 석탑 구경

11:30~14:00 점심식사(헛제삿밥), 안동민속박물관, KBS 드라마 촬영장, 월영교 인근 산책

14:00~16:00 도산서원

16:00~17:00 농암종택과 인근

17:00~ 귀가

역사 속에 희생된 아이들의 울부짖음, 청다리 전설
영주 제월교

어릴 적 부모님이 "다리 밑에서 주워 왔다"며 놀리는 말씀을 들은 적이 있을 것이다. 영주 순흥면에는 그 말의 시초가 되었다는 '청다리' 가 있다. 소수서원에 공부하러 온 유생들이 많던 때, 몸종이나 동네 처녀와 정분이 나서 애를 낳고 다리 밑에 버려두었다가 다시 거두었다는 얘기가 그럴듯하다. 과연 그럴까? 청다리 전설의 진위는 무엇인지 알아보자.

글 · 사진 | 이신화

'우리나라 성리학의 시조' 회헌(晦軒) 안향(安珦)의 후손인 현준씨는 요즘 보기 드물게 3대가 같이 살고 있다. 현준씨가 이번 휴가지를 영주로 택한 데는 이유가 있다. 조상의 뿌리도 알고 싶고, 어릴 적 듣고 자랐던 '다리 밑에서 주워 왔다' 는 이야기의 진위도 내심 궁금했다. 현준씨는 차 안에서 다섯 살 난 아들 철이에게 "네가 태어난 청다리로 가는 거야"라며 농담처럼 말한다. 그 말에 시무룩해졌던 철이는 풍기 IC 근처 난전에서 달디단 사과 몇 알을 사주자 금세 해맑게 웃는다. 소수서원(紹修書院)에 도착한 현준씨, 왠지 모르게 어깨에 힘이 들어간다. 주자학을 우리나라에 맨 처음 전한 안향의 후손이라는 것이 자랑스러운 게다. 아버지는 조상에 대한 이야기를 하나라도 더 들려주려고 설명을 아끼지 않는다. 소수서원의 이곳저곳을 둘러보고 청다리를 찾는다. 국도변에 '제월교' 라는 별 특징 없는 다리가 보인다.

"애걔, 저게 청다리야? 내가 저 밑에서 태어났다구?"

현재 국도로 이용되는 제월교

어린 철이 눈에 시멘트 다리가 신기할 게 없다.

"철아, 이건 흔하게 보는 다리지만 이곳에는 아주 많은 이야기가 있단다."

철이 손을 잡고 다리 쪽으로 간 아버지는 계곡 밑에 자리를 만들고, 이야기를 이어간다.

예전에 이곳에 공부하러 온 유생들이 공부하기 힘들어서 동네 처녀나 따라온 몸종 사이에서 아기를 낳았다고 한다. 하라는 공부는 안 하고 아기를 낳았으니 은근슬쩍 다리 밑에 버려두었다가 불쌍한 아이 구하는 척하고 데려다 길렀다는 이야기가 전해오지만, 이는 지어낸 것이란다. 일제강점기에 식민 통치에 걸림돌이 된 유림들을 없애고자 서원철폐령을 내렸고, 그러면서 유생들이 연애하여 낳은 자식이라고 왜곡해 양반 문화를 붕괴하려는 계략이 있었다는 것이다.

"소수서원은 주자학에 이어 성리학이 시작된 곳이야. 굳은 학풍이 있는 곳인데, 현실적으로 그런 일이 있었겠니? 대신 청다리에는 참으로 아픈 이야기가 전해진단다. 청다리 계곡은 많은 사람들의 피가 흘렀던 곳이야."

아버지는 한숨을 토해내듯 말을 잇는다.

세조와 단종의 이야기부터 시작된다. 세조가 왕위를 찬탈하는 과정에 많은 살육을 저질렀다. 조카 단종을 영월로 유배하던 때, 세조는 동생 금성대군(錦城大君 : 세종대왕과 소헌황후 사이에 난 세종의 여섯째 아들)을 이곳 순흥으로 보낸다.

처음에는 삭녕(朔寧 : 경기도 연천군과 강원도 철원군 일부 지역의 옛 이름)으로 유배했다가 조정에서 자꾸 죽여야 한다고 하니 차마 그러지 못하고 순흥 땅으로 이배(移配)한 것. 순흥은 어머니 소헌왕후의 외가로, 세조는 30대 시절 순흥에 다녀간 적이 있다. 아버지 세종은 혈기 왕성하고 야망 넘치는 둘째 아들에게 수양과 덕을 쌓아야 한다면서 외가로 보낸 것. 당시 세조는 희방사(喜方寺)에 3년간 머물면서 《월인석보(月印釋譜)》를 썼다. 세조는 동생에 대한 배려로 순흥을 선택한 것이다. 본향안치(本鄕安置 : 죄인의 고향을 유형지로 삼아 그곳을 떠나지 못하게 하는 형벌)라 비교적 거동이 자유로웠던 금성대군은 순흥부사 이보흠(李甫欽)과 함께 의병을 일으켜 단종 복위를 계획한다. 하지만 벽 속에 숨어 엿듣던 파렴치한 관노 이동

주자학의 선구자인
안향 선생 초상화

이란 자가 사귀던 시녀와 함께 격문을 훔쳐 달아나 풍기현감에게 주었고, 조정에 그 문서가 들어간다.

"세조는 머리끝까지 화가 났어. 안동대호부와 예천, 영천의 군사들로 하여금 순흥을 급습하여 쑥대밭으로 만들게 했지."

이때 금성대군을 능지처참하고, 순흥 안씨를 비롯한 많은 선비와 백성들을 마구잡이로 죽인다. 시체는 쌓이는데 마땅히 묻을 곳이 없으니 죽계천에 내다 버렸고, 개울 속에 던지기를 여러 번. 그래도 숨이 끊어지지 않은 사람들을 찾아내 창과 칼로 쑤셔댔다. 순흥 일대는 온통 피바다였다. 그 핏물이 4km 남짓 떨어진 안정면 동촌리까지 흘러내려 지금도 '피끝마을'이라 부른다. 세조는 이것도 모자라 순흥도호부를 폐지하고 순흥을 세 조각으로 쪼개 영천과 풍기, 봉화에 각각 복속시킨다. 이것이 세조 3년(1457)에 일어난 정축지변(丁丑之變)이다.

"당시 법에, 세 살 아래로는 죽일 수 없었거든. 관군들이 살아남은 아이들을 한양으로 데려가 키운 거야. 그런데 아이들이 커가면서 자꾸 자기네 부모가 누군지 묻는데 뭐라 답하겠니? 몰살했으니 누가 부모인지 알 턱 없고, 그 비참한 현실을 말해줄 수도 없었지. 그러니 이름 모를 여성의 다리 밑에서 주워다 키웠다는 의미로 청다리 밑에서 데려왔다고 한 거야. 오래전부터 여자의 다리를 무로 비교하잖

유생들이 시를 짓고 학문을 토론하던 취한대

니. 그래서 우거지 혹은 무를 표현하는 '菁' 자를 써서 청다리라고 은유한 거야."
"그런 사연이 있었군요. 다리 밑에서 주워 왔다는 농담은 하지 말아야겠어요."
"그래야지. 자, 이제 청다리에 대한 이야기를 알았으니 당시 현장이나 둘러볼까?"
금성대군 사당에 참배를 한다. 그리고 역사적인 이야기까지는 이해 못할 철이지만 압각수(鴨脚樹)에 대한 설명도 해주고, 금성대군 위리안치지(圍籬安置地)도 찾는다. 철이 눈에는 큰 의미 없어 보이겠지만 자라면서 어슴푸레 기억할 것이다.

도움말
박홍식(소수서원 학예연구원)

압각수

위리안치지

소수서원 » 청다리 » 금성단 » 압각수 » 위리안치

일단 소수서원(사적 제55호)을 둘러보자. 수령 오래된 소나무와 은행나무에 역사가 서려 있다. 소나무 숲 사이에 당간지주가 있는데, 서원 자리가 숙수사(宿水寺)라는 절이 있던 곳이기 때문이다. 죽계천 너머에 그림 같은 취한대(翠寒臺)가 있으며, 강 옆으로 '경(敬)' 자 바위가 있다. 소수서원 뒤로 나가면 청다리다. 청다리를 보고 금성단(錦城壇)을 찾으면 된다. 단종 복위를 꾀한 금성대군 일행이 죽음을 당한 것을 기리기 위해 만든 사당으로, 봄가을에 향사를 지낸다. 금성단 조금 비껴 있는 은행나무를 압각수라 한다. 잎사귀 모양이 오리발 같다고 해서 생긴 명칭으로, 수령은 1천 년 정도로 추정한다. 압각수는 금성대군이 단종 복위를 꾀할 때 미리 알고 시들어 죽음으로써 엄청난 화를 예고했고, 순흥도호부가 복설되기 전해에 잎이 되살아났다고 한다. 금성단 뒤쪽 죽계천변에는 금성대군 위리안치지가 있다. 위리안치는 중죄인의 생활 반경을 제한하고 외부인의 출입을 금하기 위해 집 둘레에 가시나무 울타리를 치는 것으로, 탱자나무가 에둘러 있다. 안에는 우물이 있는데 그 주변으로 군사들이 포진해 외부와 접촉을 금했다.

문의 소수서원(054-639-6259)

죽어서도 의상을 지키고 싶은 일편단심 선묘아씨
영주 부석사

부석사는 신라 문무왕 16년(676)에 의상대사가 왕명을 받고 북지리 봉황산 중턱에 세운 절이다. 안동 봉정사 극락전이 알려지기까지 우리나라에서 가장 오래된 목조 건물로 일컬어진 무량수전이 있다. 절집 대웅전 왼편에는 떠 있는 돌이 있다. 돌이 떠 있어서 절 이름이 '부석'이라 붙었다는데, 이 바위에는 의상을 사랑하던 선묘아씨의 이야기가 전해진다. 중국 여인 선묘가 어떻게 머나먼 영주 땅까지 왔을까?

글·사진 | 이신화

● 영주

뒤쪽에서 바라본 부석사 경내. 멀리 산자락이 파도를 친다.

영주 부석사에 가을이 깊어가고 있다. 은행잎이 노랗게 물들고 한 줌 바람에도 우수수 낙엽 지던 날, 부석사 앞 자그마한 식당에서 두 남자의 이야기가 밤새 끊일 줄 모른다. 40대 중·후반을 넘어 적당히 중후한 느낌이 나는 두 남자의 얼굴은 한눈에도 살아온 인생이 확연히 달라 보인다. 귀하게 성장하고 현재도 부유하게 사는 티가 역력한 현준씨, 찢어진 청바지에 파마머리를 길게 늘어뜨린 민준씨.
"이봐, 현준. 낮에 큰스님 법문 들었지? 의상대사를 사랑한 선묘아씨가 죽음까지 택하면서 이곳에 왔다잖아. 자네는 어떻게 생각하나? 사랑에 대해서 말이야. 잠시 자기 집에 머물다 간 남자에게 평생 연정을 품고 목숨까지 버릴 수 있을까?"
"가능하지 않을까? 일편단심 사랑 이야기는 제법 많이 전해오잖아."
"요즘 세상에 그게 가능한 일일까? 사랑 한 번 못 해본 현준이 네가 그런 감정을 어찌 알겠니?"
서로 살아온 인생을 빤히 아는 듯, 그들의 입씨름은 지칠 새 없이 이어진다. 현준과 민준이 만난 것은 서울에 있는 유명 대학에서다. 희멀건 얼굴에 큰 키, 이지적인 분위기를 풍기는 현준은 남부러울 것 하나 없는 배경까지 갖췄다. 반면 민준

조사당 가는 길목에 있는 삼층석탑

은 지방 유지의 아들이다. 나
름 공부 잘했고, 자식 교육하
겠다는 부모님의 열정으로
상경했다. 샌님처럼 공부만
한 현준과 호탕하고 낭만을 즐
기는 민준은 서로 어울릴 것 같
지 않았지만, 정반대 성격이 오히려
잘 맞는다는 것을 보여주듯 각별한
친구였다.

선묘각에 모셔진
선묘아씨 초상화

당시 학교에서는 두 명에게 유학 기회를 주었는데, 현준과 민준이 선택되었다. 현준은 공부를 열심히 해 유학을 갔지만, 자유를 외쳐대던 민준은 더 이상 학교에 다닐 수 없었다. 자유로운 삶을 선택한 것. 헤르만 헤세의 《지와 사랑》에 나오는 나르치스와 골트문트의 삶이라고 할까? 어찌 보면 현대판 의상대사와 원효 이야기다.

"현준아, 과연 운명이라는 것이 있을까? 돌이켜 생각해보니 인생이 말이야, 원하는 대로 살아지는 게 아니더라. 우리 의상대사와 원효대사, 선묘아씨에 대해 깊이 알아보면서 그동안 살아온 삶이나 되짚어볼까?"

그들은 이른 아침 부석사 큰스님을 찾아가 실타래를 푼다.
"부석사를 세운 의상대사와 선묘아씨의 사랑을 알려면 원효대사 이야기도 빼놓을 수 없지."
큰스님이 말문을 연다.
의상대사는 진골 출신으로 625년 귀족 가정에서 태어났다. 경주 황복사(皇福寺)에서 20세에 삭발하고 승려로 입문하여 입산수도 중에 원효를 만났고, 26세 때 원효와 함께 당나라로 구법 유학길에 오른다. 의상과 원효대사가 동시대 사람인 것. 의상과 원효는 처음에 당나라를 거쳐 불교의 발상지 인도까지 가려고 압록강에 갔지만, 고구려군의 검문을 받아 첩자 혐의로 체포되어 고생만 하다가 귀국하고 만다. 그래도 이들은 당나라 유학을 포기하지 않고 의상이 36세 되던 해에 원효와 함께 서해안 당항성(남양, 오늘날 경기도 화성군 해안 추정)으로 간다. 가는 길에 해골 물을 마신 원효는 스스로 깨달음을 얻어 속가로 나왔고, 의상은 배를 타고 당나라로 간다.

선묘아씨가
들어 올렸다는
전설이 있는 부석

"정말 우리 둘의 삶과 많이 닮았는걸."
민준이 현준의 얼굴을 바라보며 말한다.
하지만 의상은 양주에 이르러 신병을 얻었고, 당시 양주성의 수위장인 유지인의 집에 유숙하며 몇 달 동안 병을 치료했다. 이 일을 계기로 의상과 선묘아씨의 운명적인 만남이 시작된다. 의상은 종남산 지상사에 가서 지엄대사의 제자가 되어 10년 동안 수학한다. 그러다 당나라가 30만 대군을 이끌고 신라를 침범한다는 정보를 입수하고 서둘러 귀국을 결정한다.
"선묘아씨가 의상대사를 기다린 게 10년이야. 그때 의상이 46세였지."
귀국길에 잠시 선묘 집에 들렀지만 만날 수가 없었다. 뒤늦게 그 사실을 안 선묘아씨는 법의를 들고 한걸음에 달려 산동성 부두로 나갔지만 흰 돛만 보일 뿐이었다. 그녀는 멀어지는 돛을 하염없이 바라보고 섰다가 들고 있던 법의를 바닷물에 던졌다. 때마침 해풍이 크게 일면서 의상대사가 탄 배 안으로 날아갔다. 그 모습을 본 선묘는 "이 몸이 용이 되어 의상을 받들어 무사히 귀국하도록 해주옵소서" 하며 바닷물에 몸을 던진 것이다.
"얼마나 사랑했으면 그렇게 했을까요?"
두 사람은 이구동성으로 외친다.
이후에도 용이 된 선묘아씨가 의상을 도운 이야기는 많다. 고국에 돌아올 때 배를 호위했으며, 부석사를 창건할 때도 선묘아씨가 법력을 써서 지금의 무량수전

서편에 있는 큰 바위를 세 차례나 공중으로 올렸다 내렸다 했다고 전해온다. 뜬 바위는 그때 생긴 것이고, 부석사라는 이름도 그렇게 붙은 것이다.

두 사람은 다시 선묘각을 찾아 초상화를 애달픈 표정으로 바라본다. 무심한 남자를 사랑해 영혼으로나마 곁에 있고 싶었던 한 여자의 사랑. 결코 이루지 못함이 아니라 그 뜻을 이뤄 지금도 영전에서 1천400년간 미소를 띠고 있다. 조사당으로 올라가 의상대사와 선묘의 초상화 그리고 선비화를 보면서 현준이 말한다.

"이보게, 친구. 의상과 선묘가 아직도 살아 있는 것 같아. 어떤 사랑이든 사랑은 참 아름다워."

민준도 수긍하듯 고개를 끄덕거린다.

도움말
박홍식(소수서원 학예연구원)

조사당

일주문 》 범종각 》 안양루 》 무량수전 》 부석 》 선묘각 》 삼층석탑 》 조사당

아름다운 영지를 보고 일주문과 천황문을 지나 경내에 들어서면 무량수전(국보 제18호) 가는 길목에 여러 가람과 석탑 등 조형물들이 이어진다. 먼저 눈길을 끄는 것은 범종각과 안양루이다. 안양루를 지나면 넓은 마당이 나오고 바로 앞에 무량수전이 있다. 무량수전의 배흘림기둥이 시선을 잡는다. 무엇보다 소조아미타여래좌상(국보 제45호)을 보면 살아 있는 듯한 느낌을 받는다. 무량수전 왼편으로 가면 부석이 있고, 반대편 북서쪽으로 가면 선묘각이다. 내부에는 1975년에 그린 선묘아씨의 초상화가 있다. 이것으로 부석사를 다 봤다고 할 수 없다. 삼층석탑을 지나 5분 정도 오르면 조사당이 나온다. 조사당 처마 아래에서 자라는 선비화는 의상대사가 꽂은 지팡이가 자란 것이라는 전설이 있다. 조사당 동쪽의 취현암은 부석사 경내에서 가장 좋은 곳에 있다. 조선시대 사명대사의 수도처로 유명하다.

문의 054-633-3464

여행 정보

| 선비촌 |
소수서원 인근의 선비촌은 5만6천㎡ 대지에 세워진 민속촌으로 조선시대 양반과 상민의 생활상을 두루 체험할 수 있는 전통 체험 마을이다. 다양한 체험 거리가 있고, 전통 가옥 12채에서는 숙박이 가능하다.
문의 054-639-6395

| 죽계호, 죽계계곡, 초암사 |
죽계호에서 소백산 안쪽으로 들어가면 초암사와 죽계계곡을 만날 수 있다. 죽계계곡은 고려 말의 문신 안축이 〈죽계별곡〉을 지었으며, 퇴계 이황도 계곡의 굽이굽이를 헤아려 '죽계구곡'이라 이름 지었을 정도로 뛰어난 풍광을 자랑한다. 문의 초암사(054-633-2322)

| 성혈사 |
성혈사는 신라 때 의상대사가 창건한 고찰. 대웅전과 나한전(보물 제832호), 요사채 등이 있는데 나한전의 꽃 창호문이 독특하다. 무채색 창살을 연꽃과 연잎으로 가득 채우고 연잎 위나 여백에 자라, 게, 물고기, 개구리, 물새 등을 새겼다. 해학적인 모습이 특징적인 16나한도 볼거리다. 문의 054-633-2582

| 희방폭포 |
소백산 희방사지구에서 5분 정도 산길을 올라 고개를 넘자마자 아름다운 희방폭포가 모습을 드러낸다. 28m 높이에서 떨어지는 웅장한 폭포는 파란 이끼와 하얀 물보라가 어우러져 장관이다.

| 희방사 |
희방폭포에서 조금만 더 걸어가면 신라 선덕여왕 12년(643)에 두운조사가 창건한 희방사가 나온다. 호랑이가 은혜 갚은 절이라고 해서 절 이름도 은혜를 갚아 기쁘다는 '喜', 두운조사의 참선방이란 것을 상징하는 '方'을 써서 희방사라 했다. 문의 054-638-2400

| 풍기온천 |
2002년에 개장한 소백산 풍기온천. 수질이 좋아 목욕을 하고 나면 금세 피부가 미끈거린다. 오래전부터 계곡물 근처에서 달걀 썩은 냄새를 풍기는 물이 솟아났는데, 주민들이 피부병 등을 치료했다고 한다. 불소가 다량 함유된 알칼리성 온천으로, 국내에서 몇 안 되는 유황온천이다.
문의 054-639-6911(www.sobaeksanpunggispa.or.kr)

초암사

성혈사 꽃 창살

금선정

1 day

09:00~11:00	11:00~12:00	12:00~13:00	13:00~15:00	15:00~18:00	18:00~19:30
소수서원, 선비촌	청다리, 금성단, 압각수, 향교, 위리안치승	점심(한식이나 순흥묵밥)	부석사(대웅전, 선묘각, 조사당 등)	죽계호, 죽계계곡, 초암사, 성혈사	저녁식사 (풍기인삼갈비나 소백산한우)

19:30~	8:00~09:00
옥녀봉 자연휴양림에서 휴식, 취침	아침식사(휴양림에서 취사 혹은 풍기 읍내에서 한식)

2 day

희방폭포

● 맛집
순흥에서는 순흥묵집(묵밥, 054-634-4614), 청다리옛집(콩나물밥, 054-633-4288)이 잘한다. 풍기읍에서는 인삼갈비(054-635-2382), 칠백식당(백반, 054-936-5601), 약선당식당(인삼정식, 054-638-2728), 인천식당(청국장, 054-636-3224) 등이 맛있다. 다니다가 출출하면 정도너츠(054-636-0067)에 들러 간식을 해결해도 좋다. 부석사에서는 종점식당(토속 음식, 054-633-3606)이 괜찮다.

● 숙박
영주시 봉현면 두산리 울창한 숲속에 옥녀봉 자연휴양림(054-639-6543, oknyeobong.yeongju.go.kr)이 있다. 삼림욕은 물론 군데군데 작은 오솔길이 있어 자연을 벗삼아 산책하기에도 그만이다. 풍기읍 성내리의 풍기인삼관광호텔(054-637-8800)을 비롯하여 새로 지은 모텔이 많다. 관광지 주변의 민박집을 이용해도 좋다.

● 찾아가는 길
서울에서 경부나 중부고속도로-신갈이나 호법 JCT에서 영동고속도로-만종 JCT에서 중앙고속도로, 풍기 IC로 나와 풍기 시내 방향으로 직진하면 순흥 방면 931번 지방도가 이어진다. 이 길을 따라가면 순흥면 소재지 입구를 지나고, 머지 않아 오른쪽에 소수서원이 있다. 소수서원에서 다시 직진하면 부석면이 나오고, 지척에 부석사가 있다.

| 금선정, 비로사 |
금선계곡에는 수령 500년 넘는 소나무와 기암괴석, 맑은 물이 어우러져 멋진 풍치를 만들어낸다. 그 아름다운 풍치를 바라보는 금선대 위에 금선정이 오롯이 앉아 있다. 금선대라는 이름은 조선 인조 때 인물로, 풍기를 대표하는 유학자 금계 황준량의 호를 따서 붙인 것이다. 금선정에서 비로봉 쪽으로 오르면 통일신라시대의 천년 고찰 비로사를 만날 수 있다. **문의** 비로사(054-636-5011)

| 풍기인삼시장과 사과 |
풍기 하면 떠오르는 특산물이 인삼, 사과, 한우 등이다. 특히 인삼은 어느 지방 인삼보다 향이 강하며, 유효 사포닌 함량이 높다. 풍기인삼시장을 비롯하여 인삼 판매장이 여럿 있다. 사과는 거리에서 손쉽게 구입할 수 있다. **문의** 관리사무실(054-636-7948)

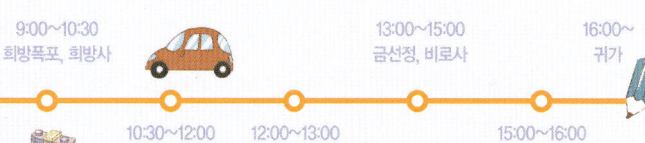

| 9:00~10:30 희방폭포, 희방사 | 10:30~12:00 풍기온천 | 12:00~13:00 점심식사(청국장 등) | 13:00~15:00 금선정, 비로사 | 15:00~16:00 풍기인삼시장 | 16:00~ 귀가 |

임진왜란의 불패 신화, 정기룡 장군을 만나다
상주 경천대

상주는 부산에서 한양으로 가려면 반드시 거쳐야 하는 곳이다. 임진왜란 때도 파죽지세로 한양을 향해 가던 일본 정예군이 이곳을 휩쓸고 지나갔다. 정작 나라를 지켜야 할 조선 관군은 상주성을 빼앗겼지만, 상주성을 탈환하고 김천, 성주, 합천, 의령 등지에서 승리를 거둔 장군의 용맹무쌍한 이야기가 전한다. '육지의 이순신'이라 불린 불패 신화의 주인공, 정기룡 장군의 발자취를 따라가 본다.

글·사진 | 문일식

나는 상주에서 태어났다. 내가 살던 곳은 굽이굽이 이어지는 낙동강과 드넓은 회상 들판이 바라보이는 곳이다. 이곳에서 나보다 세 살 많은 정기룡 장군을 만났다. 정기룡 장군은 내가 살던 고향에서 무술을 연마하고 수련했을 뿐 아니라, 빠르고 용맹스러운 용마를 얻었고, 임진왜란 때는 왜군에게 빼앗긴 상주성을 탈환하기도 했다. 나는 그를 형님처럼 모시면서 상주를 떠나는 날까지 곁에 있었다. 나는 오늘 불패 신화를 이룬 명장이자 육지의 이순신이라 불린 정기룡 장군의 이야기를 하려 한다.

내가 그를 만난 건 열일곱 살 때다. 마을 뒷산 천주봉 아래서 누군가 홀로 무술을 연마하며 수련하고 있다는 이야기를 들었다. 궁금하기도 하고, 나 또한 무술에 관심이 있어 그를 찾아가 보기로 했다. 천주봉 아래 높은 암벽 위에서 쩌렁쩌렁한 목소리가 울려 퍼지고, 그의 모습이 눈에 들어왔다. 우람한 체구에 눈빛이 매서운 그의 칼날이 춤출 때마다 햇빛을 가르며 무지개가 피어오르는 듯했다. 나는

전망대에서 바라본 낙동강과 회상 들녘

그의 모습에 매료됐고, 그가
무술 연마하는 모습을 훔쳐
보는 날이 많아졌다.
그러던 어느 날, 더 가까이
서 그의 모습을 보려고 움
직이다가 딱 걸리고 말았다.
"게 누구냐?"
하늘을 가르던 칼날이 순식간에
나를 향해 겨눠졌고, 나는 깜짝 놀
라 뒤로 넘어졌다.

경천대에 있는
정기룡 장군의 동상

"그대는 뉘시기에 내 모습을 숨어서 지켜본 것이오?"
"저, 정말 죄송하옵니다. 저는 아랫마을에 사는 경천이라 하온데, 마을 사람들이
누군가 이곳에서 무술을 연마한다기에 궁금해서 훔쳐보았습니다. 한 번만 용서
해주십시오."
"나는 정무수(鄭茂壽)라 하오. 그대도 무술 연마에 관심이 있소? 그렇다면 내가
도와주면 어떻겠소. 이곳에서 혼자 지낸 지 오래되었는데, 심심하던 참에 잘 됐
소이다."
나는 그를 형님이라 부르며 따르기 시작했다.
그즈음 고삐 풀린 말 한 마리가 강변에 자주 나타났는데, 어느 누구도 그 말을 사
로잡을 수 없었다. 나는 그 사실을 알려주고자 그를 찾았다.
"형님, 며칠 새 준수한 말 한 마리가 강변에 나타난다고 합니다. 마을 사람들이 이
녀석을 잡으려고 며칠이나 뒤쫓았는데 아직 못 잡았답니다. 형님 정도면 녀석을
거뜬히 잡을 것 같은데, 한번 해보시겠습니까?"
"그래? 말이 필요했는데 마침 잘 되었구나. 그 말이 나타나는 곳이 어디냐? 어서
앞장서거라."
강변에서 한동안 말의 모습을 지켜보던 그는 뭔가 골똘히 생각하더니 허수아비
가 필요하다고 했다. 그는 허수아비를 강변에 세워놓고 몇 날 며칠 기다렸다. 말
이 처음에는 경계를 하더니 허수아비가 움직이지 않자 스스럼없이 다가서기 시
작했다.
며칠 뒤 그는 허수아비 분장을 하고 강변으로 나섰다. 때마침 말이 나타났고, 허
수아비를 보자 평소처럼 스스럼없이 굴었다. 그때 그가 전광석화 같은 몸놀림으

로 말을 낚아챘다.
"하하하, 정말 용맹스럽고 준수한 녀석이구나. 내가 너를 얻었으니 이제 용마라 불러야겠다. 하하하."
세월이 흘러 5년이 지났고, 그와 작별할 시각이 다가왔다. 그는 무과 시험을 치르기 위해 한양으로 간다고 했다. 그는 오래도록 나눈 형제의 정을 뒤로한 채 한양으로 떠났고, 나는 한동안 그를 만나지 못했다. 들리는 얘기로는 그가 무과 시험에 당당히 합격했고, 출중한 활솜씨를 보이자 선조가 크게 탄복하여 친히 기룡이라는 이름을 내렸다고 한다.
내 나이 스물여덟 살 때 임진왜란이 일어났다. 부산진성과 동래성이 함락되고, 12일 만에 내 고향 상주에서도 큰 전투가 벌어졌다. 부산이 함락되자 조선 관군은 고향인 상주로 모여들었지만, 한양에서 지휘관이 내려오지 않아 관군은 뿔뿔이 흩어지고 말았다. 순변사 이일이 내려왔지만, 한양에서 온 관군 60여 명과 급하게 모은 농민군 800여 명이 전부였다. 상주싸움에서 이일은 도망가고, 나머지는 격전 속에 모두 숨을 거뒀다. 나도 그중 한 명으로 참가했지만, 부상을 당한 채 간신히 전장을 빠져나와 목숨을 부지할 수 있었다.
내가 그를 다시 만난 건 바로 그해다. 무과에 급제한 그는 임진왜란이 일어나자 거창과 김천싸움에서 승리를 거두고, 경상방어사 조경을 구하는 등 혁혁한 공을 세워 상주판관으로 부임한 것이다. 나는 한걸음에 달려가 그를 만났다.
"형님, 아우 경천이 오랜만에 형님을 뵈옵니다. 그간 무탈하셨는지요? 으흐흑…."
"오~ 경천 아우, 살아 있었는가? 소식이 없어 큰일이 난 줄만 알았네. 이렇게 살아서 보니 더없이 기쁘구나."
"상주싸움에 참가했지만, 부끄럽게도 이렇게 살아남았습니다. 흑흑흑."
그는 나의 어깨를 두드리며 살아서 만난 것을 기뻐했다. 그는 상주판관으로 부임하면서 상주성을 탈환할 계획을 세웠다. 나도 그의 휘하에 배속되어 치밀한 작전 계획을 들었다.
그해 4월 상주성을 빼앗긴 뒤 왜군은 계속 상주성에 주둔하고 있었다. 그는 상주성을 탈환하기 위해 화공 복병전을 사용하기로 했다. 상주성의 서·남·북문에 각각 군사를 배치하고, 횃불을 준비했다. 그리고 동문에는 군사를 매복했다가 문 밖으로 나오는 왜군을 섬멸하는 것이다.
상주성 탈환 작전이 펼쳐지던 날, 몇 해 전 강변에서 얻은 용마를 타고 칼을 찬 그의 모습은 하늘이 내린 장군 같았다. 그의 굳게 다문 입이 열리고, 공격 신호가 떨어졌다. 서·남·북문에서는 군사들이 준비한 횃불을 던지며 일제히 함성을 질렀고, 기습에 혼비백산한 왜군은 무기를 버리고 동문으로 달아나기 시작했다. 하지만 그것은 함정이었다. 왜군은 나오는 족족 매복한 군사들의 칼을 맞고 쓰러지거나 뿔뿔이 흩어졌다. 마침내 상주성을 탈환했다.

그때를 마지막으로 또다시 그와 작별했다. 그는 정유재란 때도 수많은 공을 세웠고, 선무원종공신 교지를 받았다. 그는 안타깝게도 삼도통제사 겸 경상우도수군절도사로 있던 1622년 경남 통영의 진중에서 숨을 거뒀고, 우리 이웃 마을인 사벌면 금흔리에 묻혔다. 그리고 150년이 지난 뒤 충의(忠毅)라는 시호를 받았다. 낙동강이 굽이굽이 흐르는 경천대에는 아직도 무술을 연마하던 그의 호기로운 목소리가 울려 퍼지는 듯하다.

참고 문헌과 자료 출처

《주간한국》, 〈바다에 이순신, 육지엔 정기룡 장군이 있었다〉 http://weekly.hankooki.com/lpage/coverstory/200901/wk2009010214471105450.htm
상주시청 문화관광 홈페이지 '문화/예술/공연-정기룡 장군 상주성 탈환 재현'
www.sangju.go.kr/tour/main/main.jsp?home_url=tour&code=TOUR_SHOW_4
위키백과 상주전투 http://ko.wikipedia.org/wiki/%EC%83%81%EC%A3%BC_%EC%A0%84%ED%88%AC
디펜스코리아 고대전쟁사 http://bbs.defence.co.kr/bbs/bbs.cgi?db=history2&mode=read&num=11008
경천대 홈페이지 gyeongcheondae.sangju.go.kr

스토리가 있는 여행 길

경천대(정기룡 장군 동상) 》 황톳길과 솔숲길 》 전망대 》 경천대 》
구름다리 》 〈상도〉 촬영장 》 정기룡 장군 동상 》 충의사 》 정기룡 장군 묘

정기룡 장군이 수련하고 용마를 얻은 경천대는 상주를 대표하는 관광지로, 굽이굽이 이어지는 낙동강변의 수려한 풍경과 숲을 따라 이어지는 산책 코스가 유명하다. 경천대에서 가장 아름다운 풍경을 볼 수 있는 포인트는 천주봉 정상에 세워진 전망대와 경천대다.
경천대 입구를 지나 가장 먼저 만나는 것은 용맹스런 정기룡 장군과 용마의 동상이다. 황톳길과 솔숲길을 따라 10분 남짓 오르면 전망대가 나오는데, 굽이굽이 흘러가는 낙동강이 금빛 모래밭과 어우러지고, 낙동강 물을 머금어 푸르른 회상 들판이 고즈넉이 펼쳐진다. 전망대에서 경천대까지는 가파른 철 계단으로 연결되어 조심해야 한다. 경천대에 오르면 세월을 머금은 노송이 낙동강을 굽어보고, 정기룡 장군이 용마를 얻은 뒤 말먹이를 먹였다는 구유가 오랜 세월을 머금고 있다. 경천대와 충의사, 정기룡 장군 묘, 신도비는 정기룡 장군의 생애를 되짚어볼 수 있는 코스다.
문의 경천대(054-536-7040, gyeongcheondae.sangju.go.kr)

여행 정보

| 효자 정재수기념관 |

상주시 화서면 사산리에 위치. 정재수의 효행을 기리기 위해 세운 기념관이다. 정재수는 설을 맞아 아버지와 함께 큰집에 다녀오다 술에 취한 아버지가 쓰러지자 구하려고 애쓰다 같이 죽는다. 기념관은 그의 모교인 사산초등학교에 세워졌으며, 정재수의 효행 관련 자료와 효 사상에 대한 자료들이 전시되었다. 문의 054-535-0575

효자 정재수기념관

임란북천 전적지

| 임란북천 전적지 |

상주시 만산동에 위치. 임진왜란 당시 순변사 이일을 내려보낸 곳이 상주다. 조선 관군은 흩어진 지 오래고, 한양에서 내려온 관군 60여 명과 급조한 농민군 800명이 전부였다. 결국 왜군에 궤멸되고, 이일만 홀로 도망쳤다. 임란북천 전적지에는 상주 객사 상산관과 태평루, 사당 등이 남아 있다. 문의 054-533-2210

| 상주 자전거박물관 |

상주시 남장동에 위치. 우리나라 최초의 자전거박물관이다. 인구 한 명당 자전거를 가장 많이 보유한 고장인 만큼 자전거의 역사와 발자취, 우리나라 자전거의 유래도 알아볼 수 있다. 비치된 자전거를 빌려 남장사까지 다녀올 수도 있다. 개관 시간 오전 9시~오후 6시(연중무휴), 입장료는 무료다. 문의 054-534-4973

상주 자전거박물관

| 남장사 |

상주시 남장동에 위치. 통일신라 흥덕왕 때 혜소국사가 창건한 천년 고찰이다. 남장사는 부처님의 공덕을 찬양한 범패를 우리나라에서 처음 보급한 곳으로, 철불좌상(보물 제990호), 목각후불탱(보물 제922호)이 남아 있다. 절집 입구에 있는 석장승은 눈, 코, 입이 모두 비뚤어져 웃음을 자아낸다. 문의 054-534-6331

남장사의 보광전

| 우복종택, 대산루, 계정 |

상주시 외서면 우산리에 위치. 우복종택은 우복 정경세 선생의 종가로, 사랑채와 안채, 행랑채, 사당이 모두 토담으로 둘러싸였다. 계정은 우복 선생이 독서를 즐기던 2칸 규모의 초가다. 계정 옆에 있는 대산루는 우복 선생의 후손 정종로 선생이 제자를 가르치던 강학소로, 2층 규모의 누각과 단층 건물이 T자형으로 구성되어 이채롭다.

성주봉 자연휴양림

| 성주봉 자연휴양림 |

상주시 은척면 남곡리 해발 606m 성주봉 자락에 조성되었다. 숲속의 집, 산림 휴양관뿐 아니라 계곡을 따라 야영 데크 76개 동이 있다. 삼림욕장에는 0.7km 산책로가 있

1 day

09:00~10:00
효자 정재수기념관

10:30~11:30
임란북천 전적지

12:00~13:00
점심식사(밀칼국수와 수육)

13:30~15:00
상주 자전거박물관, 자전거 타기

15:00~16:00
남장사

16:30~17:30
우복종택, 대산루, 계정

18:00~19:00
저녁식사, 성주봉 자연휴양림 숙박

2 day

09:00~10:00
성주봉 자연휴양림 산책

상주박물관

고, 여름에는 계곡을 그대로 이용한 수영장도 이용할 만하다.
문의 054-541-6512(seongjubong.sangju.go.kr)

| 상주박물관 |
상주시 사벌면 삼덕리에 위치. 상주박물관은 낙동면의 선사시대 유적부터 조선 말 동학운동까지 역사를 한눈에 들여다볼 수 있다. 박물관에는 탁본, 퍼즐, 토기 맞추기 등 13가지 체험을 즐길 수 있는 어린이 체험실도 마련되었다. 관람 시간 오전 9시~오후 6시(1월 1일, 매주 월요일 휴관). 문의 054-536-6160(museum.sangju.go.kr)

| 충의사 |
상주시 사벌면 금흔리에 위치. 임진왜란 당시 큰 공을 세운 정기룡 장군의 위패를 모시고 제를 올리는 곳이다. 충의사 전시관에는 상주성 탈환 등 전투에서 혁혁한 공을 세울 당시 사용한 칼이 있고, 보물 제699호로 지정된 교서, 교지, 신패 등이 전시되었다.
문의 054-537-6066

| 공검지 |
상주시 공검면 양정리에 위치. 저수지 축조 당시 공갈이란 아이를 묻었다 하여 '공갈못'이라고도 불린다. 저수지의 둘레는 총 8.6km로 축조 당시 규모가 제법 컸으나 조선 말 저수지 둑을 헐어 논을 만들고, 1950년대 오태저수지를 완공해서 흔적이 거의 없다. 지금은 공검지 복원과 확대 사업을 통해 대규모 연꽃 단지로 조성되었다.

공검지

● 맛집
상주시 지천동에 위치한 새지천식당(054-534-6402)은 우리밀로 반죽해 만든 칼국수와 수육으로 유명하다. 경천대 주변에 청석골식당(054-536-6022), 경천대화타운(054-536-7471) 등이 있고, 상주 시내에는 한우 갈비를 주로 하는 청기와숯불가든(054-535-8107), 버섯탕으로 유명한 참별난버섯집(054-536-7745)이 있다. 상주 IC 근처 외답삼거리에는 쌀로 만든 자장으로 특허를 낸 전통옛날손짜장(054-531-0188)이 있는데, 자장뿐 아니라 불짬뽕도 매콤하고 맛있다.

● 숙박
서성동에 상주관광호텔(054-530-5000), 무양동에 퀸즈모텔(054-535-4144)과 허브모텔(054-531-2347), 하야트모텔(054-531-9777) 등 숙박 시설이 많다. 성주봉 자연휴양림(054-541-6512)은 숲속의 집(7동), 산림 휴양관(11실), 산림 수련관(8실) 등 다양한 숙박 시설을 갖췄으며, 야영 데크 76개 동이 있다. 성주봉 자연휴양림 주변 은자골마을(054-541-4262)에 민박집이 여러 곳 있다.

● 찾아가는 길
중부내륙고속도로 상주 IC에서 내려 우회전한 뒤 외답삼거리에서 우회전해 전사벌왕릉삼거리까지 직진한다. 여기서 다시 우회전해 2.7km 정도 가면 우측으로 경천대 입구가 나오고, 0.5km 더 가면 상주박물관이 있다. 전사벌왕릉삼거리에서 좌회전해 약 1km 정도 가면 충의사가 나온다.

12:00~13:00 점심식사
15:30~16:00 전사벌왕릉, 화달리 삼층석탑
17:30~18:00 공검지

11:00~12:00 상주박물관, 태양에너지 전시홍보관
13:00~15:00 경천대

16:30~17:00 충의사

동승, 상추로 대승사의 불을 끄다
문경 김룡사

우리나라의 전통 건축물은 모두 목재로 지어진 것이다. 불에 타기 쉬워 임진왜란이나 병자호란 등 국란이 있을 때뿐 아니라, 산불이나 개인적인 실수로 소실되는 수난을 겪어왔다. 건축물의 소실은 오랜 역사와 소중한 문화재의 소실을 의미한다. 경북 문경에는 김룡사와 대승사라는 천년 고찰이 있는데, 대승사에서 난 불을 김룡사의 동승이 껐다는 전설이 내려온다. 10km나 떨어진 김룡사의 동승이 어떻게 대승사의 불을 껐을까?

글·사진 | 문일식

내 이름은 김룡이다. 마을 이름도 김룡이고, 운달산에 자리 잡은 절집 이름도 김룡사다. 나는 이곳 운달산에서 태어났고, 비록 부모님 슬하에서 자라지는 않았지만 자수성가해 내게 깨달음을 준 마을과 절집을 성심성의껏 도왔다. 내 나이 어느덧 고희에 이르렀고, 내가 물심양면으로 도운 마을과 절집은 내 이름을 따 김룡리, 김룡사라 불러주었다. 운달산 김룡사. 나는 오늘 어렸을 적 겪은 특이한 일을 이야기하려고 한다.

대승사 대웅전 처마에 있는 물고기를 물고 있는 용

나는 역적의 오명을 뒤집어쓰고 이곳까지 숨어든 아버지와 용추 근처에 살던 용녀 사이에서 태어났다고 한다. 어머니의 기억은 남아 있는 게 없을뿐더러 주변 사람들도 나의 어머니에 대해 속 시원히 얘기해주지 않았다. 용추의 기운을 받아 크게 될 아이라는 얘기를 들은 게 전부다.

아버지는 나라의 역적이 되었으니 몸과 마음이 자유로울 리 없었을 것이다. 아버지의 마지막 모습을 본 게 이곳 김룡사다. 일주문에 이르렀을 때 아버지가 내게 한 말이 아직도 선명하다.

"룡아, 너는 장차 커서 큰 인물이 될 것이다. 아비는 비록 역적의 몸이 되었지만, 너는 분명 이름을 크게 알리고 아비의 한을 풀어줄 수 있을 거라 믿는다. 여기 홍하문(일주문)에 새겨진 뜻을 잊지 말아라."

아버지는 다시 말을 이어갔다.

"이 문에 들어오거든 안다고 하지 마라(入此門來莫存知解), 비우고 빈 그릇에 큰 도가 가득 차리라(無解空器大道成滿)라는 뜻이다. 불가에서는 깨달음을 얻기 위해 마음을 비워야 한다고 하느니라. 하지만 속세에 사는 대중에게는 꼭 그런 것만은 아니다. 세상 모든 일에는 겸손만큼 큰 가르침이 없으니 아는 것을 안다 말하지 말고, 다만 너의 그릇에 담고 또 담아라. 너의 그릇이 작거든 비우고 더 큰 그릇에 담아야 하느니라."

그 후 나는 김룡사에 맡겨졌고, 홀연히 떠난 아버지는 다시 볼 수 없었다. 나는 아버지가 떠난 뒤 몇 해를 이곳 김룡사에서 보냈다. 적어도 그 사건이 일어나기 전에는 말이다.

"룡아, 봄이 오니 입맛이 없구나. 텃밭의 상추를 따다가 쌈을 한번 먹어보고 싶은데, 얼른 가서 상추 좀 따 오너라."
"예, 스님. 알겠습니다."
나는 텃밭에서 상추를 따 냇가에 앉았다. 그런데 갑자기 이상한 일이 벌어졌다. 상추를 씻다가 문득 눈앞이 환히 밝아지는 게 느껴졌고, 눈이 부셔서 앞을 볼 수 없었다. 눈을 가늘게 뜨고 쳐다보니 시뻘건 불기둥에 건물이 휩싸였다. 자세히 들여다보니 오늘 스님이 다녀온 대승사였다. 불길은 점점 커졌고, 불을 끄려고 동분서주하는 대승사의 스님들이 시뻘건 화마 속에 실루엣처럼 비춰졌다.
"아, 큰일 났네, 이 일을 어쩐다…."
나는 어쩔 줄 모르다 합장하고 염불을 외기 시작했지만, 시뻘건 불기둥은 커져만 갔다. 안절부절못하고 염불만 외는데 어디선가 낯선 목소리가 들려왔다.
"룡아, 지금 상추를 씻고 있으니 물 묻은 상추를 불기둥에 던져라. 먼 곳이긴 하지만 마음을 비우고 던지면 분명 큰 효험이 있을 것이다. 그리고 오늘 있었던 일은 너에게 큰 상처가 될 수 있으나, 너의 큰 도량을 시험하는 것이니 너무 서운해 하지 말거라."
시뻘건 불기둥은 어느새 커질 대로 커졌다. 낯선 목소리가 시키는 대로 씻던 상추를 불기둥을 향해 던지기 시작했다. 마침내 불기둥은 서서히 줄어들었고, 그제야 나는 정신이 들었다.

김룡사의 전경

따뜻한 봄날이라 그런지 졸다가 꿈을 꾼 듯 몽롱해지다가 문득 정신을 차렸고, 눈 앞에 펼쳐진 광경을 보고 소스라치게 놀라고 말았다. 바구니에 담겨 있던 상추가 몇 장 남지 않았고, 내 몸은 물로 흠뻑 젖었다. 이게 무슨 일인가 싶어 주위를 둘러보니 고요한 가운데 시냇물 소리만 정적을 깨뜨리고 있었다.
"아차, 큰일 났네. 내가 상추를 도대체 어떻게 한 거지? 시간이 많이 지났을 텐데…. 스님께 야단맞게 생겼으니 이거라도 들고 가야겠다."
몇 장 남지 않은 상추를 들고 갔을 때 큰스님은 나를 보자마자 불호령을 내렸다.
"점심시간이 한참이나 지났는데 도대체 어디 있다가 이제 오는 게냐? 옷은 왜 이렇게 젖었느냐? 오호라, 냇가에서 실컷 놀다 온 게로구나. 상추는 씻어 왔느냐?"
스님의 불호령에 정신이 아득해진 나는 그만 상추 바구니를 떨어뜨리고 말았다. 그것을 본 스님은 또다시 불호령을 내렸다.
"아니 상추는 다 어디 가고 이것밖에 남지 않았느냐?"
나는 머뭇거리며 좀전에 있었던 일을 낱낱이 얘기했지만, 스님은 거짓말을 한다며 불같이 화를 내셨다. 급기야 회초리를 맞은 나는 너무나 억울하고 설움에 복받쳐 울음을 터뜨렸다. 다른 스님께도 자초지종을 이야기했지만, 아무도 믿어주지 않았다. 통통 부은 종아리를 바라보고 있으니 내 이야기를 믿어주지 않는 사람들이 너무 미웠다.
'왜 아무도 내 이야기를 믿어주지 않는 거지? 난 진실을 얘기했을 뿐인데….'
생각하면 할수록 억울했다.
"오늘 있었던 일은 너에게 큰 상처가 될 수 있으나, 너의 큰 도량을 시험하는 것이니 너무 서운해하지 말거라."
문득 물 묻은 상추로 불을 끄기 전에 들은 낯선 목소리가 떠올랐다.
'나를 시험하는 거라고? 그럼 나를 믿지 않는 것은 단지 거짓말이라는 생각 때문이 아니라 나의 그릇을 작게 보기 때문인가?
밤이 깊도록 생각하고 또 생각한 끝에 이곳을 떠나기로 했다. 모두 잠든 새벽, 짐을 꾸려 김룡사를 나섰다. 일주문을 지나자 떠난다는 아쉬움과 김룡사에 깃든 정 때문에 뒤를 돌아보았다. 안타까운 마음을 조금씩 다독이는데, 밝은 달빛 사이로 일주문의 주련에 적힌 글귀가 도드라졌다. 이 문에 들어오거든 안다고 하지 마라. 비우고 빈 그릇에 큰 도가 가득 차리라.
'그래, 나의 그릇이 작기 때문이다. 내 그릇을 좀더 키워 다시

이곳을 찾자. 오늘 있었던 일은 나의 그릇을 더 키우라는 부처님의 계시일 거야.'
그렇게 다짐하며 김룡사를 떠나 세상을 떠돌며 많은 것을 배웠다. 세상의 많은 그
릇 가운데 나에게 맞는 그릇을 찾았을 때 나는 큰 부자가 되어 있었고, 그제야 잊
고 지내던 김룡사에 돌아올 수 있었다. 그때 내가 없어진 뒤로 나를 많이 찾았고,
대승사까지 수소문했다는 얘기를 들었다. 마침 대승사에 불난 이야기가 전해졌
고, 갑작스런 불이지만 비가 내려 쉽게 불을 끌 수 있었다고 한다. 내가 대승사의
시뻘건 불기둥을 본 것과 물 묻은 상추로 불을 끈 것은 환영에 불과했던 것이다.
아는 것을 안다고 한 어린 시절의 일화는 내가 채워야 할 그릇의 크기를 가늠하는
소중한 경험이었다.

참고 문헌과 자료 출처

《주간한국》[여행] 문경 김룡사 http://weekly.hankooki.com/lpage/culture/200705/wk2007052815125737990.htm
김룡사 홈페이지 www.kimyongsa.or.kr
《경북 북부(답사 여행의 길잡이 10)》, 한국문화유산답사회, 돌베개, 50쪽
문경시청 문화관광 홈페이지 '문경의 전설' http://tour.gbmg.go.kr/open_content/people_native/people_native/index.asp?subCode=01&code=04&mode=view&idx=83&page=2

스토리가 있는 여행 길

일주문(홍하문) 》 인왕문(보장문) 》 천왕문 》 설선당 》
대웅전 》 응진전 》 명부전 》 해우소

김룡사로 들어가는 울울한 숲길을 따라가다 제일 먼저 만나는 것은 '홍하문'이라 쓰인 일주문이다. 일주문을 지나면
사찰 가는 길은 우측으로 꺾이며 키 큰 전나무 길이 잠시 이어지고, '보장문'이란 편액이 걸린 인왕문을 만난다. 솟을
대문 형태로 지어진 인왕문에는 금강역사가 사찰을 수호하듯 큰 칼과 기다란 철퇴를 들고 서 있다. 특이하게 화강암
으로 조성된 사천왕이 들어앉은 천왕문을 지나면 설선당을 만난다. 설선당은 김룡사가 경북 일대의 45개 사찰을 거
느린 31개 본산 중 하나였다는 사실을 가늠케 해주는 전각이다. 이곳은 약 300명이 거처할 수 있는 거대한 온돌방으
로 아궁이는 어린아이가 들어갈 정도였다고 하지만, 지금 건물은 1997년 화재로 소실된 후 다시 지어진 것이다.

인왕문

대웅전은 조선 인조 때 건물로, 17세기에 지어진 고풍
스런 모습이 그대로 남아 있다. 특히 처마 밑 공포에는
온갖 꽃과 다람쥐, 물고기, 용 등이 숨은그림찾기처럼
숨어 있다. 대웅전 앞마당에는 야간 행사시 관솔을 피
우던 노주석 2기도 볼 만하다. 김룡사에는 300년 정도
된 제법 큰 규모의 해우소도 있다. 대웅전과 명부전 뒤
편으로 울창한 송림이 매우 인상적이다.
문의 054-552-7006(www.kimyongsa.or.kr)

여행 정보

| 대승사 |
문경시 산북면 전두리 사불산 자락에 있는 천년 고찰이다. 고즈넉한 경내에는 대웅전 석축에 새겨진 연꽃과 대웅전 처마에 물고기를 물고 있는 용, 꽃 창살 등이 볼 만하다. 극락전의 쇠락한 단청과 목판 벽에 새겨진 문양은 세월의 흐름을 느끼기에 충분하다. 500m 떨어진 윤필암과 묘적암에 올라보는 것도 좋다. 문의 054-552-7105

대승사

| 문경 철로자전거 |
문경시 진남역과 불정역에 위치. 문경 철로자전거는 20여 년 전 석탄을 실어 나르던 철로를 이용해 우리나라에서 처음 조성된 철로자전거다. 진남역에서 불정역 방향으로 왕복 4km, 불정역에서 주평 방면으로 왕복 3.6km를 운행한다. 운행 시간 오전 9시~오후 6시(동절기 오후 4시), 한 대당(4인 기준) 1만 원이다.
문의 진남역(054-553-8300), 불정역(054-554-8300)

문경 철로자전거

| 고모산성 |
문경시 마성면에 위치. 고모산성은 삼국시대 때의 성곽으로 정상에 올라서면 경북팔경 중의 하나인 진남교반이 한눈에 내려다보인다. 임진왜란 당시 이곳을 지나던 왜군이 험난한 산세와 산성을 확인하고, 하루를 머무르며 정찰 끝에 지키는 군사가 아무도 없음을 알고 춤을 추며 지나갔다는 이야기가 전한다. 진남휴게소 뒤편으로 올라가면 된다.

| 토끼비리 |
문경시 마성면에 위치. 고려 태조 왕건이 견훤과 전투에 패하고 이곳에 이르렀을 때 토끼 한 마리가 벼랑을 따라가는 것을 보고 길을 찾았다 하여 '토천' '토끼비리'라 부른다. 토끼비리는 부산에서 서울을 잇는 360km의 영남대로 가운데 가장 험한 길로 알려졌다. 고모산성 입구에서 쉽게 찾을 수 있고, 옛 사람들이 많이 다녀 반반해진 길도 만난다.

고모산성

| 문경 석탄박물관 |
문경시 가은읍 왕릉리에 위치. 연탄 모양을 한 문경 석탄박물관은 1970년대 석탄을 채탄하던 은성광업소에 개관한 박물관으로, 230m에 이르는 실제 갱도를 전시 공간으로 활용했다. 2개 층의 실내전시관과 야외전시장, 갱도전시장, 광원사택전시관 등으로 구성되었다. 문의 054-550-6424(www.coal.go.kr)

| 모노레일, 가은세트장 |
석탄박물관 내에는 드라마〈연개소문〉〈자명고〉〈천추태후〉 등을 촬영한 가은세트장이 있다. 15분 간격으로 운행하는 모노레일을 이용하거나 도보로 올라갈 수 있다. 세 개의

석탄박물관

1 day

10:30~12:00
대승사

14:00~15:30
문경 철로자전거

2 day

09:00~10:00
김룡사

12:30~13:30
점심식사

16:00~18:00
고모산성 산책,
토끼비리 옛길 트레킹

08:00~09:00
아침식사

문경 도자기 전시관

세트장은 신라궁, 고구려궁, 고구려의 요동성과 안시성 등으로 구성되었다. 모노레일을 타고 세트장을 둘러본 뒤 석탄박물관을 관람하면 된다.

| 문경 도자기전시관 |

문경 도자기전시관은 문경 지역에 내려오는 전통 도자기의 역사와 제작 과정뿐 아니라 지역 도예인들의 작품이 전시된 공간이다. 전시관 뒤편에는 우리나라에서 가장 오래된 가마인 망댕이가마의 모형이 있고, 도자기를 직접 만들어볼 수 있다. 체험비는 1만 원으로 망댕이가마에서 구워 집으로 보내준다. 문의 054-572-0296

| 문경 유교문화관 |

문경은 문경새재를 통해 영남과 서울을 잇는 관문 역할을 했기 때문에 영남학파의 영향을 받아 유학이 발달한 지역이다. 문경 유교문화관은 문경의 유교 문화를 자세히 엿볼 수 있는 공간으로, 특히 제2전시관은 부녀자의 안방 문화로 알려진 규방 문화를 소개한다. 도자기전시관과 이웃해 있어 연계 관람이 가능하다. 문의 054-550-6769

| 옛길박물관 |

문경시 문경읍 하초리 문경새재도립공원 내에 위치. 옛길박물관은 우리나라 최초로 길을 테마로 한 박물관이다. 문경의 역사와 문화를 둘러보고, 문경새재의 옛길, 영남대로, 한국의 고개와 백두대간 등 다양한 옛길을 만끽할 수 있다. 2층 미디어영상관에서는 사람과 길에 대한 영상을 볼 수 있다. 문의 054-550-8366(www.oldroad.go.kr)

| KBS 촬영장 |

문경새재도립공원 내에 위치. 고려시대를 배경으로 한 사극 촬영을 위해 조성한 전문 촬영장으로, 지금은 조선시대의 모습으로 바뀌었다. 드라마 〈태조 왕건〉 〈무인시대〉 〈대조영〉 〈대왕 세종〉 등이 촬영되었다. 촬영장 내에는 광화문, 경복궁 등 궁궐과 양반가, 저잣거리 등이 조성되었다. 문의 054-550-8370

| 문경새재도립공원 |

문경새재는 조선 초에 열린 옛길로, 새도 날아서 넘기 힘든 고개라 할 정도로 영남대로의 가장 높은 고개다. 주흘관, 조곡관, 조령관 등 세 관문을 설치해 군사적으로 중요할 뿐 아니라, 깊은 역사만큼 유적과 이야깃거리도 많다. 조령관까지는 12km 정도로 4시간 남짓 소요된다. 문의 054-571-0709(saejae.mg21.go.kr)

09:00~10:30 문경 석탄박물관 (모노레일-가운세트장-석탄박물관)

11:00~12:00 문경 도자기전시관, 유교문화관

12:00~13:00 점심식사

13:00~18:00 문경새재 트레킹(옛길박물관-KBS 촬영장-주흘관-조곡관)

18:00~ 귀가

● 맛집

문경새재도립공원 내 새재초곡관(054-571-2020)에서는 게르마늄, 셀레늄 등 특수 기능 성분이 들어 있는 약돌을 첨가한 사료를 먹인 약돌돼지 고추장불고기, 고추장숯불구이를 잘한다. 소문난식당(054-572-2255)은 묵조밥으로 유명하다. 청포묵조밥과 도토리묵조밥을 주로 하는데, 묵조밥정식에는 더덕구이와 녹두전, 녹두죽이 딸려 나온다. 문경종합온천 내 문경온천한우(054-572-0824)는 600g 단위로 판매하며, 1등급 한우를 저렴하게 먹을 수 있는 곳이다.

● 숙박

문경새재도립공원 내 문경관광호텔(054-571-8001)과 다수의 모텔이 있다. 등록문화재로 지정된 불정역의 테마펜션열차(054-552-2356)는 철길 위에 기차로 만든 숙박 시설로, 영강과 기암절벽이 펼쳐져 수려한 풍광 속에 가족 단위로 이용하기 좋다. 불정동에 위치한 불정자연휴양림(054-552-9443)은 숲속의 집 14동과 야영장을 이용할 수 있다(야영장은 7, 8월만 이용 가능). 문경읍 하초리에 있는 새재스머프마을(054-572-3762)은 자연 친화적 펜션으로 숙박 시설 9동을 갖추고 있다.

● 찾아가는 길

중부내륙고속도로 문경새재 IC에서 내려 상주 방면 34번 국도를 따라 직진, 호계면 소재지에서 4번 군도 김룡사·대승사 방면으로 좌회전해 가다 보면 석문정삼거리에 이르고, 3.3km 정도 가다 김룡삼거리에서 좌회전해 3.6km 정도 가면 김룡사에 이른다.

한국을 대표하는 사과와인
의성 한국애플리즈

나리는 한 달 뒤면 와인을 공부하기 위해 프랑스로 유학을 떠난다.
나리에게 소믈리에의 꿈을 심어준 이는 프랑스 여행 중에 만난 소피아 언니다.
큰아버지의 주선으로 만난 둘은 한 달 남짓 함께 지내면서 친자매 이상의 친분을 쌓았다.
그런 소피아 언니가 2년 만에 한국에 왔다고 연락을 했다.
그것도 큰아버지가 계신 의성에서.

글·사진 | 정철훈

의성

나리는 소피아 언니가 왔다는 전화를 받고 의성으로 내려왔다. 터미널에는 큰아버지가 마중을 나와 있었다. 그리고 그 뒤로 소피아 언니의 모습이 보였다.
"언니, 언제 왔어?"
나리가 소피아의 손을 잡으며 물었다.
"어제 왔어. 오자마자 네게 전화한 거야."
소피아가 웃으며 대답했다.
둘은 터미널에서 집으로 오는 길에 서로 안부를 묻고 또 물었다. 큰아버지는 둘의 그런 모습을 흐뭇한 눈으로 바라보았다. 차는 어느새 큰아버지네 과수원으로 들어섰다. 차에서 내리던 나리는 낯선 건물 한 채를 보았다. 건물 안에는 제법 그럴듯한 양조 시설이 갖춰져 있었다. 어리둥절해하는 나리에게 소피아가 사이다 캔을 건넸다. 갈증이 났던 나리는 그 자리에서 사이다 한 캔을 모두 마셨다.
"우리 나리, 꽤 더웠나 보구나. 그런데 나리야, 네가 마신 사이다의 원조가 뭔지 아니?"

의성 사과

큰아버지가 뜬금없이 물었다.
"큰아버지도 참…. 시드르(cider), 사과와인이잖아요. 영어식 발음은 사이다고. 물론 지금 마신 사이다와는 근본적으로 다르지만."
"잘 아는구나. 그럼 40년 전에 우리나라에도 시드르 같은 사과와인이 있었다는 얘기는 들어봤니?"
"우리나라에 사과와인이 있었다구요? 그것도 40년 전에요?"
나리가 어리둥절해하며 소피아를 쳐다봤다.
"나리, 몰랐구나. 1967년에 '파라다이스'라는 사과와인이 나왔어. 한국에서 최초로 만들어진 와인이지."
소피아가 나리의 옆으로 바짝 다가앉으며 말했다.
"1967년이면 우리나라 최초의 노블와인보다 10년이나 빠른데? 정말 그때 우리나라에 사과와인이 있었단 말이야?"
나리는 큰아버지와 소피아를 번갈아 보며 믿을 수 없다는 표정을 지었다.
"사실이란다. 하지만 아쉽게도 지금은 남아 있지 않아. 내가 그걸 되살려볼 생각이란다. 이리 와보렴."
큰아버지는 '출입금지' 푯말이 붙은 철문의 자물쇠를 열었다. 소피아가 머뭇거리는 나리의 손을 잡아 끌었다. 당황해하는 나리와 달리 소피아는 모든 걸 아는 눈치였다. 육중한 철문 뒤로 커다란 옹기들이 보였다.

한국애플리즈에서 생산하는 사과와인 주지몽

사과와인을
숙성시키는 옹기

"큰아버지, 이 옹기들이 다 뭐예요?"
"와인이야, 사과와인."
소피아가 나리를 쳐다보며 말했다. 나리는 무슨 말인지 도무지 알아들을 수가 없었다.
"그래, 소피아 말처럼 이게 모두 사과와인이란다."
"사과와인이라고요? 우리나라 사과와인은 그 맥이 끊겼다고 하셨잖아요. 게다가 오크통도 아니고 옹기에서 무슨 와인을…."
소피아가 피식 웃었다. 나리는 그런 소피아가 순간 얄미워졌다.
"치, 언니는 뭔가 아는 눈친데? 빨리 말해봐, 빨리. 도대체 무슨 일이야?"
나리는 소피아의 손을 끌다시피 해서 소파로 돌아와 다그쳤다.
"아저씨, 우리가 너무 서둘렀나 봐요. 이러다 나리 삐치겠어요."
"그렇구나. 소피아가 나리에게 차근차근 설명해주겠니?"
나리는 두 사람의 얼굴만 쳐다보고 있었다. 잠시 침묵이 흐른 뒤, 소피아가 입을 열었다.
"나리 너, 아저씨가 10년 전쯤 프랑스에 와 계셨던 건 알지?"
"응, 언니도 그때 만났다고 들었어."
"그래, 맞아. 그때 아저씨가 왜 그 많은 프랑스의 도시 중에서 노르망디, 그것도 칼바도스로 오셨는지 생각해본 적 있니?"
나리가 2년 전 프랑스로 여행을 갔을 때 머물렀던 곳도 칼바도스다. 소피아의 집이 칼바도스의 외곽에 있었기 때문이다. 그리고 그때 칼바도스는 지명 자체가 사과브랜디의 상표로 사용될 만큼 사과와인과 사과브랜디로 유명한 고장이라는 사실을 소피아에게 들었다.
"그럼 큰아버지가 프랑스에 간 것도 사과와인 때문에?"
소피아와 나리의 대화를 듣고 있던 큰아버지가 마침내 입을 열었다.
"그래, 당시 나는 사과를 활용할 새로운 방법을 연구하고 있었단다. 그러다 우연히 파라다이스라는 사과와인에 대해 알았지. 그 와인을 만든 분도 만날 수 있었어. 천운이지."
"정말요?"

한국애플리즈 로비에 전시된 각종 와인들

"하지만 그분은 더 이상 사과와인을 만들지 않았어. 그래도 사과와인에 대한 꿈은 포기하지 않으셨더구나. 일주일 동안 하루도 빠지지 않고 그분 댁을 찾아갔단다. 그랬더니 내 마음을 아셨는지 작은 보따리 하나를 내주시더구나."
"그게 뭐였는데요?"
나리는 목을 길게 뽑고 마른침까지 꿀꺽 삼켰다.
"허허, 녀석 급하기는. 집에 와서 보자기를 풀어보니 자그마한 유리병 하나와 노트가 나왔단다. 노트에는 사과와인 제조 방법이 빼곡히 적혀 있고, 유리병에는 그분이 사과와인을 만들 때 사용한 효모가 있었지. 내가 그분을 만난 게 1993년 가을이니 20년 넘게 보관하신 효모지."
"그래서 그때 급하게 프랑스로 가신 거예요?"
큰아버지는 가만히 고개를 끄덕였다.
"그럼 저 옹기들은 뭐예요?"
이번에는 소피아가 나섰다.
"내가 여기에 온 건 옹기 때문이야. 너도 알지만 와인은 원래 오크통에서 숙성을 시키잖니. 근데 그건 철저하게 유럽인의 입맛을 위한 제조 방식이거든."
나리도 언젠가 들은 적 있는 얘기다. 유럽인들이 와인을 좋아하는 이유가 포도와 참나무에 들어 있는 타닌 성분 때문이라는 것을.
"그런데 그 타닌 때문에 과일 고유의 맛은 떨어지지. 그걸 보완할 수 있는 게 바로 옹기야. 아저씨는 그걸 시험하시는 거야. 떫은맛이 없으면서도 유럽인들의 입맛을 사로잡을 수 있는 와인이지. 유럽인의 입맛을 대표해서 내가 여기 온 거구." 소피아는 멋쩍은 듯 미간을 찡긋해 보였다.

나리는 그제야 답답하던 가슴이 좀 시원해진 듯했다. 나리는 큰아버지의 손을 꼭 잡았다. 오늘따라 큰아버지가 그렇게 커 보일 수 없었다. 모두 불가능하다고 생각하는 일에 도전하는 큰아버지의 모습을 보면서 나리는 다시 한 번 마음속으로 다짐했다. 열심히 공부해서 우리나라 최고의 소믈리에가 되겠다고.

 참고 문헌과 자료 출처
(주)한국애플리즈 홈페이지 www.applewine.co.kr

한국애플리즈 로비 » 양조 시설 견학 » 사과 따기 체험 » 사과와인 만들기 체험

한국애플리즈는 사과와인을 전문으로 생산하는 곳이다. 이곳에서는 사과와인과 사과에 대한 정보를 얻을 수 있을 뿐 아니라, 사과를 이용한 체험 프로그램에도 참여할 수 있다. 체험 프로그램은 계절에 따라 조금씩 다르다. 사과 꽃이 피는 봄이면 화전 만들기 체험이, 사과가 빨갛게 익어가는 가을에는 사과 따기 체험이 진행된다. 물론 모든 체험의 중심에는 나만의 사과와인 만들기 체험이 있다. 하지만 사과와인을 만드는 데는 여러 과정과 오랜 시간이 필요하기 때문에 체험 참가자들은 회사 측에서 미리 숙성시킨 사과와인을 자신의 얼굴이 들어간 라벨이 붙은 병에 받아 가는 것으로 만들기 체험을 대신한다. 한국애플리즈에서 생산하는 사과와인의 가장 큰 특징은 오크통 대신 전통 옹기를 이용해 숙성시킨다는 것. 참가자들이 받아 가는 6년 숙성 사과와인 역시 옹기에서 숙성된 것들이다.
문의 054-834-7800(www.applewine.co.kr)

우리나라 최초의 사화산에 깃든 이무기의 전설
의성 금성산과 산운마을

우리나라 최초의 사화산인 의성의 금성산은 그 독특한 모습만큼
많은 전설과 이야기를 간직한 산이다. 금성산에는 예부터 산 정상에 묘를 쓰면
묘를 쓴 자는 큰 부자가 되지만, 인근 마을에는 석 달 동안 비가 내리지 않는다는 전설이 있다.
왜 금성산에 묘를 쓰면 인근 마을에 비가 오지 않을까.
용이 되지 못한 이무기가 살던 금성산의 이야기 속으로 여행을 떠나보자.
글·사진 | 정철훈

아침에 눈을 뜬 드리는 하늘부터 살폈다. 마을에 비가 내리지 않은 지 벌써 석 달째. 오늘도 하늘엔 구름 한 점 보이지 않는다. 산과 구름이 조화를 이룬다 해서 산운(山雲)이라 불리는 이곳에 이토록 가뭄이 오래 든 적은 없었다. 하지만 가뭄보다 마음에 걸리는 건 구름의 움직임이었다. 드리가 요 며칠 주의 깊게 살핀 것도 구름의 움직임이다. 마을 위에서 흩어진 구름들이 자꾸 금성산 쪽으로 몰려갔기 때문이다. 처음 며칠은 대수롭지 않게 보아 넘겼다. 그런데 그게 실수다. 금성산으로 몰려간 구름들이 어제부터 엄청난 비를 일시에 쏟아내기 시작한 것이다. 빗줄기가 얼마나 강한지 20리 밖 마을까지 물보라가 날렸다. 그렇게 시작된 비는 꼬박 이틀을 쏟아 부었다.

산운마을 뒤로 보이는 금성산

드리는 불의 기운을 타고 난 아이다. 드리가 열 살이 되던 해 생일날, 할아버지는 드리를 데리고 처음으로 금성산에 올랐다. 당시 드리는 자신이 할아버지의 뒤를 이어 화주가 될 운명이란 걸 직감하고 있었다. 화주는 마을에서 가뭄이나 흉년이 들면 기우제를 올리는 천문관의 역할을 담당한다. 하지만 이는 표면적인 것일 뿐, 실제로는 금성산에 갇힌 이무기가 용이 되지 못하도록 감시하는 게 화주의 가장 큰 임무다. 그래서 문중에선 매년 태어나는 아이들 가운데 불의 기운을 타고난 아이들을 따로 추려 화주로서 자질을 검증했고, 그중 한 명만이 문중 원로들의 비밀회의를 거쳐 화주가 될 수 있었다.

금성산의 화구에 도착했을 때 할아버지는 바위틈 작은 구멍을 가리키며 저곳에 이무기가 산다고 알려주셨다.
"이무기가 저곳에요?"
드리는 의아했다. 아무리 봐도 이무기가 살기에는 너무 좁은 공간이기 때문이다.
"좁은 공간이지. 비늘이 돋지 않은 이무기는 화기에서 자신을 보호하기 위해 좁은 구멍 속에 몸을 숨길 수밖에 없단다. 하지만 화구의 화기가 사라지면 언제라도 저곳에서 나올 게다. 드리 너는 늘 그것을 살펴야 하느니라, 알겠느냐?"
"예, 할아버지. 그런데 이무기가 저곳에서 나오면 어떻게 되나요?"
"그래서는 절대 안 되겠지만 만약 그런 일이 생긴다면 아마도 용이 되기 위해 이

산운마을에서 바라본 금성산

마을 우물

곳 화구에 거대한 웅덩이를 만들려고 할 게다. 저 녀석도 용처럼 비구름을 부리는 재주가 있으니 말이다."
드리는 가볍게 머리를 흔들었다.
"설마, 아닐 거야."
금성산을 뚫어져라 바라보던 드리가 낮게 중얼거렸다. 허나 불길한 마음이 쉬 가시지 않았다. 드리는 다락으로 올라가 낡은 상자 하나를 꺼냈다. 상자에는 서책과 지도가 있었다. 화주에서 화주에게로 전해오는 물건들이다. 서책에는 금성산이 화산으로 태어나던 순간부터 이무기가 금성산에 사는 연유 등 금성산에 얽힌 이야기들이 상세히 적혀 있다. 책장을 넘기던 드리는 이무기가 용이 되는 순간을 묘사한 부분에서 잠시 호흡을 가다듬었다.

다음날 아침, 드리는 지도만 들고 금성산으로 향했다. 지도에는 화구의 정수리 위치가 표시돼 있었다. 화구의 중심인 정수리는 오래전 금성산이 불을 토해낼 때 가장 먼저 불기둥이 솟은 곳이다. 드리는 산에 오르면서 어제 읽은 서책의 내용을 몇 번이고 되뇌었다.
"물에서 100일을 머물러야 용이 돼 승천할 수 있다?"
할아버지는 화구의 화기가 사라지지 않는 한 불의 산인 금성산 화구에 빗물이 고이는 일은 없을 거라 하셨다. 그러니 금성산에 이무기가 몸을 담글 만한 웅덩이가 만들어지는 건 사실상 불가능한 일이다. 하지만 만에 하나, 누군가 불의 기운이 나오는 화구의 정수리를 막는다면… 그땐 상황이 달라질 것이다.
드리는 하늘을 쳐다보았다. 굵은 빗줄기가 쉴 새 없이 쏟아졌다. '제발 그런 일이 없기를…' 드리는 마음속으로 빌고 또 빌었다. 그러나 드리의 기대와 달리 금성산 화구에는 거대한 웅덩이가 있었고, 그 중심에 돌무덤 하나가 보였다. '돌무덤, 결국 이것 때문이었나?' 드리는 다리에 힘이 풀려 그 자리에 주저앉고 말았다. 토굴에서 빠져나와 돌무덤 주위를 맴도는 이무기의 모습이 퍼붓는 빗줄기 사이로 흐릿하게 보였다. 빗줄기는 점점 더 거세지고 있었다.
산운마을에선 예부터 금성산에 무덤을 쓰면 큰 부자가 된다는 이야기가 전해왔다. 사실 이 이야기의 진위는 알 수 없지만, 마을 사람들 중 몇몇은 금성산에 올라가 진짜 무덤 대신 돌무덤을 만들어놓곤 했다. 결국 그렇게 만들어진 돌무덤 중 하나가 우연히 화구의 정수리를 막아버린 것이다. 선대 화주였던 할아버지께선 이런 사태를 방지하기 위해 이야기의 말미에 '무덤을 쓴 자는 부자가 되지만 인근 고을은 오랫동안 가뭄에 시달린다'는 내용을 덧붙여 사람들의 욕심을 다스려보려 하셨다. 하지만 소용이 없었던 것이다. 드리가 할아버지와 처음 금성산에 올랐던 그날, 할아버지께서 왜 돌무덤들을 보고 그토록 한숨을 쉬셨는지 오늘에야 이해할 수 있었다.

마을로 돌아온 드리는 사람들을 불러 모은 뒤 자신이 본 금성산의 모습을 있는 그대로 알려주었다. 더 이상 숨길 수도, 숨길 것도 없었다. 그리곤 서둘러 마을을 떠나도록 사람들을 종용했다. 이무기가 용이 되어 금성산의 불기운이 되살아나는 날에 마을에 무슨 일이 벌어질지 드리도 장담할 수 없었기 때문이다.
"화주 어르신, 어리석은 저희를 용서하십시오."
마을 사람들은 드리 앞에 엎드려 용서를 빌었다.
"아닙니다. 여러분의 잘못이 아닙니다. 화주로서 소임을 다하지 못한 제 불찰이 큽니다. 하지만 지금은 누구의 잘잘못을 따질 때가 아닙니다. 일단 몸부터 피하고 뒷일을 도모해야 합니다."
드리의 목소리는 간곡했다. 하지만 누구도 자리를 뜨려 하지 않았다. 그런 모습을 보는 드리의 마음은 더욱 아팠다. 그때 불현듯 등 뒤에서 노기 띤 목소리가 들려왔다. 드리는 깜짝 놀라 뒤를 돌아보았다. 그곳엔 처음 보는 노승이 서 있었다. 노승은 머뭇거리는 드리를 향해 다시 한 번 꾸짖듯 소리를 질렀다.
"이런 미련한 놈 같으니. 땅이 막혔으면 하늘을 뚫으면 되고, 하늘이 막혔으면 땅을 뚫으면 될 일이지 뭘 망설이는 게냐. 산운의 수맥은 금성의 화구와 통한다고 했거늘, 화주라는 작자가 그것도 모른단 말이냐."
'산운의 수맥이 금성의 화구와 통한다?' 드리는 문득 떠오르는 게 있었다. 집으로 달려간 드리는 서책을 꺼내 다시 꼼꼼히 살펴보았다. 그곳에서 같은 내용의 글귀를 찾아낼 수 있었다. 드리는 망치로 머리를 얻어맞은 것처럼 정신이 번쩍 들었다. '산운의 수맥과 금성의 화구가 통한다는 얘기는 마을의 수맥을 찾아 뚫으면 화구의 물이 마을의 수맥을 통해 빠져나온다는 이야기가 아닌가? 그런데 그 수맥이 어디란 말인가?'

드리는 서둘러 저잣거리로 돌아왔다. 하지만 노승은 보이지 않고 그가 서 있던 자리에 긴 지팡이 하나가 곧게 서 있었다. 드리는 달려가 지팡이를 살폈다. 희한하게도 지팡이가 있는 자리만 축축했다. 드리의 얼굴에 희망이 빛이 돌았다. 드리는 지팡이를 치우고 두 손으로 흙을 파내기 시작했다. 얼마지 않아 축축한 땅에서 분수처럼 물줄기가 솟아올랐다. 드리는 반사적으로 금성산 쪽을 바라보았다. 산을 에워싸고 있던 먹구름이 흩어지는 게 보였다. 긴장이 풀린 드리는 그 자리에 쓰러지며 정신을 잃었다. 희미해지는 의식 속에서도 마을 주민들의 환호가 또렷이 들렸다. 순간 드리의 얼굴 위로 굵은 빗방울이 떨어졌다.

산운생태공원

산운생태공원 》 자암종택 》 운곡당 》 소우당 》 학록정사 》 금성산 산행

금성산(531m) 자락에 위치한 산운마을은 의성의 명산인 금성산과 구름이 절묘하게 어우러진다고 해서 붙은 이름이다. 영천 이씨의 집성촌이기도 한 이곳에는 학록정사(鶴麓精舍, 경북 유형문화재 제242호), 자암종택(紫巖宗宅), 운곡당(雲谷堂, 경북 문화재자료 제374호), 소우당(素宇堂, 중요민속자료 제237호)을 포함해 전통 가옥 40여 동이 보존되어 있으며, 고택과 고택 사이로 예쁜 돌담길이 이어져 천천히 돌아보기에 좋다. 마을 입구에 있는 산운생태공원도 놓치지 말아야 할 코스. 생태공원에는 산운마을의 역사를 한눈에 살필 수 있는 전시관과 생태 습지, 생태 탐방로 등이 있다.

금성산 산행은 수정사에서 시작한다. 산행 안내판이 있는 곳에서 왼쪽으로 가면 금성산 방면이고, 오른쪽으로 가면 비봉산(672m) 방면이다. 금성산과 비봉산은 7천만 년 전 화산 폭발로 화구 부분이 내려앉으면서 두 산으로 나뉘었다. 그렇기 때문에 금성산의 화구는 한라산이나 백두산처럼 정상이 아니라 금성산과 비봉산을 둥글게 잇는 능선의 가운데 위치한다. 금성산의 화구는 오랜 세월 풍화와 침식작용으로 밑 부분만 간신히 형태를 유지해 지질도나 항공사진을 통해서만 그 모습을 확인할 수 있다. 산운마을에서 금성산 산행 들머리인 수정사까지는 4km 정도.

문의 의성군청 새마을문화과(054-830-6355)

여행 정보

사촌마을

고운사

제오리 공룡발자국 화석

| 사촌마을 |
의성군 점촌면 사촌리에 위치. 안동 김씨와 풍산 유씨의 집성촌으로 송은 김광수, 서애 유성룡, 천사 김종덕 등 많은 유현이 이 마을에서 태어났으며, 선비와 학자들을 다수 배출한 유서 깊은 마을이다. 마을에는 만취당을 비롯해 전통 가옥 30여 동이 남아 있다.

| 고운사 |
의성군 단촌면 구계리 등운산 가장자리에 위치. 신라 신문왕 원년(681)에 의상대사가 창건한 사찰로, 고운 최치원의 호를 따서 붙인 이름이다. 연꽃이 반쯤 핀 것 같은 형상(부용반개)에 위치한 사찰로 유명한 고운사에선 천년 송림도 빼놓을 수 없는 볼거리다.
문의 054-833-2324

| 제오리 공룡발자국 화석 |
의성군 금성면 제오리에 위치. 제오리 공룡발자국 화석(천연기념물 제373호)은 금성산 화산이 분출하기 전인 1억만 년 전 생성된 퇴적 암반층으로, 316개에 이르는 공룡발자국이 남아 있다. 제오리 공룡발자국 화석은 보존 상태가 양호해 육안으로도 식별이 가능하다.

1 day

09:00~11:00	11:00~12:30	12:30~13:30	13:30~15:00	15:00~16:00	16:00~17:30	17:30~	08:00~09:00
한국애플리즈 사과와인 체험	사촌마을	점심식사	고운사	제오리 공룡발자국 화석	금성산 고분군	숙소 이동, 저녁식사	아침식사

2 day

금성산 고분군

탑리 오층석탑

빙계계곡(빙혈)

| 금성산 고분군 |

의성군 금성면 탑리리와 대리리에 위치. 금성산 고분군에는 삼한시대 부족국가 조문국의 경덕왕릉을 중심으로 고분 260여 기가 있다. 현재까지도 발굴 작업이 진행 중이며, 고분과 고분 사이로 깔끔한 산책로가 조성되었다. 문의 054-834-0302

| 탑리 오층석탑 |

의성군 금성면 탑리리에 위치. 탑리 오층석탑(국보 제77호)은 화강암으로 조성된 통일신라시대의 석탑으로, 일부 전탑의 기법을 모방해 '모전 석탑'이라고도 부른다. 모전 석탑으로는 경주의 분황사탑 다음으로 오래되었으며, 전탑의 기법 외에 목조 건물의 건축양식도 찾아볼 수 있어 당시 석탑 양식을 연구하는 데 귀중한 자료가 되고 있다.

| 빙계계곡 |

의성군 춘산면 빙계리에 위치. 경북팔승의 하나인 빙계계곡은 의성을 대표하는 휴식 공간이다. 원효대사와 요석공주의 사랑 이야기가 전해오는 풍혈과 냉혈 외에도 탑리 오층석탑을 모범으로 한 빙산사지 오층석탑(보물 제327호), 용추, 물레방아, 의각, 부처막, 어진바위 등 빙계팔경을 품고 있다.

● 맛집

의성에는 마늘 먹인 쇠고기로 요리한 불고기가 유명하다. 의성읍의 경동숯불갈비(054-832-9680)와 경북육식당(054-834-4141), 의성마늘목장(054-834-9292), 금성면의 강운참숯갈비(054-832-1296) 등이 맛있다.

● 숙박

의성읍 주변에 신라장(054-832-0015), 평화장모텔(054-834-2270), 테마모텔(054-834-9982) 등 숙박 시설이 모여 있으며, 봉양면 구산리의 탑산약수온천(054-834-5030)이나 의성군에서 운영하는 금봉산 자연휴양림(054-833-0123) 등도 추천할 만하다.

● 찾아가는 길

중앙고속도로 남안동 IC로 나가 일직면으로 진행. 대구 방향 5번 국도를 타고 가다 단촌면 소재지로 접어든다. 점곡 방향 79번 지방도를 타고 후평초등학교 앞 삼거리까지 간 뒤 오른쪽 길로 진입해 조금만 가면 왼쪽에 한국애플리즈가 나온다.

09:00~10:00	10:00~12:00	12:00~13:00	13:00~15:00	15:00~17:00	17:00~
탑리 오층석탑	산운마을	점심식사	금성산 산행	빙계계곡(빙계 오층석탑, 빙혈, 풍혈)	귀가

지고지순한 사랑이 담긴 나무
청송 관리 왕버들

채씨 성을 가진 과년한 처녀가 늙은 아버지를 모시고 살았다.
그런데 임진왜란이 일어나 징집령이 내렸고,
무슨 까닭인지 창칼을 들 수 없는 아버지에게도 출정 명령이 떨어졌다.
노쇠한 아버지를 전장에 나가게 할 수 없어 고민에 빠졌는데,
마을에 사는 젊은이가 찾아와 처녀를 흠모하는 마음을 전하고
노부 대신 출정하겠노라 청하는 것.
젊은이의 마음에 감동한 처녀는 출정하기 전날 밤,
우물가에서 만나 젊은이가 가져온
어린 버드나무 한 그루를 함께 심는다.
찰나 같은 사랑이지만 임을 위해
모든 것을 버리는 처녀의 일편단심이 담긴
소나무도 함께 자란다.

글·사진 | 정보상

청송

천연기념물 제93호로 지정된 왕버들

복사꽃, 사과 꽃이 활짝 피어 온 동네가 꽃향기 가득한 춘삼월 호시절. 그러나 청송도호부 일대는 순식간에 공포에 휩싸였다. 이틀 전 왜병들이 부산포에 상륙해 선발대 고니시 유키나가(小西行長)의 1만8천 병력이 부산성을 공격했다는 것이다. 부산진첨사 정발이 전사하고 성을 빼앗겼으며, 동래를 사수하던 송상현과 군인, 백성들이 끝까지 항전하다 순국했다는 두렵고 안타까운 소식이었다.

조용하던 청송 땅은 군관과 병사들의 발걸음으로 분주했고, 병장기 챙기는 소리가 동헌 담을 넘어왔다. 징집령이 내려 방을 들고 각 마을로 향하는 관리들의 발걸음도 빨라졌다. 농사를 짓던 사람들 가운데 노비를 제외한 성인 남자들은 삼삼오오 모여 혹독한 고통에 대한 두려움과 가족 걱정을 나누었다.

조선시대의 지방군제는 외적의 침입이 있을 때 군대를 만들어 싸우고 지키는 방식이다. 이 제도에서 병사는 대부분 농사를 짓는 양인이고, 양반들도 군역의 의무가 있지만 실제로는 빠져나갔으며 노비도 제외되었다. 따라서 농민들은 평소 농업에 종사하다가 일단 징발되면 군인이 되는데, 16~60세 남자는 모두 군역의 의무가 있었다.

파천에 사는 채씨 영감도 그날 징집영장을 받았다. 예순이 넘은데다 최근에 꽃가루가 날리면서 평소 앓던 해수병이 도져 문밖출입도 힘든 지경인데 청천벽력 같은 출병 명령이라니, 눈앞이 캄캄했다. 실제 나이로는 환갑이 조금 지났지만 호적에는 아직 60세가 안 된 것으로 기록된 모양이라고 생각은 했지만, 자기 몸 하나 건사하기도 힘든데 전장에 나가야한다고 생각하니 한숨이 절로 나왔다.

채씨 영감은 일찍 상처하고 홀로 딸을 키우며 살았는데, 어느덧 과년한 딸은 용모 단정하고 행실 바르며 마음 씀씀이도 고와 주위에서 칭찬이 자자했다.

그날 저녁, 딸은 밥을 지으려고 지펴놓은 장작불이 꺼질 정도로 깊은 한숨을 쉬었다. '나라가 어려움을 당했으니 백성 된 자로서 당연히 나서야겠지만, 병들고 연로한 아버지에게 전장에 나가라니…' 가까운 친척이라도 있으면 상의하고 하소연이라도 해보련만, 마을에는 그럴 만한 사람조차 없었다. 정말 기가 막혔다.

뜬눈으로 밤을 새우다시피 한 이튿날 아침, 젊은 총각 하나가 채씨 영감의 집으로 불쑥 들어왔다. 낯익은 총각이라 기억을 더듬어보

니 심 첨지 댁 머슴이다. 우물가에 물 길러 나갔을 때 한 짐 가득 나무를 해 오는 그와 가끔 눈이 마주치긴 했지만 말 한 마디 나눈 적 없는데, 그 총각이 찾아온 것이다. 처녀의 아버지에게 만나기를 청한 총각은 마루에 선 채씨 영감을 향해 넙죽 큰절을 올리고는 나지막하면서도 강한 의지가 담긴 목소리로 말했다.
"평소 어르신 따님의 아름다움과 정숙한 마음가짐을 마음 깊이 사모해왔습니다. 엊저녁 전해 듣기로는 어르신께서 전장에 나가셔야 한다는데, 어찌 연로하신 어르신께서 그 험한 곳에 가서 병장기를 드실 수 있겠습니까? 무언가 크게 잘못된 모양입니다. 내일이면 출정해야 한다는데 이 일을 어찌해야 좋을지…. 그래서 밤새 고민한 끝에 제가 어르신 대신 전장에 나가야겠다고 결심했습니다. 부디 허락해주시기 바랍니다."
식전 댓바람부터 황당한 이야기를 들은 채씨 영감은 물론, 옆에 있던 처녀도 그의 엄청난 제안에 할 말을 잊고 말았다. "고마운 말이나 받아들이기에는 너무 마

소현왕후의 이야기가 남아 있는 현비암

음에 부담이 크다"는 말을 해야 할 것 같았지만, 채씨 영감은 얼마 남지 않은 삶을 전쟁터에서 마무리하기 싫어 못 이기는 척 받아들이기로 마음먹었다.

그러나 처녀는 은혜를 어떻게 갚아야 할지 고민이었다. '이 총각이 평소 나에게 부담스러운 생각을 품었지만, 아버지 대신 전쟁터에 나갈 정도로 나에 대한 생각이 각별하다니…' 처녀는 그의 진실하고 고귀한 사랑에 감동받았고, 감사의 마음이 우러나왔다.

몸에 좋다는 달기약수

처녀는 수줍고 고마운 마음에 떨리는 목소리로 말했다.
"제 아버님을 대신해 전장에 나가주시겠다는 말씀은 정말 감사합니다. 응당 정중하게 마음만 받고 사양해야 마땅하오나, 자식 된 도리로 아버님을 사지에 보낼 수 없어 어찌할 바를 모르겠습니다. 외람되지만 전장에서 돌아오시면 저와 혼인해주십시오. 아버님도 제 뜻을 받아주실 것입니다."
딸의 말을 듣고 채씨 영감도 고개를 끄덕여 허락했다.

그날 밤, 두 사람은 우물가에서 남몰래 만났다. 총각은 어린 버드나무 한 그루를 가져와 우물가에 심고 두 손을 꼭 잡으며 당부했다.
"우물가에 오거든 이 나무를 보며 날 기억해주시오. 물 한 바가지라도 부어주면서 나를 돌보듯 고이 길러주시오."
처녀는 한마음으로 총각이 무사히 돌아올 때까지 기다리기로 굳게 결심했다.
그날 이후 처녀는 매일 우물가에 심은 버드나무를 정성껏 돌보았다. 달이 가고 해가 가고 3년이라는 애타는 세월이 지나 전쟁은 끝났지만, 기다리는 사람은 돌아오지 않았다. 3년 정도 지나면 부모조차 조금씩 잊히게 마련인데, 초야도 치르지 않고 언약을 한 총각 생각만 하면 눈앞이 흐려지고 눈이 초롱초롱한 그 사람의 얼굴이 생생하게 떠오르는 것이었다.
그러던 어느 달 밝은 밤, 아침쌀을 씻는 것을 깜빡해서 밤늦게 우물가로 나간 처녀. 그가 심어놓고 간 버드나무 가지에 걸린 휘영청 밝은 달을 보고 눈시울이 뜨거워졌다. '버드나무는 벌써 저렇게 자랐는데 임은 어디서 헤매고 계실까?' 처녀는 가슴이 저려오고 눈물이 쏟아지기 시작했다. '세상을 버리고 구천에서 날 잊지 못해 떠돌고 계신 것은 아닐까?' '어쩌면 저 버드나무 가지 위에 있는 달에서 빙그레 웃으며 나를 내려다보고 계신 것은 아닐까?' 처녀는 총각이 있는 저세상으로 따라가야겠다는 생각이 들었다. 약혼자가 심어놓고 떠난 왕버들 가지에 명주 수건을 걸고 집 쪽을 향해 무릎 꿇고 앉아 흐느끼며 말했다.

"연로한 아버님보다 먼저 세상과 이별하는 것을 용서하세요. 태어나서 처음 마음을 주었고, 저를 위해 목숨을 버린 사람을 찾아갑니다. 부디 건강하세요."

처녀는 수건에 목을 맨 총각이 기다리는 저세상으로 떠나갔다. 얼마 후 버드나무 옆에 소나무 한 그루가 싹터 올라왔다. 동네 사람들은 처녀의 일편단심에 사무친 넋이 소나무로 솟아올랐다고 했다. 이후 마을 사람들은 두 나무를 마을의 당나무로 삼고 음력 정월 14일 동제를 지내왔는데, 이때 사용한 종이로 글씨 연습을 하면 글씨를 잘 쓴다는 전설이 있다.

참고 문헌과 자료 출처
《산과 숲 나무에 얽힌 고향이야기》, 이의근, 경상북도, 395쪽

스토리가 있는 여행 길

청송 관리 왕버들 》 현비암

청송읍 덕리와 파천면 경계에 있는 관리 왕버들은 수령 400년이 넘는 고목으로 높이 15m, 둘레 5m나 된다. 천연기념물 제193호로 지정된 이 나무 곁에는 노송이 다정스럽게 서 있고, 나무 아래쪽에 백전마을 공동 우물이 있다. 주왕산이나 포항으로 내려가는 국도가 확장되기 전에는 청송 읍내로 들어가는 길목에 있어 청송을 여행하기 위해 찾아오는 사람들이 전설의 현장을 확인하고, 그 애틋한 사연에 감동을 받기도 했지만 지금은 우회도로 때문에 자칫하면 지나치기 쉽다. 왕버들이 있는 공동 우물터에 접근하려면 31번 국도를 따라 달리다 양지사거리를 지나자마자 양지육교 아래로 내려서야 한다. 왕버들은 길이 30m 정도 되는 정사각형 철책으로 둘러싸였고, 뚜껑이 덮인 우물도 가까이 있어 왕버들에 얽힌 슬픈 이야기를 쉽게 기억해낼 수 있다.

양지육교에서 청송 읍내로 이어지는 구도로를 따라 들어오다 보면 청송 읍내를 관통하는 용전천변에 20m가 넘는 절벽이 있는데, 이곳이 현비암(賢妃岩)이다. 이른 새벽 냇가에 빨래를 하러 나간 한 여인이 승천하는 용을 보고 놀라 소리를 질렀는데, 이 때문에 수천 년 동안 승천의 꿈을 키워온 용은 그 자리에 떨어져 바위가 되었다는 전설이 있다. 2006년에 인공 쌍폭포를 설치하고 야간 조명 시설까지 마련하여 청송의 또 다른 명물이 되었다.

현비암폭포

💬 여행 정보

송소고택의 별당

| 송소고택 |
조선시대 만석꾼 청송 심씨의 7대손 송소 심호택이 지은 7동 99칸의 대갓집이다. '덕천동 심부자댁'으로 불리던 이 집은 전통적인 양반집의 건축양식을 고스란히 간직해 국가지정 중요민속자료 제250호로 지정되었다.
문의 054-873-0234(www.songso.co.kr)

| 야송미술관 |
청송군이 폐교가 된 신촌초등학교를 개조하여 만든 미술관이다. 전시실과 미술도서관, 미술교육장에서 상설 전시와 기획 전시, 미술 교육 강좌를 진행한다. 청송 출신 한국화가 야송 이원좌가 소장한 한국화와 도예 작품 350점, 국내외 화가와 조각가들의 작품 50여 점, 미술 관련 서적 1만여 점이 소장되었다. 문의 054-870-6535

야송미술관

| 진보옹기체험관 |
경북 무형문화재 제25호 이무남 선생이 선친의 뒤를 이어 50년째 옹기를 빚으며 옹기의 우수성을 알리기 위해 체험 프로그램을 진행하고 있다. 옹기 체험은 성인 1인당 1만 원. 만든 옹기는 가마에 구워 한 달 뒤 택배로 보내준다. 문의 054-874-3362

진보옹기체험관

1 day

11:20~12:30
야송미술관

14:00~15:30
청송 양수발전소

17:00~18:00
저녁식사
(청송 읍내 식당)

09:00~11:00
진보옹기체험관(옹기 만들기 체험)

12:40~13:30
점심식사(신촌약수탕 닭불고기)

16:00~16:30
왕버들(백전마을)

18:00~
숙소(송소고택)

청송양수발전소

| 청송 양수발전소 |

전력 수요가 적은 밤에 심야 전력을 이용하여 아래 있는 저수지의 물을 위에 있는 저수지로 끌어올렸다가 전력 수요가 많은 시간에 발전하는 방식으로 운영되는 발전소다. 발전소 견학 프로그램은 홍보관 관람, 상·하부 댐과 지하발전소 견학으로 구성된다. 지하발전소 견학은 중학생 이상 70세 이하만 가능하며, 안전 관리 때문에 견학이 불가능할 때도 있다.
문의 054-870-5289

● 맛집

달기약수터에 가면 닭백숙을 맛볼 수 있다. 서울여관식당(054-873-2177) 등에서는 닭과 찹쌀, 마늘, 달기약수를 넣고 참나무로 불을 때어 푹 고아 낸다. 주왕산 입구에서는 부산식당(054-873-9947)과 귀빈식당(054-873-1569) 등의 산채정식, 비빔밥이 유명하다.

주산지

| 주산지 |

약 270년 전에 준공된 길이 100m, 폭 50m, 수심 7.8m에 이르는 인공 저수지로 태고의 원시성이 느껴진다. 자생하는 150년생 능수버들과 왕버들 20여 그루가 울창한 수림과 함께 신비한 분위기를 연출한다. 김기덕 감독의 영화 〈봄여름가을 겨울 그리고 봄〉이 촬영된 곳이기도 하다.

● 숙박

송소고택(054-873-0234, www.songso.co.kr)은 사랑채와 안채, 행랑채, 별채 등 온돌방에서 묵을 수 있다. 청송 시내에 있는 주왕산관광호텔(054-874-7000)이나 청송자연휴양림(054-872-3163)의 통나무집에서도 숙박을 해결할 수 있다.

| 달기약수터 |

조선 철종 때 금부도사를 지낸 권성하가 이곳에 자리 잡고 살면서 마을 사람들과 수로 공사를 하던 중 바위틈에서 솟아오르는 약수를 발견했다. 이 약수터의 특징은 사계절 나오는 양이 일정하고, 겨울에도 얼지 않으며 색깔과 냄새가 없다. 달지 않은 사이다 맛이며, 위장병과 신경통, 빈혈 등에 효과가 있다고 알려져 사람들이 많이 찾는다.

● 찾아가는 길

중앙고속도로 서안동 IC에서 영덕 방면 34번 국도를 타고 안동과 진보를 지나면 야송미술관에 이른다. 진보로 돌아와 청송읍 방면 31번 국도를 달리다가 양지사거리를 지나면서 양지육교 아래로 내려서면 왕버들이 있다. 이곳에서 구도로를 따라 청송 읍내로 들어선 다음 용전천변 길을 따라가다 보면 강 건너편에 현비암이 보인다.

| 주왕산 |

산세가 웅장하고 골이 깊어 장관이다. 산에 오르다 보면 발 닿는 곳곳마다 맑은 계곡물과 울창한 수림이 우거졌고, 푸르른 하늘을 인 바위가 병풍처럼 둘러 있어 탄성이 절로 나온다. 문화재는 신라 문무왕 12년(672)에 창건한 대전사, 주왕의 딸 백련공주의 이름을 딴 백련암 등이 있다.

2 day

10:30~11:30 현비암

13:30~15:30 주왕산 트레킹

08:00~09:30 아침식사 (송소고택 인근 마을)

12:00~13:00 점심식사(달기약수터)

16:00~17:30 주산지 산책

시인의 숲에서 만난 두 형제 시인
영양 주실마을

문향으로 소문난 영양으로 문학 기행을 떠난 문필.
그가 사랑하는 시인 조지훈이 태어난 주실마을에서 시인의 숲을 만난다.
청록파 시인의 문학적 토양이 이 숲에서 배양됐을 것 같다는 생각이 들었다.
숲속에서 만나는 조지훈 선생의 맏형 조동진도 요절한 시인.
그의 시 〈국화〉는 또 다른 감동을 준다. 두 시인의 시비가 있는 시인의 숲.
조지훈 선생의 생명력 넘치는 시 세계의 뿌리가 이 숲속에 있음을 다시 확인했다.
글·사진 | 정보상

장래희망이 시인인 문필. 일간신문 주말 특집면을 뒤적이다 영양 문학 기행 기사에 시선이 멈췄다. 기사의 리드 부분에는 다음과 같이 적혀 있었다.
 '선비가 많이 나온 영양은 전통 때문인지 지금 영양은 문향(文鄕)으로도 이름이 높다. 근대문학에서 제법 이름을 높인 시인 오일도와 조지훈이 태어난 곳이고, 이문열씨가 집필을 하는 작업실이 있어 이 세 곳만 들러보는 것으로도 문학 기행에 충분할 정도다. 특히 주실마을은 청록파 시인 조지훈 선생의 생가가 있는 곳으로 그의 문학 세계가 어떻게 잉태되었는지를 쉽게 알 수 있다.'
뛰어난 작가가 태어난 곳은 뭔가 특별한 것이 있으리라고 막연히 생각하던 문필. 그렇게 아름다운 시어로 마음을 흔들어놓던 조지훈 시인이 태어나고 자란 주실마을은 어떤 곳일까? 갑자기 궁금해졌다. 난해한 현대시의 단어보다는 건강하고 생동감 넘치는 언어로 자연과 인간을 노래한 선생이 자란 곳을 꼭 한 번 찾아봐

주실마을에서
가장 전망이 좋은
옥천종택

야겠다는 생각이 들었다. 문필은 블로그에 다음과 같이 쓰고 집을 나섰다.
'지금 시인의 숲이 있는 주실마을로 갑니다. 마음에 푸른 생명을 담아 오렵니다.'

난생처음 찾아간 영양 땅이지만 외갓집에라도 온 것처럼 친근했다. 초가을 햇살이 가득한 마당 멍석에 빨간 고추가 투명한 빛으로 꿈을 꾸는 곳, 이름난 문인들이 나고 자란 흔적을 찾아볼 수 있는 그곳은 때 묻지 않은 소박함이 사랑스러운 고장이었다. 고택과 아직 연둣빛이 도는 감이 주렁주렁 달린 감나무에서 넉넉함을 느낄 수 있는 영양은 고달픈 삶을 잠시 쉬어 가고 싶을 때 생각날 것 같다.
주실마을 입구는 초록빛 숲으로 가려져 있다. 마치 커튼처럼 마을을 가리고 선 숲을 헤치고 들어가 두 시인을 만났다. 한 사람은 우리에게 '지훈' 이라는 이름으로 기억되는 조동탁(趙東卓), 또 한 사람은 조동진(趙東振). 두 사람이 형제라는 사실을 이곳에 와서야 알았다. 숲을 가로지르는 길이 하나 있고, 그 길 사이로 시비 두 개가 숲 그늘 아래 있어 '시인의 숲' 이라는 이름이 붙은 이유로 충분하다는 생각이 들었다.
문필이 이 마을에 온 이유는 조지훈 선생의 흔적을 찾기 위해서지만, 이 숲에서 우연히 그의 형 조동진의 시비도 발견했다. 세림(世林) 조동진의 시비에는 〈국화〉가 새겨져 있다. '담 밑에 쓸쓸히 핀 누른 菊花야 / 네 그 孤獨의 姿態가 아프다' 로 시작되는 조동진의 시는 스물한 살에 요절한 시인의 모습이 겹쳐져 보이는 듯하다. 영양초등학교를 졸업했으며 현대 서정시를 주로 지었으나 일찍 세상을 떠났다. 유작을 간추린 《세림시집》에는 가까이 있는 감천마을 오일도 시인이 서문을 쓴 것으로 알려진다. 고독을 노래한 시인의 쓸쓸한 시어들이 숲속에 유령처럼 떠다니는 느낌을 받은 문필은 수첩을 꺼내 이렇게 썼다.
'고독을 노래하던 젊은 시인, 시인의

주실마을이 내려다보이는 곳에
조지훈 시공원이 있다.

두 형제 시인의
시비가 있는
주실마을 입구
시인의 숲

숲에서 만나다.'

길 건너에 빨간 차가 한 대 서 있다. 초록과 잘 대비되는 색이라는 생각을 하며 건너편 숲으로 발길을 옮긴 문필은 조지훈 선생의 시비 앞에 섰다. 당연히 그의 대표작 〈승무(僧舞)〉나 〈봉황수(鳳凰愁)〉가 있을 줄 알았는데 〈빛을 찾아가는 길〉이 숲 그늘이 만든 이끼 속에 적혀 있다. 교과서에도 등장하지 않고 결코 유명한 작품도 아니다. 《청록집》의 한 귀퉁이에 오롯이 자리를 지키고 있었을 이 시는 문필에게 강렬한 메시지를 전해준다.

조지훈 선생에게는 풍류 시인의 모습과 지사(志士)의 풍모가 겹쳐지는데, 지사적 감개가 격조와 울림을 띠고 표출되는 시가 〈봉황수〉다. 그런데 문필은 처음 대하는 이 시에서 그의 강직한 시 세계를 발견했다. '빛을 찾아가는 길의 나의 노래는 / 슬픈 구름 걸어가는 바람이 되라' 는 시의 마지막 구절에서 일제강점기를 건너가는 선생의 강인한 의지를 엿볼 수 있었다.

문필은 주실마을 숲이 두 시인에게 큰 자양분이 되었을 것이라는 생각을 했다. 예부터 영양에서 봉화로 가려면 주실마을을 지나야 하는데, 주실 숲은 길목에 위치하여 마을을 살짝 가려주고 열어주는 역할을 한 것으로 알려진다. 원래 천연림이었으나 100여 년 전에 숲의 서북쪽 밭을 구입하여 소나무를 더 심고 가꿨다. 마을에서는 '시인의 숲' 을 보존하며 숲을 훼손하지 않는 최소한의 공간에 조지훈 선생을 기리는 시비와 무대를 마련하여 문학 해설이나 백일장 등을 열고 있다. 선생의 시비가 손에 잡힐 듯 가까운 곳에 있는 무대에 앉은 문필이 시집을 편다. 1946년 처음 출간된 《청록집》이다. 지난밤 이곳으로 오기 전에 읽고 북마크를 끼워둔 〈파초우(芭蕉雨)〉가 열린다.

'외로이 흘러간 / 한 송이 구름 / 이 밤을 어디메서 / 쉬리라던고 … 성긴 빗방울 / 파촛잎에 후두기는 저녁 어스름 / 창 열고 푸른 산과 / 마조 앉아라.'

파초의 녹색과 산의 푸르름을 노래하는 이 시에서 청록의 건강함이 묻어나온다. 청록파 시인의 건강하면서도 관조적인 분위기가 숲의 짙은 녹음과 잘 어울린다.

 **참고 문헌과 자료 출처**
《시 읽기의 방법》, 유종호, 삶과꿈, 120쪽

조지훈 기념관

시인의 숲 》 지훈문학관 》 호은종택 》 조지훈 시공원

영양 주실마을 숲은 마을 주민들이 오랜 세월 지극 정성으로 가꿔온 숲이다. 이 숲속에 청록파 시인 조지훈과 요절한 그의 맏형 조동진의 시비가 있다. 이 숲은 2008년 '전국에서 가장 아름다운 숲'으로 선정되었다. 주실마을은 350여 년 전 호은(壺隱) 조전(趙佺)이 터를 잡은 후 한양 조씨가 살기 시작한 집성촌이다. 한국전쟁 때 일부가 소실됐으나 1960년대에 복원됐다. 야트막한 산 아래 조용히 자리 잡은 고택들이 전통적인 유교 문화의 숨결을 느끼게 한다.
조지훈 선생의 문학과 삶이 고스란히 간직된 지훈문학관에 들르면 선생이 직접 낭송한 시 〈코스모스〉를 들을 수 있다. 1970년대에 출판되어 조지훈 선생이 재미있게 읽었다는 생텍쥐페리의 《어린왕자》도 전시되어 있다.
호은종택(壺隱宗宅)은 조지훈 선생의 생가. 화려하지 않은 시골집이지만 경북 기념물 제78호로 지정되었다. 마을 안쪽으로는 경북 민속자료 제42호 옥천종택(玉川宗宅)이 자리 잡고 있다.
마을 뒤편으로 이어지는 산책로를 따라 올라가면 가장 경관이 좋은 곳에서 조지훈 시공원을 만난다. 조지훈 선생의 동상과 선생의 대표적인 시를 새겨놓은 시비가 여럿 있다.

여행 정보

두들마을 재령 이씨 종가

| 두들마을 |
소설가 이문열이 태어난 석보면 원리는 조선시대 광제원이 있던 곳으로, 재령 이씨 집성촌이다. 석계고택, 석천서당 등 전통 고옥 30여 채와 동대, 서대, 낙기대, 세심대가 새겨진 기암괴석을 비롯해, 궁중요리 서책을 쓴 정부인 안동 장씨의 비석 등이 잘 보존된 마을이다. 이문열의 소설에는 등장인물의 삶의 역정이 펼쳐지는 무대로 이곳이 자주 등장한다.

| 선바위와 남이포 |
영양의 대표 관광지 가운데 하나인 선바위지구는 음악분수, 분재전시관, 산책로 등이 조성되어 잠시 쉬어 가기에 좋다. 위락단지 가까이에는 거대한 촛대를 세워놓은 것 같은 선바위와 남이포를 끼고 흐르는 두 물줄기가 합류하여 큰 강을 이루는 강변이 있다. 선바위와 남이포는 남이 장군이 역모를 꾀한 토적 아룡의 일당을 물리쳤다는 전설이 있는 곳이다.

| 연당마을 서석지 |
조선 광해군과 인조 때 성균관 진사를 지낸 석문 정영방(1577~1650)의 별장. 담양의 소쇄원, 완도 보길도의 부용정과 함께 우리나라 3대 민간 정원으로 꼽힌다. 서석지는 서재 앞의 작은 연못으로 그 안에는 선유석, 통진교, 희접암, 어상석, 낙성석 등으로 이름 붙은 괴석 20개가 촘촘히 놓여 있다.

검마산 자연휴양림의 가을 풍경

1 day

09:00~10:00
두들마을(이문열 작업실)

10:30~12:00
선바위지구(선바위와 남이포, 고추홍보관)

12:10~13:00
점심식사(민물매운탕)

13:20~14:00
연당마을(서석지)

14:30~15:00
감천마을(오일도 생가)

15:30~17:30
주실마을(조지훈 생가, 시인의 숲)

18:00~19:00
저녁식사(한우불고기)

| 감천마을 |

낙안 오씨가 많이 살던 곳으로, 시인 오일도(1901~1946, 본명 희병)의 생가가 있다. 오일도는 《조선문단》 4호에 〈한가람 백사장에서〉가 실려 등단했다. 1935년 사재를 털어 시 전문지 《시원》을 창간, 시문학을 풍요롭게 하는 데 일익을 담당했다. 생가 앞 하천 절벽에는 천연기념물 제114호 측백수림이 자생하고 있다.

| 일월산 선녀탕 |

음양의 조화 때문인지 일월산에는 신기가 흐르고, 많은 이들이 신 내림을 받거나 몸과 마음의 병을 고쳐보겠다고 몰려들기도 한다. 용화리 선녀탕 부근에는 기가 가장 강한 곳에 파놓은 석굴이 있는데, 내림굿을 위해 기도하는 무녀들을 자주 만날 수 있다.

| 반딧불이생태공원 |

영양군 수비면 수하리 수하계곡을 중심으로 펼쳐져 있다. 깨끗한 곳에서만 서식하는 반딧불이를 비롯하여 희귀 곤충 수백 종과 달팽이 등이 서식하는 생태의 보고로, 야생화와 수생식물류 등 초지와 습지, 하천 생태계를 두루 관찰할 수 있다. 공원 안에는 생태학교와 천문대 등이 있어 가족 단위로 휴식과 생태 학습을 즐기기 좋다. 문의 054-680-6045

| 검마산 자연휴양림 |

아름다운 금강소나무 숲과 빼어난 자연경관이 이용객들의 오감을 충족해주는 검마산 자연휴양림은 무료 숲 해설 프로그램으로 인기를 끈다. 숙소로는 3인실 3실, 2인실 10실, 5인실 2실, 6인실 1실로 구성된 산림문화휴양관 2동과 야영 데크 53동, 금강소나무가 울창한 삼림욕장, 자연 생태를 직접 보고 배우는 자생식물 관찰원과 숲 탐방로, 등산 코스 2개가 있다. 문의 054-682-9009

● 맛집

영양 읍내의 맘포식당(054-683-2339)에서 송이버섯불고기를 잘한다. 입암면에 있는 낙동식당(054-682-4070)은 민물매운탕을 잘 끓이는 집으로 유명하다.

● 숙박

검마산 자연휴양림(054-682-9009)에는 산림문화휴양관 2동과 야영 데크 53동이 있다. 삼의계곡에 있는 청량소림산장(683-8832), 아이엠모텔(683-0024) 등에서도 하룻밤 묵을 수 있다.

● 찾아가는 길

중앙고속도로 서안동 IC에서 영덕 방면 34번 국도를 타고 안동과 진보를 지나면 영양으로 올라가는 31번 국도를 만난다. 이곳에서 영양읍을 지나 봉화로 가는 31번 국도를 타고 영양읍을 거쳐 918번 지방도로 가면 주실마을에 도착한다.

반딧불이 생태공원

선바위관광지구

나는 막걸리를 좋아하는 소나무
예천 석송령

● 예천

소백산 줄기 부용봉 아래 석평마을에는 석송령이 있다.
이 나무 앞으로 토지 4천757㎡가 등기되어 우리나라에서 재산이
가장 많은 나무로도 유명하다. 마을 사람들은 그 재산을 공동으로 관리하고
소출이나 임대료를 받아 1년에 한 번 큰 제사를 지내는데, 그때마다 소나무 주변에
막걸리를 붓는다. 석송령의 별명도 '술을 가장 좋아하는 소나무'다.
말술을 마다하지 않는 소나무의 독백을 들어보자.
글·사진 | 정보상

내 나이 600살. 이만하면 남부럽지 않게 천수를 누리는 셈이야. 누가 내 고향을 물어보면 난감하지. 원래 여기서 태어난 것이 아니라 어렸을 때 장마에 석관천으로 떠내려오는 나를 이 마을 사람이 건져냈다고 들었어. 희미한 기억이지만 내가 처음 살던 곳은 경사가 급하고 발아래 작은 개천이 흘렀던 것 같아. 바람이 심하고 비가 억수같이 퍼붓던 날, 발 아래쪽이 갑자기 허전해지더니 내 몸이 물 위에 둥둥 떴지.

나는 원래 꼬장꼬장하고 체구도 무척 큰 편이야. 키도 제법 컸지만 나이가 들면서부터 허리가 꼬부라져 10m쯤 되고, 옆으로 많이 퍼져서 양팔을 활짝 펴면 32m쯤 되지. 내 그림자는 1천㎡ 넓이라 어른 30~40명이 편히 쉴 수 있을 정도야. 나이가 들면서 큰 체구만큼 마음도 넓고 좀더 너그러워져야 한다고 생각하지만, 가끔 마음 한구석에서 목에 걸린 가시 같은 옛일이 떠오르곤 하지.

달력이 없어서 정확한 날짜는 기억하지 못하지만 500살이 조금 넘었을 때인 것

막걸리를 유난히
좋아한다는 석송령

같아. 그때 이웃 나라에서 이 땅으로 건너와 몹쓸 짓을 많이 했는데, 나도 죽을 고비를 넘긴 일이 있지. 태평양전쟁을 벌인 그놈들이 궁지에 몰리자 나를 베어다 군함의 갑판에 쓸 요량으로 인부들을 끌고 온 거야. 분노와 공포에 질린 나는 사시나무가 된 것처럼 부들부들 떨었지.

자전거를 탄 순사 뒤로 톱을 든 인부 서넛이 따라오는 모습이 멀리 보이더군. 그 소문을 듣고 내 주위에 모인 마을 사람들은 걱정스런 눈빛으로 순사가 오는 쪽을 바라보고 있었어. '이제 내 몸도 조각조각 나뉘어 판자로 전락하는구나' 생각하니 한숨만 나오더군. 처음에는 겁도 났지만 차츰 분노로 바뀌었고, 그들이 개울을 건너 가까이 오자 마음속으로 '저 고꾸라져 죽을 놈!' 이라고 외쳤지.

그러자 자전거의 핸들이 갑자기 부러져 순사가 자전거에서 떨어진 거야. 그 순사는 목이 부러져 죽었지. 뒤따라오던 인부들이 그 광경을 목격하고 혼비백산했어. 저 소나무가 사람 죽이는 힘이 있다고 생각한 것 같아. 나중에 들은 이야기지만 동네 사람들이 보기 창피할 정도로 내가 덩치 값을 못 했던 모양이야. 그때 내가 공포에 질려 학질에 걸린 사람처럼 덜덜 떨었다는 거야. 나 참, 창피해서…. 그후 학질에 걸리면 소나무에 가서 정중히 절하고 기도를 드리면 병이 낫는다는 이야기가 전해진대.

기억이 가물가물하기는 한데, 1927년쯤인가 내 가까이에 이수목(李秀睦)이라는 사람이 살았어. 슬하에 자녀가 없던 그 사람은 자기 소유의 토지 4천757㎡를 내 앞으로 등기해주었지. 그리고 석평마을의 영험한 나무라고 '석송령(石松靈)' 이라는 이름도 지어줬어. 이렇게 되자 나라 안의 입 싼 사람들은 나를 '재산이 많은 부자 소나무' 라고 소문 내기 시작했는데, 내가 보기에는 시샘 반 비아냥거림 반인 것 같았어.

석송령

한국전쟁 때는 이런 일도 있었어. 인민군이 몰려오더니 나를 천막 삼아 야전병원 막사를 짓더군. 인민군 행실이야 괘씸하지만 다친 사람들을 치료한다는데 어쩔 수 없잖아? 인민군을 위해 부역을 하는 것 같아 언짢았지만 꾹 참았어. 낙동강에서 전선이 고착되자 예천 땅은 미군의 폭격이 계속되었는데, 이상하게도 폭탄은 나를 피해 떨어지더군. 하늘에서는 조금 큰 소나무 정도로 보였을 테니 여기에 폭탄을 떨어뜨릴 일이 없는 것은 당연한데, 사람들은 "우산 모양의 이 나무 밑에는 아무런 피해를 받지 않아 영험을 다시 한 번 증명했다"며 신령스러운 나무라고 칭송하기도 했지.

전쟁도 끝났고 모든 행정이 제자리로 돌아가니까 군청에서 고지서를 보내더군. 해마다 얼마씩 세금을 내기 시작했는데, 작년에는 무려 5만 원이나 내야 한다는 거야. 정말 귀찮은 일이지. 그런데 마을 사람들이 정월 대보름날 내 땅을 빌려 농사지은 사람에게 소작료를 받아 내게 막걸리를 대접하기 시작했어. 한 번에 막걸리를 여러 통 받아다가 권하는 거야. 정월 추위에 오들오들 떨다가 말술을 마시니 속이 무척 따뜻해지고 기분도 알딸딸했지. 그래서 매년 정월 대보름이 기다려지더군.

나는 돈복이 많은 모양이야. 1985년으로 기억되는데 나를 찾아온 대통령이 500만 원을 턱 내놓고 가더군. 그때 500만 원이면 내가 가진 땅값보다 큰돈이니 숨이 턱 막혔어. 참 통도 크구나 생각했지. 그런데 마을 사람들이 내게는 입을 씻고 마을 학생 40명에게 장학금을 주었지. 조금 섭섭했지만 좋은 일을 했다는 자부

신라가 삼국을 통일한 뒤 국태민안을 염원하여 세운 비룡산 장안사

심에 오히려 마음이 가벼워졌어. 그러고 보면 나는 땅 부자에 장학재단 이사장이 된 셈이니 나보다 잘난 소나무가 있으면 나와보라고 해.

600년을 살다 보니 말년에 가서 부귀영화를 누리는 셈이지. 나는 반송으로 부귀, 장수, 상록을 상징하니 어찌 보면 당연한 결과 같지만, 그래도 지금까지 건강한 이유는 막걸리를 즐겨 마시기 때문인 듯싶어. 요즘은 '건강주'가 추세고 그 한가운데 막걸리가 있는데, 막걸리를 즐겨 마시는 내가 건강을 유지하는 것은 당연하잖아. 가까운 일본에서는 막걸리 붐이 일고, 일본 관광객들이 꼭 한 번쯤 마시는 술이 막걸리라는 소식을 가끔 찾아오는 사람들의 대화에서 들을 수 있어.

요즘 낙이 뭐냐고? 예전에는 정월 대보름에 얻어 마신 말술이 고작이지만, 최근에는 심심찮게 찾아오는 외지 사람들이 받아주는 막걸리 한잔을 즐기고 있어. 잔술을 몇 모금 마시려니 감질나기는 하지만, 하루가 멀다 하고 찾아와 술을 붓고 가는 사람들이 많아 늘 반쯤 취해 시간 가는 줄 모르고 살지. 내 덕분에 가까이 있는 슈퍼마켓 주인은 막걸리 파느라 정신없는 모양이야.

 참고 문헌과 자료 출처

경북일보 www.kyongbuk.co.kr/main/news/news_content.php?id=273992&news_area=110&news_divide=&news_local=33&effect=4

석송령 》 예천온천

세금 내는 석송령(천연기념물 제294호)은 예천군이 기네스 세계기록 등재를 추진 중인 이색 소나무. 지금도 마을에서는 단합과 안녕을 기원하는 동신목(洞神木)으로 보호하며 매년 정월 대보름에 동신제를 올린다. 600년 이상 된 반송인지라 옆으로 늘어진 줄기나 가지를 지탱하기 위해 시멘트와 철 구조물을 만들었다. 예천군은 '토지를 소유해 세금을 내고' '수익금으로 장학금을 주는' 등 이색 기록을 보유한 지역의 명물 석송령을 홍

예천온천

보하기 위해 기네스북 등재 대행 기관인 한국기록원과 기네스 세계 기록 등재에 대한 협의를 추진하고 있다. 주변에 석송령의 씨를 받은 2세가 두 그루 자라는 것도 눈여겨볼 만하다. 막걸리를 좋아한다는 이야기가 있어 신령스럽다는 소나무에 막걸리를 붓고 가는 사람들도 가끔 눈에 띈다.

석송령 옆을 지나는 석관천을 따라 5분 거리에 있는 예천온천은 탄산나트륨 성분의 알칼리성 단순천이다. 2000년 3월 24일 개장하여 하루 1천500여 명이 다녀갈 정도로 예천, 영주 사람들에게 인기가 높다. 부드러운 온천의 수질은 피로 회복은 물론, 피부 미용과 노화 방지에 효과가 있는 것으로 알려졌다. 금강산에 있는 온정리 온천수와 같은 수질로 화제가 되기도 했다. **문의** 예천온천(054-654-6588)

여행 정보

금당실마을 병암정

| 병암정 |

광무 2년(1898) 이유인이 천변의 암벽에 세운 정자. 1920년 예천 권씨 문중에서 매입하여 조선 전기의 학자 권오복(1467~1498)의 학덕을 추모하는 장소로 삼고 이름도 병암정으로 바꾸었다. 정자 건축에 적합한 입지 조건과 전통 조경 요소를 제대로 갖춰 조경사 연구에 중요한 자료가 되고 있다. 드라마 《황진이》의 촬영지로 쓰였다.

| 예천천문우주센터 |

예천천문우주센터

별과 우주를 주제로 한 테마 공원으로 예천별천문대, 천문학사소공원, 천문관측시설, 우주환경체험장 등 천문 관람과 체험 시설을 조성·운영한다. 무중력 등 우주 환경을 체험하는 우주 유영, 대형 망원경을 통해 머나먼 우주를 관찰하는 우주 관측 등이 인기 있는 프로그램. 우주 관측을 위한 숙박 프로그램도 운영 중이다.
문의 054-654-1710(www.portsky.net)

| 금당실마을 |

금당실마을

조선 태조가 도읍지로 정하려 했던 곳으로, 《정감록》에 등장하는 십승지지의 하나. 청동기시대의 고인돌 무덤, 함양 박씨 3인을 모신 금곡서원, 함양 박씨 박종린을 모신 추원재와 사당(경북 민속자료 제82호) 등이 있다. 구한말 세도가 양주대감 이유인의 99칸 대저택 터와 개량된 고택이 많은 전통 마을로, 다양한 농촌 체험 프로그램을 진행하고 있다. 문의 054-654-2222(http://geumdangsil.invil.org)

1 day

09:00~10:00
석송령

10:10~11:30
예천온천

11:50~13:00
예천천문우주센터

13:20~14:00
점심식사(녹두청포묵)

14:20~17:00
금당실마을
(금곡서원, 추원재 등 주변 명소 관광)

17:00~17:20
숙소 이동
(금당실마을 민박)

18:00~19:00
저녁식사(손두부나 한방오리탕)

회룡포

| 회룡포 |
강이 용틀임을 하는 모양의 물도리 마을로, 육지 속의 섬 같은 느낌이다. 회룡포마을이 내려다보이는 전망대가 있는 비룡산에서는 숲속 등산로와 백제 온조왕이 점령했다는 원산성, 봉수대 등으로 이어지는 가벼운 트레킹을 즐길 수 있다. 신라 경덕왕 때 운명조사가 세운 천년 고찰 장안사가 산 중턱에 있어 회룡포 전망 트레킹 길에 들러볼 만하다.

| 삼강주막 |
풍양면 삼강리에 있는 조선 말기의 전통 주막이다. 20세기가 시작될 무렵 건축된 아담한 주막이지만, 건축사적으로 희소가치와 역사·문화적 가치를 인정받아 경북 민속자료 제134호로 지정되었다. 2006년 마지막 주모 유옥련 할머니가 세상을 떠난 뒤 방치되었으나 최근 예천군에서 옛 모습대로 복원, 공원화했다.

| 가오실공원 |
34번 국도가 지나는 가곡리마을에 있는 3천300㎡ 규모의 연못. 한가운데 있는 인공 섬에는 200년 넘은 소나무와 버드나무가 있다. 다섯 가지 아름다움을 뜻하는 가오실(佳五室)공원은 지나는 길에 잠시 들러 휴식을 취하기에 좋은 곳으로, 작은 연못 주위에 벤치가 있고 공원 한쪽 옆에는 간단한 운동기구가 마련되었다.

가오실공원

● 맛집
예천 한우를 제대로 맛볼 수 있는 백수식당(054-652-7777), 녹두로 만든 연둣빛 청포묵이 일품인 전국을달리는청포집(054-655-0264), 한방순대로 유명한 흥부네순대(054-653-6220)가 예천의 대표적인 맛집이다.

● 숙박
별자리 관측 체험과 숙박을 동시에 할 수 있는 예천천문우주센터(054-654-1710)나 예천군 보문면에 위치한 학가산 우래자연휴양림(054-652-0114, www.hakasan.co.kr)을 이용하면 특별한 하룻밤을 보낼 수 있다.

● 찾아가는 길
중앙고속도로 영주 IC로 나가 예천 방면 28번 국도를 타고 예천천문우주센터가 보이는 덕율삼거리까지 진행, 풍기로 가는 931번 지방도 방향으로 우회전해 2.8km 가면 석송령에 이른다.

2day

10:30~11:30 병암정

13:30~14:00 가오실공원

16:30~17:30 삼강주막

08:00~09:30 아침식사(민박집이나 용문읍 식당)

12:00~13:00 점심식사(예천 한우육회)

14:30~16:00 회룡포

18:00~ 귀가

산에 오르는 것이 책을 읽는 것과 같다?
봉화 청량산

봉화 청량산에는 여러 가지 이야기가 전한다. 명필 김생의 이야기, 공민왕과 노국공주 이야기, 퇴계의 산보 이야기 등이 그것이다. 특히 퇴계는 청량산에서 학문에 정진한 인물. 그는 도산서원에서 후학을 기르면서도 종종 청량산을 찾았다. 천천히 산보하듯 산을 걸으며 자연과 더불어 인성을 함양하고 높은 학문에 이르기 위해서였다. 산에 오르는 것이 책을 읽는 것과 같다는 '독서여유산' 정신이 이곳에서 전해졌다.
글·사진 | 유현영

청량산 청량사 전경

따스한 봄날, 덕홍은 스승 퇴계를 모시고 농운정사(瀧雲精舍)에 머물던 유생들과 함께 청량산을 찾았다. 며칠 전 완락재에 들어 난분을 살필 때 스승이 혼잣말처럼 처음 봇짐을 지고 산에 오르던 기억을 말씀하셨다. 열세 살 적, 무거운 봇짐에 눌려 잠시 쉬어 가려 멈추었을 때 눈앞에 펼쳐진 청량산 풍경에 마음을 빼앗겼노라고. 그 후 청량산은 스승의 첫 산이자 일생의 산이 되었단다. 이야기하는 내내 청량산 기슭을 오르는 듯 아련해지는 스승의 눈을 보며 덕홍이 물었다. 청량산에 가시렵니까?
"스승님!"
앞서 걷던 퇴계는 덕홍이 말릴 새도 없이 태사혜를 벗고 맨발로 길에 섰다. 허둥대는 덕홍의 손을 만류하며 퇴계는 껄껄 웃는다.
"여기서부터 오산당(吾山堂)까지 제법 걷는 재미가 있지. 어디 나처럼 걸어보겠소?"

스승의 말에 덕홍도 태사혜를 벗고 땅으로 내려섰다. 덕홍의 모습을 지켜보던 제자들도 맞장구치듯 태사혜를 벗고 따라 걷는다.
"갑자기 왜 신은 벗으라 하셨을까요?"
"발바닥이 지압되어 시원한 것이 괜찮네, 그렇지 않소?"
"저는 아까부터 발바닥이 간지러운 걸 참느라 힘듭니다."
제자들의 말을 듣기라도 한 듯 앞서 걷던 스승은 개미집이라도 밟을라치면 돌아서 가야 한다는 말과 함께 천천히 수양하듯 걸어보라고 권한다. 자연을 거스르지 않고, 자연에 몰입함으로써 자신이 자연의 일부임을 깨닫기 바라는 마음이다. 제자들의 웅성거림은 어느새 잦아들었다. 그들을 따르는 것은 풀섶에 옷깃 스치는 소리뿐이다.
스승은 10여 년을 청량산에 머물며 학문을 하던 숙부를 따라 이 산에 들었다 한다. 학문에 전념하라는 뜻이었다고. 제자들과 함께 청량산을 자주 찾는 스승의 마음도 그런 뜻일 게다. 신을 벗었을 뿐인데, 등짐이라도 내린 듯 몸과 마음이 가뿐해짐을 느낀 덕홍은 스승의 뜻을 알 듯했다. 스승이 걸어간 길을 따라 걸으며 이렇듯 걷는 일이 한 자 한 자 글을 읽는 것과 같음을 깨달은 것. 저 앞에 스승이 섰다. 멀리서 봐도 한눈에 그 어른의 존재가 느껴진다.
"어떠신가, 걸어봄 직하시던가? 학문하는 사람에게 산은 자연의 이치를 깨닫게 해주고, 자신을 돌아보게 해주는 곳이지. 그러니 천천히 걷는 일이 바로 수양이네. 이처럼 산을 유람하는 것이 또한 독서하는 것과 같네."

청량산박물관에 전시된 오산당 현판

맨발로 오산당에 가는 동안 덕홍의 콧등엔 땀이 제법 맺혔다. 앞서 걷는 스승의 발걸음은 나이를 지우듯 상쾌하기만 한다.

어느덧 오산당 마당에 들어선 스승은 덕홍에게 마음속 이야기를 건넨다. 이곳에 서당을 짓고 싶었다는 이야기다. 이만한 산세에 편안한 기운을 풍기는 산이라면 더불어 학문을 논하기에 더없이 좋은 곳이다 싶었다고. 스승은 이 산을 '나의 산[吾山]'이라 부를 만큼 아끼고 사랑했다. 자신을 '청량산인'이라 부르기를 즐기는 이유도 이 산이 오랜 시간 마음의 고향이었기 때문. 하지만 스승이 후학을 기를 서당 터로 최종 선택한 곳

청량사 유리보전

은 안동의 도산이다. 그곳의 산수가 조화로웠기 때문. 주자의 '무이구곡(武夷九曲)'처럼 낙동강을 따라 청량산까지 아홉 구비를 '도산구곡(陶山九曲)'이라 부르고, 주자가 5곡에 무이정사(武夷精舍)를 세운 것처럼 스승도 5곡인 탁영(濯纓)에 도산서당을 지었다고. 덕홍은 그제야 스승의 마음을 알 것 같았다. 청량산은 아니지만 세속을 초월한 곳이란 의미의 탁영에 도산서당을 지은 이유 말이다.

어느새 제자들이 상기된 얼굴로 스승 주변에 둘러섰다. 청량산에 처음 온 이들은 놀라움과 감탄으로 주변을 돌아본다. 높이 솟았으나 모나지 않게 둥근 봉우리들이 여럿이다.
"스승님, 저 봉우리들이 모두 이름이 있습니까?"
연꽃잎처럼 둘러선 봉우리를 보며 제자들이 물었다.
"응진전(應眞殿) 뒤로 보이는 봉우리는 금탑봉이네. 마치 구층 금탑을 쌓아놓은 것 같다고 해서 붙은 이름이지. 이전에는 보살봉, 의상봉 등 불교식 이름으로 불리던 것을 주세붕 선생께서 풍기군수로 머물며 고쳐 부르신 것이지. 그 일을 계기로 불가의 산이던 이곳이 유가의 산으로 바뀌었고, 유학을 익히는 선비들의 학문의 도량이 된 것이네."
스승이 응진전 뒤로 보이는 금탑봉을 가리키며 대답했다.
절경에 마음을 빼앗긴 제자들은 따라 불러보기도 하고, 잊을세라 열심히 되뇐다. 청량산 육육봉으로 불리는 봉우리들은 모두 열둘. 장인봉을 비롯하여 외장인봉, 선학봉, 자란봉, 자소봉, 탁필봉, 연적봉, 연화봉, 향로봉, 경일봉, 금탑봉, 축융봉 등 각각 이름이 있다.
입석에서 시작된 일행의 발길은 어느새 청량사 일주문 앞에 섰다. 덕홍은 봄볕이 따사로이 내린 길을 걸어 유리보전(琉璃寶殿)으로 향한다. 명당이라는 말이 예삿말이 아닌 듯 아늑한 느낌이다. 곁에서 스승의 말소리가 들린다.

"획의 힘이 느껴지느냐? 유리보전 현판은 공민왕의 친필이지. 고려 말 홍건적의 난을 피해 안동으로 왔다가 청량사에 잠시 머물렀는데 그때 남겼다고 전해지네. 종이를 녹여 만든 약사여래불은 여기서만 볼 수 있는 귀한 보물이고."

그러고 보니 이곳에는 공민왕과 관련된 유적이 곳곳에 남아 있다. 이곳에 머무르는 동안 쌓은 축융봉산성(청량산성)과 노국공주가 16나한상을 모시고 기도를 올렸다는 응진전은 가장 경치가 좋은 곳으로 알려진다.

덕홍은 깊은 산골짜기 깎아지른 암봉에 둘러싸인 청량사를 바라본다. 산 중턱까지 오르며 호흡이 가빴으나 이내 정돈되었고, 머릿속의 잡념이 사라져 마음이 포근해졌다. 정좌하고 학문을 익히느라 경직된 몸도 한결 가벼웠다. 덕홍은 이 길로 이끈 스승의 마음을 알 수 있었다. 덕홍은 마지막으로 약사여래불 앞에서 스승의 건강과 안위를 기원하며 절을 나선다.

📖 **참고 문헌과 자료 출처**
《안도에게 보낸다》, 퇴계 이황, 들녘, 314쪽
《퇴계선생 일대기》, 권오봉, 교육과학사
청량산도립공원 홈페이지 http://bonghwa.go.kr/potal/Mountain
청량사 홈페이지 www.cheongryangsa.org
경북나드리-경북관광 홈페이지 www.gbtour.net

스토리가 있는 여행 길

입석 》 청량정사 갈림길 》 왼쪽 길 》 청량정사(오산당) 》 청량사 》 청량산박물관

청량산은 경북 봉화군 명호면과 재산면, 안동시 도산면과 예안면에 위치하며 자연경관이 수려하고 기암괴석이 장관을 이루어 예부터 '소금강'으로 불렸다. 퇴계 이황, 원효대사, 의상대사, 김생(金生), 최치원 등 명사들이 두루 거쳐 갔으며, 현재까지도 많은 이들이 즐겨 찾는다. 청량산 깊은 골에 자리한 청량사는 원효대사가 창건했다고 전해지며, 공민왕이 친필로 쓴 유리보전 현판과 지불(紙佛)이 남아 있다.

청량산 걷기 코스는 입석에서 시작하는 것이 무난하다. 이 길은 퇴계 이황과 그 제자들처럼 맨발로 흙을 밟고 걸어봐야 한다. 땅기운이 스멀스멀 발바닥을 치고 올라올 때의 상쾌함은 직접 경험해보지 않으면 알 수 없다. 자연과 충분히 교감하며 천천히 걸어보면 좋겠다. 퇴계 이황이 산책하듯 걸었던 청량사까지 구간은 천천히 돌아보는 데 1시간 30분이면 충분하다. 공민왕의 이야기가 곳곳에 남아 있는 청량사와 퇴계 이황의 자취가 남아 있는 청량정사(淸凉精舍, 일명 오산당), 그 옆 산꾼의 집에서 약차 한잔 마시며 땀을 식히면 적당할 코스다.

청량산 입구에 자리한 청량산박물관은 규모에 비해 알찬 박물관이다. 청량산을 배경으로 한 문화유산과 자연환경, 지역 홍보 자료를 전시해 봉화의 역사, 문화에 대한 이해를 도와준다. 관람 시간은 오전 9시~오후 6시(매주 월요일, 1월 1일, 설날과 추석 연휴 휴관), 관람료는 무료다.

문의 청량산도립공원(054-679-6320), 청량산박물관(054-672-6193)

명당보다 인간의 마음가짐이 중요한 거야
봉화 닭실마을

봉화군 봉화읍 유곡리를 닭실마을이라고 부른다. 닭실이라는 이름은
풍수지리학상으로 '금빛 닭이 알을 품고 있는 형상'이라는 뜻에서 지어졌다.
충재 권벌 선생이 터를 잡은 뒤 안동 권씨 후손들이 400~500년 동안 이 자리를
굳건히 지켜오고 있다. 작은 연못 위에 지어진 청암정을 지키는 수령 오래된 나무들.
연못에 나뭇가지를 치렁치렁 늘어뜨린 모습에는 세월의 흔적이 역력하다.
명당이라서 이토록 긴 세월 명맥을 잇고 있는 것일까.

글·사진 | 이신화

금계포란형의 대명사인 닭실마을

풍수지리학을 전공하는 대학생 현준은 교수님이 현장 답사 나가는 날을 기다리고 있다. 이번 답사지는 봉화에 있는 닭실마을이다. 《택리지(擇里志)》를 쓴 이중환(李重煥)이 경주 양동, 안동 내앞, 풍산 하회와 함께 삼남의 4대 명당 중 하나로 손꼽은 명소니 자못 기대가 크다. 벼가 누렇게 익어가는 논을 끼고 마을 길을 따라가니 평지에 기와집이 오롯이 들어앉았다. 구릉 없는 평평한 땅에 자리 잡은 마을이 첫눈에도 평화로워 보인다. 대문에 들어서기 전, 최 교수는 열심히 손끝으로 가리킨다.
"마을 뒤쪽에 있는 산이 벼슬재, 배루리령, 백설령이라고도 부르는데, 동북쪽에 있는 문수산 자락이 서남으로 뻗어 내린 것이란다. 하얗게 보이는 정상 부근이 닭 볏처럼 생겼지? 서쪽의 산에서 바라보면 영락없이 닭이 알을 품은 모양이야."
잘 이해되는 것처럼 고개를 주억거리지만 현준의 눈에는 아무리 봐도 보통 산자락일 뿐이다. 솟을대문으로 들어가면서 최 교수는 이 집을 지켜온 18대 종손을 만난다.
"어서 오시게."
최 교수와 종손은 잘 아는 사이인 듯 반갑게 인사를 나누고 쪽문으로 나선다. 충재(冲齋) 권벌(權橃) 선생이 살아생전 서재로 사용한 툇마루에 앉아 이야기를 나눈다. 옛 기와 한 장, 흙벽, 나뭇결이 그대로 남은 고택도 좋지만, 현준은 바로 앞에 있는 청암정(靑巖亭)의 풍경에 폭 빠져든다. 연못에는 수령 오래된 나뭇가지가 휘어져 긴 세월의 흔적을 여실히 드러낸다. 못 한가운데 큰 돌 위에 정자가 있는데 마치 작은 섬과 같다. 정자를 떠받치고 있는 커다란 바위는 거북을 닮았다. 현준은 자연스레 연못을 이어주는 돌다리를 따라 정자에 올라본다. 바람이 솔솔 부는 것이 낮잠 자기에 딱 맞는 공간이다. 그 속내를 알기나 한 듯 어느새 종손과 최 교수가 다가와 미소를 머금는다.
"이보게 현준 학생, 여길 보게나. 여기 들문이 있지?"
종손 이야기로는 지금은 나무가 깔려 있지만 예전에는 온돌이었다는 것이다. 그런데 불을 때면 자꾸 이상한 소리가 나 괴이하다 생각하던 차에, 지나가던 스님이 거북 등에 불을 지펴선 안 된다고 말해 아궁이를 없애버렸단다. 예사롭게 느껴지지 않는 거북바위를 다시 한 번 살펴보고 행여 아궁이 흔적이 남아 있는지 주변을 훑는 현준을 정자 위로 불러 앉힌다.
"현준 학생, 명당이 뭐라 생각하나?"
"주변을 에워싼 산세가 금계포란, 좌청룡 우백호, 봉황 등의 형상을 한 것을 말하

충재에서 바라본 청암정

석천계곡과 석천정사

어른 공경의 뜻이 담긴
청암정을 잇는 돌다리

는 것 아닐까요?"

딱히 머릿속에 떠오르는 게 없어 대충 얼버무린다.

"명당이란 한마디로 정의할 수 있는 것은 아니지만 난 '보고 느끼는 것이 편안하면 된다'고 생각하네. 이 땅에 충재 선생이 들어앉은 것도 그런 의미였다네."

닭실마을의 1대조 충재 선생은 27세 때(연산군 10년)에 대과에 급제하고, 이후 개혁 정치에 참여했다. 1519년 기묘사화로 정국이 복잡할 때 이럴 바에는 차라리 부모님 계신 근처로 가겠다고 외직을 원했다. 그래서 삼척부사로 갔고, 이곳을 지나치다가 그저 좋다는 느낌이 들어 땅을 구입한 것. 결국 얼마 지나지 않아 파직되어 이곳에 터를 잡고 15년간 지낸다. 허목(許穆) 선생, 퇴계 선생 등 동시대의 많은 선비들이 찾아와 학문과 정계 등을 논의한 곳이기도 하다.

"충재 선생은 은자(隱者)의 삶을 지향하면서 검손하게 살았지. 출입문 입구가 좁은 것도 드러나지 않게 살겠다는 뜻이야. 그런 사고가 우리네 가풍으로 이어온 거지."

현준은 마음을 편하게 해주는 터가 명당이라는 말이 가슴에 새겨진다. 그런데도 속물근성이 그대로 드러나는 질문을 한다.

"이곳에 터를 잡고 유명한 사람들이 많이 나왔나요?"

"학생은 어떤 사람이 유명하다고 생각하나?"

"돈 많고, 명예를 얻고, 뭐 그런 것 아닐까요?"

"동네 사람들 표정들 봤나? 한결같이 걱정 근심 없는 것처럼 편안해 보이지 않던가? 그러면 되는 거야. 명당에 사는 사람들이라 마음이 편해진 거라 생각해. 그래도 그게 궁금하다면 여기 가계도를 정리한 책이 있으니 훑어보게나."

족보에는 문중 사람들의 이름과 직위 등이 빼곡히 적혀 있다. 마치 명당임을 증명해주는 기록 책 같다.

"이봐, 종손. 일제강점기에 맥을 끊어놓으려고 철길을 놓았다는 말이 있던데, 맞는가?"

최 교수가 말문을 열면서 도란도란 이야기가 이어진다. 원래는 동네 앞에 사람들이 자주 이용하는 길이 있었다고 한다. 일제강점기에 춘양목을 실어 간다는 이유 등으로 이곳에 철길을 놓았는데, 철길은 곧은길을 놔두고 굳이 이 마을 앞을 휘감고 지나갔다. 거기엔 마을의 맥을 끊으려는 일본인들의 속내가 담겼다. 통치에 걸림돌이 되는 선비촌, 의병 활동, 독립운동이 잦은 닭실마을 앞으로 닭과 천적인 지네 형상의 철길이 휘돌아 지남으로써 조선의 기를 꺾으려 한 것이다.

"일본인들이 우리네 맥을 끊어놓으려는 것이 어디 이곳뿐이겠어? 자, 이리 와 사과나 먹게나."

달콤한 사과를 입에 물면서 '금계포란형, 지네와 닭'이라는 단어를 곰곰이 생각해본다. 풍수지리학은 어렵지만 묘한 매력이 있다. 더 열심히 공부해서 혜안을 가진 풍수지리가가 되리라 다짐한다. 돌아오는 길에 유과를 구입한다. 풍수지리학과에 기대가 큰 아버지께 조상 대대로 물려받은 비법으로 만든 유과를 선물하고 싶었기 때문이다.

도움말
권용철(충재선생박물관 학예실장)

스토리가 있는 여행 길

닭실종가유과공장 》 충재사당 》 청암정 》 충재선생박물관 》 석천정사

500년이 넘는 전통을 자랑하는 '닭실종가유과'. 1992년부터 마을 부녀회에서 유과를 공동으로 생산하는데, 동네 할머니들이 매일 모여 만들고 있다. 마을에는 충재종택이 있고, 외삼문과 내삼문까지 갖춘 불천위 사당과 가묘가 있다. 쪽문을 빠져나가면 별당형 정자 충재가 있고, 그 앞에 청암정이 있다. 영화 〈음란서생〉, 드라마 〈바람의 화원〉 등이 청암정을 배경으로 촬영되었다. 우측 쪽문으로 나가면 충재선생박물관을 만난다. 《충재일기(冲齋日記)》(보물 제261호), 《근사록(近思錄)》(보물 제262호), 《연산일기》 등 귀중한 문화재 467점이 보관되었다. 마을 안쪽으로 가면 재실과 묘역이 있고, 주변에 어린이 프로그램 〈후토스〉 촬영 세트장이 들어섰다. 봉화군 봉화읍 유곡리에 위치.

닭실종가유과 공장

그 외 석천정사 가는 길이 아름답다. 석천계곡 양쪽으로는 아름드리 소나무가 빽빽이 들어서고, 물과 바위와 나무가 어우러져 절경이다. 충재 권벌 선생의 맏아들 청암 권동보 선생이 초계군수로 재임하다가 향리에 돌아와 선친의 뜻을 계승하여 창건한 정자이다. 여름철에는 계곡에서 물놀이를 즐기기에 좋다. 산길을 걸어 5분 정도 들어가면 개울 건너에 석천정사가 있다. 나무다리로 개울을 건널 수 있다.

문의 닭실종가유과(054-674-0788), 충재선생박물관(054-674-0963)

여행 정보

범바위 전망대

비나리 래프팅

만산고택

| 신비의 도로, 범바위 전망대 |

봉화군 명호면 도천리에 위치. 35번 국도를 타고 매호유원지를 지나면 '신비의 도로' '범바위 전망대'가 있다. 호랑이 두 마리가 지키고 선 전망대에서 내려다보면 황우산을 끼고 도는 낙동강이 시원스레 펼쳐진다. 한 폭의 그림처럼 절경을 이뤄 드라이브 코스로 좋다.

| 청량산 비나리마을, 래프팅 |

봉화군 명호면 풍호1리에 위치한 체험 마을. 청량산 부근 첩첩산중에 있어 경치가 좋고 공기가 맑다. 살기 편한 자연환경은 아니지만, 마을만의 전통문화를 가지고 시골 마을의 인심과 공동체 의식을 지켜오고 있다. 미술 캠프를 여는 미술관이 있고, 낙동강 맑은 물에서 스릴 만점의 래프팅도 즐길 수 있다. 문의 054-673-1927(binari.invil.org)

| 만산고택 |

봉화군 춘양면 의양리에 위치. 만산 강용(1846~1934)이 고종 15년(1878)에 지은 집으로, 조선 후기 양반 가옥의 모습을 잘 보여준다. 대문채, 정침, 서실, 별당 등으로 구성되었다. 아늑하고 기품 있는 건축물이 눈과 마음을 사로잡는다.
문의 054-672-3206

1 day

09:00~10:00
범바위 전망대, 매호유원지

10:30~12:30
청량산 입석 코스 걷기

12:30~13:30
점심식사 (까치소리 산채비빔밥)

13:30~14:10
청량산박물관

14:10~17:00
비나리마을 (비나리미술관 미술 체험이나 래프팅)

17:00~18:00
숙소 이동 (만산고택, 성암고택 외)

18:00~19:00
저녁식사 (한약우나 송이솥밥)

서동리 각화사

| 서동리 삼층석탑과 태백산 사고지, 각화사 |

봉화군 춘양면 석현리에 위치. 한때 승려 800명이 거주하며 국내 3대 사찰 가운데 하나로 손꼽히던 각화사는 신라 문무왕 16년(676)에 원효대사가 세웠다. 조선시대에는 태백산 사고의 수호 사찰로 약 300년간 《조선왕조실록》을 보관해왔다. 각화사 가는 길이 운치 있다. 각화사의 전신인 남화사 터가 있는 춘양면 서동리 춘양중학교에는 서동리 삼층석탑(보물 제52호)이 있다. 전형적인 신라시대 탑의 모습을 보여준다.
문의 054-672-3001

● 맛집

청량산 앞에 자리한 까치소리식당(산채비빔밥과 버섯전골, 054-673-9777)과 다래식당(두부찌개, 054-673-9005), 봉화읍의 봉화한약우(약초한우, 054-672-1091)와 봉화송이식당(쇠고기송이국밥, 054-673-4788), 봉성면의 청봉숯불구이(돼지숯불구이, 054-672-1116)가 맛있다.

서벽 금강소나무 숲

| 서벽 금강소나무 숲 |

봉화군 춘양면 서벽리에 위치. 차가 다닐 수 있을 만큼 너른 임도에서 시작해 산길로 이어지는 1.5km 숲 탐방로가 있다. 걷는 것을 좋아하지 않는 사람이라면 차량 통행이 거의 없는 흙길을 천천히 뒷짐 지고 걸어보자. 산길을 걷는 맛을 느끼고 싶다면 숲 탐방로로 올라설 것. 50분 소요.
문의 영주국유림관리소(054-632-4251)

● 숙박

봉화읍에 궁전파크모텔(054-674-0300), 낙원장(054-673-2351) 등 여관을 포함한 숙박 시설이 있다. 청량산도립공원 입구에는 식당과 민박을 겸하는 집들이 여러 곳 있으며, 서벽리의 승지산장펜션(054-674-0081) 등이 깨끗하다. 고택 체험을 하고 싶다면 춘양면에 있는 만산고택(054-672-3206), 성암고택(권진사댁, 054-672-6118)을 이용한다.

● 찾아가는 길

중앙고속도로 영주 IC로 나가 봉화 방면 유곡삼거리에서 명호 방면으로 진입, 명호에서 안동 방면 35번 국도를 타고 9km쯤 가면 왼쪽에 청량산 입구가 있다.

2 day

| 08:00~10:00 만산고택 둘러보기, 아침식사 | 10:00~11:30 태백산 사고지, 각화사 | 12:00~13:00 점심식사(봉성돼지숯불구이) | 13:00~16:00 서벽 금강소나무 숲 트레킹 | 16:00~18:00 닭실마을 | 18:00~ 귀가 |

P·A·R·T

2

신화가 깃들어 있는
동해권

한반도의 아침을 여는 동해.
그 푸른 물결이 육지를 간질입니다.
하하 호호 웃는 얼굴로
새 아침을 맞이하도록 말입니다.
바다에는 새로운 세상을 여는 힘을 가진
신화가 담겨 있습니다.
그 옛날에 그랬던 것처럼 말입니다.
때론 역사도 신화가 됩니다.
때론 현재가 신화를 만듭니다.
때론 미래가 신화에 깃들어 있습니다.

쪽배 타고 동해 건넌 연오랑 세오녀의 사연
포항 영일만

영일만 부근 아름다운 바닷가에 평화를 사랑한 근기국이 있었다.
그 나라 왕의 이름은 연오랑. 그는 나라에서 베 짜는 기술이 가장 뛰어난
세오녀와 혼인하여 해와 달의 신에게 정성스레 제사를 지내며 평화롭게 살았다.
사로국에 베 짜는 기술을 전수할 정도로 이웃 나라와 더불어 살아왔기 때문.
그렇다면 연오랑 세오녀는 왜 백성을 이끌고 바다 건너 일본으로 갔을까?
글·사진 | 정보상

근기국(勤耆國)의 왕 연오랑(延烏郞)은 인자하고 마음이 넓었다. 워낙 작은 나라인지라 왕은 누구네 집에 몇째 아들이 태어나고, 느티나무 옆 아무개 집 어른이 천수를 누리다 언제 세상을 떠났는지 기억할 정도였다. 왕은 백성들의 애·경사가 있을 때마다 사람을 보내 위로하고 축하해주었다.

이 나라 동쪽에는 날씨가 맑은 날 아침이면 어김없이 해돋이를 볼 수 있는 바다가 있다. 고운 가루를 체에 쳐서 뿌려놓은 듯 아름다운 모래가 펼쳐진 넓은 해변이 한나절을 걸어도 끊이지 않았다. 해변에서 보는 해돋이는 몸이 얼어붙을 정도로 황홀하다. 해안선이 반달처럼 아름다운 이곳은 '해맞이곶'. 1년에 네 번, 계절이 바뀔 때마다 왕이 찾아와 떠오르는 해를 향해 정성스레 제사를 지내고 용왕께 제물을 바치며 백성들의 건강과 안녕을 기원한다.

이 바닷가에 사는 어부에게는 외동딸이 있었다. 어려서부터 총명하고 정이 많아 마을 사람들의 사랑을 받으며 자랐다. 근기국에는 예부터 내려오는 전통이 하나

연오랑세오녀상. 애틋한 분위기가 가득하다.

있는데, 여자아이는 열 살이 되는 해 봄부터 베틀에 앉아 베 짜는 기술을 배우는 것이다. 그래야 시집가기 시작하는 열여덟에 훌륭한 옷감을 만들 수 있는 기술이 완성되기 때문이다. 어부의 외동딸도 손재주가 좋고 베틀에 앉아 씨줄 날줄과 씨름하다 보니 어느새 나라에서 베를 가장 잘 짜는 처녀가 되었다. 처녀의 이름은 세오녀(細烏女)다.

연오랑과 세오녀는 일출이 유난히 아름다운 아침, 해맞이곳에서 만난다. 그날 연오랑은 동해의 태양과 바다의 용왕에게 제사를 지내고, 푸른 바다와 흰 모래에 반해 해변을 걸었다. 바다로 이어지는 작은 강이 흐르는 마을에 이르렀을 때 우물가에 나와 물에 삶은 베를 방망이로 두드리는 세오녀를 발견했다. 연오랑은 처녀의 아름다운 모습에 이끌려 걸음을 멈췄고, 수행하던 시종에게 이 나라에서 베를 가장 잘 짜는 처녀라는 사실을 전해 들었다.

열심히 방망이질을 하다 이마에 흐르는 땀을 훔치던 세오녀는 눈빛이 따뜻하고 외모가 준수한 남자가 등 뒤에서 자신을 내려다보는 것을 발견했다. 그가 왕이라는 사실을 꿈에도 생각지 못한 세오녀는 이 마을 사람들의 형편을 묻는 그에게 진솔하면서도 차분하게 이야기를 들려준다. 시간이 지날수록 세오녀의 다소곳하면서도 빛나는 눈에 반한 연오랑은 용기를 내어 말했다.

"내 그대 소문은 익히 들었소. 이 나라에 사는 모든 이들에게 그대가 만든 아름다운 천으로 따뜻하게 덮어줄 수 있는 어머니가 되어주시오."

연오랑과 세오녀는 국법에 따라 혼례를 올렸다. 근기국의 왕과 왕비로 그들을 존경하고 따르는 사람들의 축복 속에서 화려하지는 않지만 아름다운 결혼식을 올렸고, 두 사람은 백성을 위해 살기로 마음먹었다. 두 사람의 결혼을 하늘이 축복해준 덕분인지 근기국에는 해마다 풍년이 들었고, 홍수나 태풍 같은 재난도 없는 태평성대가 이어졌다. 백성들은 먹고사는 걱정 없이 이웃과 더불어 행복한 나날을 보냈다.

그러던 어느 날, 가까이 있는 사로국(勤耆國)에서 사신이 찾아왔다. 사신은 왕에게 예를 갖추고 준비한 선물을 드린 다음, 근기국의 베 짜는 기술을 가르쳐줄 것

연오랑

일월사당. 해마다 연오랑과 세오녀를 위한 제를 올린다.

을 간곡히 요청했다. 당시 부족국가들은 대부분 직조 기술이 없어 짐승의 가죽이나 질긴 풀 등을 엮어 만든 옷을 입었지만, 근방에 있는 국가들 가운데 근기국만 베로 만든 천으로 옷을 해 입었다.

왕은 사신을 빈관에서 며칠 머물도록 하고 사나흘을 고민했다. 그리고 조상 대대로 내려오는 기술을 지켜야 하는 것은 당연한 도리지만, 사람들의 삶의 질을 높이기 위해서는 직조 기술을 널리 알리는 것이 좋겠다고 결심한다. 왕은 대신들에게 자신의 생각을 알리며 동의를 구했고, 사로국에 직조 기술을 전수하기로 했다. 세오녀는 이듬해부터 사로국에서 온 젊은 처자 열 명에게 친히 직조 기술을 가르쳐주었고, 몇 년이 지나자 사로국 사람들도 천으로 만든 옷을 입을 수 있었다.

다시 7년이 흘렀다. 주변 국가와 갈등 없이 평화롭게 살아온 근기국에 어느 날 충격적인 소식이 들려왔다. 다른 나라의 문화와 기술을 적극적으로 받아들여 국력을 키운 사로국이 주변 국가들을 복속시켜 덩치를 키운다는 것이다. 곧 근기국을 침공할 것이라는 참담한 소식도 들려왔다. 설마 형제같이 지내던 나라가 하루아침에 등 돌리고 우리 땅을 짓밟겠느냐 반신반의했지만, 가만히 있을 수만은 없었다.

사신을 보내 직조 기술까지 전해준 은인의 나라에 이럴 수 있느냐고 읍소해보았지만 소용없는 일이었다. 몇 날 며칠을 고심하던 연오랑과 세오녀는 '평화를 사랑하는 우리 백성들에게 병장기를 들게 할 수는 없다. 차라리 모든 것을 버리고 바다 건너에 있는 곳으로 가서 새롭게 시작해보자'고 결정한다. 그리고 배를 준비해 일본으로 떠난다.

지금도 영일 지방에는 '왜 가는 배 같다'는 말이 있다. 배들이 줄지어 수평선을 지날 때 쓰는 말이다. 근기국 사람들이 가축과 가재도구를 작은 배에 나눠 싣고 풍랑에 흩어지지 않게 줄로 배를 이어 수평선 너머 일본으로 사라져가던 모습이 눈에 선하다.

 참고 문헌과 자료 출처
《한국의 발견(경상북도)》, 뿌리깊은나무, 197쪽

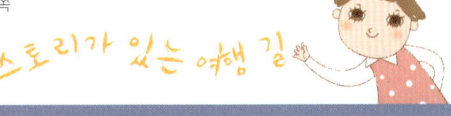

일월사당 》 일월지 》 일월지사적비 》 호미곶 해맞이광장 연오랑세오녀상

연오랑세오녀 설화에 등장하는 해와 달에 얽힌 이야기를 따라가려면 일월사당(日月祠堂)에서 일정을 시작하는 것이 좋다. 오래전부터 전해 내려오는 설화를 희망적인 정서로 승화하기 위해 만든 사당으로, 매년 10월 이곳에서 해와 달에게 제사를 지낸다. 솔숲과 사당 건물이 잘 어울린다.

일월지(日月池)는 일월사당에서 자동차로 10분 거리에 있는 포항 해병부대 내에 있다. 경북 기념물 제120호로, 영일만의 연오랑세오녀 설화를 낳은 옛터다. 해병 제1사단 병영에 있는 일월지를 구경하려면 사단의 민사참모본부에 평일에는 하루 전에, 휴일에는 3일 전에 전화나 공문으로 견학 의사를 밝히고, 사단 서쪽 문으로 가서 출입증을 받아야 한다. 일월지사적비는 일월지 앞 둑 중앙에 있는 것으로, 일제강점기에 철거한 것을 1992년 3월 영일문화원이 건립했다.

호미곶(虎尾串)은 원래 장기곶(長鬐串)이었지만, 2001년 말 국립지리원 중앙지명위원회가 호미곶으로 바꿔달라는 포항시의 신청을 받아들여 정식 지명으로 등록되었다. 호미곶이 있는 대보마을은 한반도 지도를 호랑이 형상으로 봤을 때 꼬리에 해당하는 부분으로, 육지에서 일출을 가장 먼저 볼 수 있어 새해 첫날이면 해돋이를 보려는 사람들로 인산인해를 이룬다. 이곳에 있는 연오랑세오녀상은 이야기의 배경인 영일만을 기념하기 위해 세워졌다. 연오랑이 타고 간 바위가 이곳에서 솟아올랐다고 전해진다.

영일만은 어떻게 만들어졌는가?
운제산 대왕암

일본에서 가장 힘센 아교가 더 이상 적수가 없자 우리나라로 넘어왔다.
전국 방방곡곡을 다니며 힘겨루기를 펼치는데 연전연승이었다.
그러던 어느 날 운제산 대각봉에서 향수에 젖어 일본 쪽을 바라보는데
등 뒤에서 인기척이 났다. 깜짝 놀란 아교가 돌아보니 한 역사가 서 있었다.
이어 벌어진 조선의 창해역사와 일본 역사의 힘자랑 결과 영일만이 만들어졌다.
글·사진 | 정보상

운제산 대왕암

땅이 만들어지고 물길이 생기며, 산과 바다가 아직 제대로 자리 잡기 전의 이야기다. 일본에서도 탄생 신화들이 뒤범벅되어 무질서가 하늘을 뒤덮을 때다. 일본 땅에 아교(阿形)라는 장사가 있었다. 얼마나 성질이 급한지 태어날 때도 열 달을 못 참고 뛰어나왔고, 아기 얼굴이 금강역사 가운데 하나인 나라연금강(那羅延金剛)과 닮아 아교라는 이름을 얻었다. 아교는 나라연금강의 일본식 호칭이다. 나라연금강은 불교에서 부처님을 보호하는 경호원 격인데, 아교도 이런 성질을 고스란히 이어받았다. 뱃속에서 나온 지 이레 만에 대들보를 잡고 일어서더니, 두 살 때부터는 힘자랑을 시작했다. 힘깨나 쓴다는 어른들도 쩔쩔매는 돌절구를 번쩍 들어 주위 사람들을 놀라게 하는가 하면, 네 살 때부터는 자신의 키보다 한 자는 크고 몸무게도 두 배는 더 나가는 아이를 개울로 집어던져 난리가 나기도 했다. 일곱 살이 되면서 몸집이 커지기 시작한 아교는 열다섯 살 때 구척장신이 되었고, 시간이 흘러 방 안에서 잘 수 없을 정도로 커졌다. 그만하면 상대방을 깔보거나 왈패 짓을 할 법한데, 아교는 의외로 올곧게 자랐다. 다만 성격이 급해서 자초지종을 들어보지 않고 힘을 써 낭패를 보는 일이 종종 있었다.

청년으로 성장한 아교는 열아홉 살이 되는 해에 '이 땅에서 가장 힘센 역사(力士)가 되자'는 뜻을 세웠다. 그는 일본 열도에서 힘깨나 쓰는 역사들을 찾아 '힘자랑 투어'를 떠났다. 바위 멀리 던지기, 씨름, 무쇠 종 들기 등 상대방이 자신있는 경기를 선택하게 한 뒤 금강역사처럼 엄청난 힘을 발휘해 역사를 하나 둘 무너뜨리기 시작했다. 그렇게 3년이 지나자, 일본 열도에서는 그와 겨룰 상대를 찾을 수 없었다.

운제산 정상에서
내려다본
포항 시내와 영일만

아교는 일본 땅에 적수가 없
자 바다 건너 한반도로 왔다.
그리고 삼천리 방방곡곡에서
연전연승했다. 어느 날 운제
산 대각봉에 올랐는데, 동해 너
머로 일본 땅이 보이는 것 같았
다. 문득 부모 형제와 고향이 생각
나 향수에 젖었는데 뒤에서 인기척이 났
다. 깜짝 놀란 아교가 돌아보니 눈이 혜성같

대왕암은
기우제를 지내던
곳이기도 하다.

이 밝고 검은 얼굴에 몸이 태산 같은 역사가 버티고 서 있었다. 창해역사(滄海力士)다.

창해역사는 창해(동해의 옛 이름)가 바라보이는 예국(濊國)의 역사로, 신비한 탄생 이야기가 전하는 인물이다. 한 노파가 냇가에서 채소를 씻는데 어린아이 머리만 한 알이 떠 내려왔다. 이상하게 여긴 노파는 그 알을 주워 집으로 가져왔는데, 시간이 지나자 알에서 남자아이가 나왔다. 노파는 그 아이를 애지중지 길렀다. 아이의 이름은 얼굴빛이 검어서 검을 '여(黎)' 자를 성으로 삼고 이름은 용사(勇士)라 불렀다. 여섯 살이 되자 키가 어른만 해졌는데 이 아이가 창해역사다.

창해역사의 괴력을 전하는 이야기는 많다. 그 가운데 지금도 전해지는 것은 호랑이를 물리친 일이다. 예국에는 사나운 호랑이가 한 마리 있어 밤낮으로 다니면서 사람을 수없이 해쳤는데, 모두 걱정만 할 뿐 이것을 제거할 방도가 없었다. 이때 창해역사가 선뜻 나서 호랑이 등에 올라타더니 한 주먹으로 호랑이의 머리를 쳐서 박살 내버렸다.

나라에서 안녕을 빌기 위해 무게가 만근이나 되는 종을 만들어놓고 달고자 했으나 장사 수백 명이 매달려도 이 종을 움직일 수가 없어 걱정이었다. 이 소식을 들은 창해역사가 찾아와 단번에 번쩍 들어 옮겨놓기도 했다.

그러던 어느 날 일본에서 온 역사가 한반도에서 힘자랑하는 역사들을 차례로 쓰러뜨린다는 소문이 들려왔다. 그래도 누군가가 나서서 이 땅의 자존심을 살려줄 것이라 믿었는데, 일본 역사의 괴력 앞에 추풍낙엽처럼 떨어졌다는 이야기를 들으니 분한 마음 감출 길이 없었다. 이대로 앉아 있을 수만은 없다고 생각한 창해역사는 일본 역사가 영일 땅에 있다는 소식을 듣고 한걸음에 달려와 아교라는 역사를 찾기 시작했다.

영일만이 한눈에
내려다보이는
운제산 전망대

때마침 집채만 한 거인이 운제산 위에서 바다를 바라보고 있었으니 눈 밝은 창해 역사가 아교를 찾는 것은 어린아이 손목 비트는 일보다 쉬웠다. 단숨에 산꼭대기 까지 뛰어 올라간 창해역사, 넋 놓고 바다를 바라보는 아교 뒤에 버티고 섰다. 인기척에 놀라 돌아보는 아교와 눈싸움을 시작한 창해역사는 통성명을 하는 등 예를 갖추고 힘자랑에 들어갔다.

힘자랑의 원칙은 한판 승부. 목숨을 걸고 싸우는 결투가 아니기 때문에 여러 종목으로 겨루다 보면 이기고 지는 것이 불분명해질 수 있어 한 종목으로 승부를 가리는 것이 일반적이다. 한반도 최고 역사와 일본 최고 역사가 합의한 경기는 바위 멀리 던지기. 마침 운제산 정상에는 집채만 한 바위가 많았기 때문에 바위를 찾아다닐 필요가 없었다.

먼저 바위를 양손으로 잡아 머리끝까지 올린 창해역사, 바다 쪽을 향해 힘껏 던졌다. 파공음을 내며 날아간 바위는 독산(獨山, 장기면 금곡리 소재) 산마루에 굉음을 내며 떨어졌다. 이 산을 지나던 마고할멈이 화들짝 놀라 욕을 퍼붓는 소리가 영일만 앞바다를 가득 메울 정도였다. 이에 질세라 아교도 비슷한 크기의 바위를 들어 창해역사가 던진 쪽을 향해 용을 쓰며 던졌다. 이 바위가 떨어진 곳은 갓바위(冠巖, 장기면 영암리 소재)로 독산과 큰 거리 차가 없었다.

바위 던지기는 비긴 것으로 하고 씨름으로 승부를 내기로 했다. 어깨를 감아쥔 두 역사가 힘을 쓰기 시작하자 온 산에 두 역사의 소리가 요란하게 울려 퍼졌다. 반나절이 지나도록 좀처럼 승부를 가리지 못하고 소싸움 하듯 머리만 박고 있는데, 때마침 교석초(矯石礁, 대보면 구만리와 영덕 축산항 사이를 잇기 위해 마고할멈이 바다에 쌓은 돌)를 놓기 위해 허리를 구부리는 마고할멈의 속곳을 본 아교의 집중력이 흐트러졌다.

이때를 놓치지 않은 창해역사는 아교를 번쩍 들어 동해로 던졌다. 한참을 날아간 아교가 떨어진 곳은 바닷가. 크게 엉덩방아를 찧은 곳이 움푹 패고 이내 바닷물이 밀려들어 지금의 영일만이 되었다. 그때 교석초가 무너져 바람이 강하게 부는 날에는 마고할멈이 고래고래 지르는 소리가 아직도 들려온다고 전한다.

참고 문헌과 자료 출처
디지털강릉문화대전 http://gangneung.grandculture.net/gc/contents/contents.jsp?tid=30003402

오어사

오어사 》 부도군 》 지장암 》 운제산 전망대 》 대왕암

신라 진평왕 때 혜공법사(惠空法師)가 세웠다고 전해지는 운제산 오어사(吾魚寺)는 포항 남쪽에 있는 천년 고찰로 호반을 끼고 있는 색다른 형태의 절이다. 이 지방의 젖줄이 되는 오어제(吾魚堤) 옆 언덕길을 오르면 멀리 호반 곁에 오어사가 보인다. 오어사는 처음에는 항아사라 했지만 절 앞개울에서 천렵을 하는 사람들에게 한 승려가 홀연히 나타나 잡힌 고기를 모두 놓아주며 '모두 나의 물고기'라는 뜻의 이야기를 설파하면서 절 이름을 오어사로 고쳤다고 전한다. 혜공이 원효대사와 어울려 절 앞개울에서 자주 놀았다는 이야기도 전해지는 오어사에는 풀뿌리로 짜 만든 높이 30cm, 폭 36cm 정도의 삿갓이 있다. 이 삿갓은 원효대사가 혜공과 더불어 절 앞개울에서 소요(逍遙)할 때 쓴 것으로 알려졌다. 현재 오어사에는 정면 3칸, 측면 2칸인 대웅전을 중심으로 백련장 종각, 삼성각, 응진전, 산령각이 있다. 절 곁에 있는 깎아지른 바위가 병풍 같고, 절 뒤편 바위 위에 있는 암자로 가는 길은 선경처럼 아름답다. 오어사 뒤편 지장암으로 가는 도중에 만나는 부도군도 인상적이다.

운제암으로 오르는 길은 인근 해병부대 장병들의 산악 구보 코스로 이용된다. 오어사에서 등산로로 약 3km 오르면 운제산 전망대에 닿는다. 이곳에서 포항 시내와 영일만 일대를 한눈에 내려다볼 수 있다. 왼쪽부터 흥해-북부해수욕장-송도-포항제철-호미곶으로 이어지는 풍경이 파노라마 사진처럼 펼쳐진다.

전망대에서 운제산 꼭대기 대왕암까지는 약 700m 거리인데 도중에 운제산 정상을 거친다. 대왕암에는 바위틈에서 솟아나는 샘물이 지독한 가뭄에도 마르지 않아 기우제를 지내는 곳으로 쓰였다는 이야기가 전해온다.

여행 정보

상생의 손

호미곶등대

| 호미곶 해맞이광장 |
2000년 1월 1일부터 해마다 한민족 해맞이축전이 열리는 곳이다. 상생의 손, 성화대, 천년의 눈동자, 연오랑세오녀상 등이 있다. 지난 2000년에 새 천년을 기념해 세운 상생의 손은 육지에 왼손이, 바다에 오른손이 설치되었는데 새 천년을 맞아 온 국민이 서로 도우며 살자는 뜻에서 조성되었다.

| 호미곶등대 |
영일만 나들이의 1번지 호미곶에는 우리나라에서 가장 크고, 동양에서 두 번째 규모를 자랑하는 호미곶등대가 있다. 호랑이 꼬리에 있다는 의미에서 '호미등'이라고도 불리는 호미곶등대는 1903년에 세워졌다. 아래 24m, 위 17m에 이르는 둘레를 철근 없이 벽돌로만 쌓았고, 높이 26.4m에 내부는 6층 규모다. 등대 바로 곁에는 등대의 역사를 쉽게 살펴볼 수 있는 국립등대박물관이 있다.
문의 국립등대박물관(054-284-4857)

| 북부해수욕장 |
포항에도 인천의 월미도나 부산의 광안리, 대천의 대천항 등과 같은 젊음의 거리가 있다. 예전에는 여름철에만 포항 지역 사람들의 해수욕장으로 이용되던 북부

1 day

09:00~10:30
호미곶 해맞이광장
(연오랑세오녀상)

10:30~11:30
호미곶등대
(국립등대박물관)

12:00~13:00
점심식사(구룡포항 과메기나 고래고기)

14:00~15:00
일월지

15:10~15:40
일월사당

16:20~18:00
북부해수욕장
(젊음의 거리)

18:00~19:00
저녁식사(명태찌개)

19:30~
숙소 이동
(포항 시내)

2 day

08:00~09:00
아침식사(포항 시내)

해수욕장은 10여 년 전부터 횟집촌이 들어서면서 외식이나 회식 장소로 널리 이용되기 시작했다. 1.5km 남짓 되는 해변 거리는 포항여객터미널에서 북쪽 해변을 따라 횟집과 레스토랑 겸 카페, 노래방 등이 줄지어 있다.

| 내연산 12폭포 |

해발고도 710m 내연산에는 기암 절벽으로 둘러싸인 산세가 만들어낸 폭포가 12개나 있다. 그 가운데 관음폭과 연산폭이 아름다움의 극치를 보여준다. 쌍폭인 관음폭은 폭포 위로 걸린 연산적교, 층암절벽과 어우러져 환상적이다. 연산적교를 건너면 높이 20m 연산폭이 학소대를 타고 힘찬 물줄기를 쏟아 내린다.

| 보경사 |

신라 진평왕 25년(622)에 지명법사가 창건한 유서 깊은 절이다. 경내에는 원진국사비, 원진국사부도 등 보물급 문화재가 있고, 노송 군락과 벚나무, 탱자나무 등이 울창하며, 12폭포를 지나 내려오는 계곡과 기암괴석이 절경을 이룬다. 특히 봄에 보경사는 벚꽃이 활짝 피어 화사한 분위기를 연출한다.

| 연산온천파크 |

보경사 입구에 있어 내연산 12폭포 트레킹의 피로를 씻기에 적당하다. 알칼리성 나트륨 중탄산형 온천으로 피부병, 만성 류머티즘, 부인병, 무좀 등에 효과가 있는 것으로 알려진다. 2003년 개관했으며 온천탕, 노천탕, 식당, 커피숍 외 부대시설과 객실 28개를 갖추고 있다. 문의 054-262-5200(www.yeonsanspa.com)

북부해수욕장

내연산 12폭포

보경사

● 맛집

명태잡이 배들이 만선의 기쁨을 풀어놓던 시절을 기억하는 사람들에게는 추억을 불러일으키는 명태찌개를 포항공항 부근의 또순이얼큰한명태찌개(054-276-4957)에서 맛볼 수 있다. 청양고추의 매운맛, 무와 콩나물의 시원한 맛이 속을 달래준다. 구룡포항의 유가네(과메기, 054-276-8056), 죽도시장의 할매고래집(고래고기, 054-241-6283)도 소문난 맛집이다.

● 숙박

포항 시내에서 야경을 감상하기 좋은 형산강체육공원 부근에 숙소를 잡으면 편하다. 코모도호텔(054-241-1400), 라마다앙코르포항호텔(054-282-2700), 스테이인호텔(054-274-8300) 등이 있다. 호미곶의 일출을 보려면 대보면 대보리 부근 호미곶한나모텔(054-284-9802), 해송모텔(054-284-8245) 등지에 숙소를 정하는 게 좋다.

● 찾아가는 길

대구포항고속도로 포항 IC로 나가 포항 시내를 관통한 뒤 구룡포 방면 31번 국도를 타고 포항공항 입구까지 가서 동해면사무소를 찾으면 일월사당을 만날 수 있다. 운제산 정상의 대왕암은 오어사에서 등산로를 이용한다. 오어사는 포항에서 경주 양북으로 가는 14번 국도를 타고 오천읍을 지나 용산교에서 우회전하면 된다.

09:30~10:00
오어사

10:00~12:00
운제산(대왕암)

12:30~13:30
점심식사
(죽도시장 회타운)

14:30~16:00
내연산
12폭포 트레킹

16:00~17:00
보경사

17:30~19:00
연산온천파크
(온천욕)

울지와 마립간의 장니 약속
경주 천마총

경주 황남동 대릉원 안에는 '경주 155호 분'이라고 불리는 능이 있다.
1973년 황남대총을 발굴하기 전 연습 삼아 열어본 능에서는 적석목곽분과 함께
세상이 떠들썩할 만큼 놀라운 물건들이 쏟아졌다. 이중 천마를 그린 장니는
아름다울 뿐만 아니라 그 사연까지 놀라웠다.
이 무덤의 주인은 신라 21대 왕 소지마립간(재위 479~500)이라는 설이 있다.
그가 생전에 어느 노인과 한 약속과 관계가 있다는데, 그 약속은 대체 무엇일까?

글·사진 | 이동미

대릉원 내 천마총 내부 전시실

신라시대 왕족의
무덤이 모여 있는
대릉원

궁은 며칠째 초비상이다. 마립간의 상태가 심상치 않기 때문이다. 더욱이 오늘은 구름이 잔뜩 끼어 하늘의 기운이 좋지 않고, 바람 또한 심하게 부는 것이 불길하기 그지없다. 결국 해가 떨어질 때쯤 마립간이 숨을 거두니 궁과 서라벌에 그 소식이 전해졌다.

상대등이 급히 궁으로 들고, 이어 성골과 진골 귀족들이 들어 궁이 술렁였고 밤새 화백회의가 열렸다. 궁은 번을 서는 사람을 두 배로 늘리고, 화백회의가 열리는 사영지 근처는 철저하게 출입을 통제했다. 밤새 계속된 화백회의에서 단곽식 돌무지덧널무덤(적석목곽분)으로 하기로 의견을 모았고, 장례 최고 책임자는 상루간으로 결정되었다. 화백회의는 만장일치제라 힘든 시간이었다.

상루간은 무척 바빠졌다. 준비를 해오긴 했지만 마립간이 임종했으니 무덤 총책임자 역할에 매진해야 한다. 장례 행렬에 동원할 악사를 고르고, 부장품도 결정해야 한다. 마립간의 장례는 참으로 거대한 일이다. 이승의 삶을 마감한 고인의 영혼이 무사히 저승에 도착하고, 언젠가 새 생명으로 부활할 수 있도록 해야 하기 때문이다. 죽은 자를 저승으로 운반해줄 배나 수레가 필요하고, 하늘을 나는 새도 죽은 자를 운반하니 이도 준비해야 한다. 무덤에 넣을 토기 수백 점도 구워야 하니 상루간은 머리가 터질 지경이었다. 부장품을 제외하고 무덤 자체에 드는 흙과 냇돌 등 모든 재료가 30길 안에 있다고 해도 7천 명이 필요한 대공사다.

좋은 날을 골라 화백회의가 정한 장소에서 천신께 제를 올렸다. 땅을 고르고 목곽이 놓일 자리를 깊이 3부 정도 판 뒤 어른 머리 크기의 냇돌을 깔고 밑바닥 전체에 점토를 다져 한 부가 넘는 두께로 기초를 만들었다. 그 위에 다시 냇돌을 깔아 받침대를 만들고, 목곽을 놓았다. 목곽은 결국 지상과 같은 높이가 되었다. 목곽의 길이는 마립간의 키에 왕관의 높이를 계산해 한 길 조금 넘게 하고, 너비는 6부 반으로 했다. 왕관은 사슴뿔 모양으로 보통 때 쓰는 것보다 한 단을 더해 4단으로 만들고, 곡옥(曲玉)을 넉넉히 붙여 화려하게 장식할 것이다.

목곽 안에 마립간을 모시고 그 주위에 자갈로 석단을 쌓은 뒤, 석단 동쪽에 나무로 짠 부장품 수장궤를 남북으로 길게 놓을 것이다. 수장궤 안에는 맨 밑에 쇠솥과 각종 토기를 채우고, 그 위에 금은과 금동, 청동으로 된 각종 그릇과 칠기, 유리그릇을 넣는다. 그리고 그 위쪽에 백화수피제 채화판과 투조금동판식죽심장니, 금동제 안장 등 마구류를 넣을 생각이다. 이중 마구류가 가장 신경 쓰였다. 마립간이 이 말을 타고 다음 세상으로 이동하실 것이다. 위엄 있고 호화로우며 정성이 가득 담긴 마구류를 넣어야 한다.

이런 저런 생각으로 잠을 이루지 못하는 상루간은 몸종에게 술상을 들여오라 했다. 멀리서 황룡사의 범종 소리가 들렸다. 밤이 꽤 늦은 모양이다. 그때 옷차림이 남루한 노인 하나가 상루간을 뵙자 한다는 연통이 왔다.

"이 늦은 시각에 누구란 말이냐. 내일 다시 오라 하라."

다시 술 한 잔을 마시려는데, 불현듯 지금 그자를 봐야 할 것 같은 생각이 들었다. 사람을 보내 돌아가려는 노인을 불렀다.

"너는 누군데 이 밤에 나를 보자 하느냐?"

"저는 서라벌에서 북쪽으로 다섯 식경 떨어진 곳에 사는 울지라 합니다."

천마총에서 발굴된 천마도

울지는 마립간 재위 3년 고구려가 말갈과 연합해 신라를 침공했을 때 쫓기던 마립간이 자신의 집에 머무른 적이 있음을 얘기했다. 그때 울지가 마립간의 말에 장니(障泥 : 말다래)가 떨어진 것을 보고 임시로 자신의 장니를 달아주었다. 경황이 없어 자신의 초라한 장니를 드리며 너무나 송구스러워 몸 둘 바를 몰라 하는 울지에게 마립간은 이것도 고맙다며 나중에 자신이 죽으면 제대로 된 장니를 달아달라는 말을 남기고 급히 전쟁터로 돌아갔다 한다. 그날 이후 울지는 목에 가시가 박힌 듯 마음이 불편했다는 것이다. 하여 마립간의 붕어 소식을 듣고 예전의 약속을 지키기 위해 노구를 이끌고 쉴 새 없이 왔노라 설명했다.

상루간은 잠시 생각에 잠겼다. 살 만큼 산 노인이 나쁜 마음을 가지고 온 것 같지는 않았다. 간곡히 부탁하는 울지의 눈빛을 보며 마립간의 장니 제작을 허했다. 대신 필요한 재료는 모두 대줄 것이니 마립간의 위엄에 한 치도 어긋남 없이 최고의 장니를 만들라고 명했다. 울지 역시 미천한 자신에게 마립간이 고맙다는 말을 한 것과, 장니를 만들 수 있도록 해준 것에 대한 보답으로 신명을 다하겠다고 답했다.

다음날부터 울지는 장니만 생각했다. 사방으로 연통을 넣어 근 50년이 된 자작나무를 구해 그 껍질을 여러 겹 겹치고, 맨 위에 고운 껍질을 입혔다. 이를 종횡과 사선으로 14줄을 누비고, 가장자리에는 가죽을 대었다. 이제 장니의 네모난 모양이 만들어졌다. 크기는 가로 6부 1치, 세로 4부 2치 정도, 여기에 천마를 그릴 것이다. 하늘을 나는 천마는 마립간을 안전하게 모셔줄 것이기 때문이다.

천마는 희고 깨끗하리라는 생각이 들어 꼬리를 세우고 하늘을 달리는 백마를 그렸다. 하늘을 날아다녀야 하므로 네 다리 겨드랑이에서 고사리 모양 날개가 나오고, 길게 내민 혀와 바람에 나부끼는 갈기, 위로 솟은 꼬리를 그려 하늘을 나는 천마임을 나타냈다. 가장자리에는 흰색, 붉은색, 갈색, 검은색 보상당초문으로 장식했다.

장니는 말이 달릴 때 말에 탄 사람에게 흙이 튀지 않도록 말의 배 양쪽에 드리우는 일종의 가리개다. 하지만 장니가 단순한 가리개의 용도만 있는 것은 아니다. 마립간과 성골, 진골, 일반 백성의 신분에 맞게, 또 위세를 내보이기 위한 용도로 사용되었다.

이제는 몸도 마음도 늙은 울지는 생애 마지막 불꽃을 피우듯 장니 제작에 매달렸다. 잠도 자지 않고 밥도 먹지 않은 채 꼬박 보름이 지났다.

상루간은 작업 상황이 궁금하기도 하고 걱정도 되어 울지의 작업실에 들렀다. 지난밤에도 늦게까지 작업을 했는지 울지는 책상에 엎드려 잠들어 있었다.

창밖에서 한 줄기 빛이 스며들었고, 그 빛은 장니의 천마를 비추었다. 상루간은 순간 숨이 멎는 듯했다. 천마는 빛을 향해 날아갈 듯 생생하게 살아났다.

봉분 작업은 순조로웠다. 목곽 위와 주위에는 지름 15길, 높이 50길로 돌을 쌓고, 물이 스며드는 것을 막기 위해 진흙을 덮어 다진 뒤 다시 토사를 덮어 봉토를 했다. 토사는 고분 내부를 건조하게 유지해주고, 점토층은 목곽의 습도를 일정하게 해 금속의 부식을 막고, 방수 작용은 물론 공기의 흐름도 차단하기 때문이다. 봉토 작업을 마치고 제도 올렸으니 이제 모든 것이 끝났다.

그런데 이상한 일이 일어났다. 봉분을 쌓을 때까지만 해도 보이던 울지가 눈에 띄지 않는 것이다. 특히 봉분이 완성된 후에는 울지를 본 사람이 없었다. 집으로 돌아가지도 않았고, 편지 한 장 없었으며, 시신이 발견된 것도 아니다.

다만 "마립간 님, 제 소임은 다했습니다. 이제 기력이 없습니다. 마립간 님 곁에서 천마를 보살피며 머무르고 싶습니다"라고 중얼거리는 소리를 들은 자가 있다 했다. 어떤 이는 울지가 혼이 나간 듯 마립간의 무덤 속으로 들어갔다고도 했다. 울지는 천마의 날개깃에 이는 바람처럼 사라지고 말았다.

＊한 길은 어른 한 사람의 키 높이, 한 치는 손가락 하나의 굵기, 한 부는 엄지를 뺀 네 손가락 사이의 거리를 기준으로 했습니다.

참고 문헌과 자료 출처

《경주(답사 여행의 길잡이 2)》, 한국문화유산답사회, 돌베개, 215~219쪽
《경주 역사 기행》, 하일식, 아이북닷스토어, 25쪽, 49~50쪽
문화재청 홈페이지
　www.cha.go.kr/korea/heritage/search/Culresult_Db_View.jsp?mc=KS_01_02_01&VdkVgwKey=11,02070000,11
조선일보(2009년 6월 10일자 문화면) http://news.chosun.com/site/data/html_dir/2009/06/09/2009060901989.html
《시사IN》(65호, 2008년 12월 09일) www.sisain.co.kr/news/articleView.html?idxno=3394

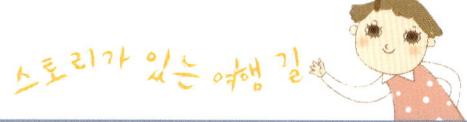

대릉원 입구 》 천마총 》 내부 관람

경주에서 고분을 가장 잘 볼 수 있는 곳이 신라시대 왕과 비, 귀족 등의 무덤 23기가 모여 있는 대릉원이다. 주차장에 차를 세우고 매표를 하면 신라시대 복장을 입은 직원들이 입구에서 반긴다. 산책로처럼 이어지는 길을 따라 가면 천마총과 미추왕릉 이정표가 있고, 이를 따라 왼쪽으로 이어진 길에 천마총이 자리한다.

입구에는 출입구가 두 개 있는데 오른쪽으로 들어가면 말안장과 마구들이 있고, 그 옆에 조명을 받은 천마도가 전시되어 있다. 상주하는 문화해설사가 1천500년이 넘는 깊은 잠에서 깨어난 천마도 이야기를 들려준다. 왼쪽으로 계속 이동하면 널과 나무덧널, 돌무지, 봉토가 어떻게 쌓였는지 천마총의 구조를 한눈에 볼 수 있다. 발굴 당시 무덤 주인공의 차림과 위치를 재현해놓았고, 위엄을 보여주는 금관과 금제과대, 요패, 팔찌, 반지, 목걸이 등 장신구와 환두대도(環頭大刀) 등 신라인의 솜씨를 그대로 느낄 수 있다. 시계 반대 방향으로 관람하면 출구가 나온다. 관람 시간은 오전 9시~오후 7시(연중무휴), 관람료는 어른 1천500원, 어린이 600원이다. **문의** 대릉원 매표소(054-772-6317)

재물은 분뇨와 같다?! 300년 부자의 비밀
경주 최부잣집

경주시 교동에 아담한 한옥 '경주 최부잣집'이 있다. 우리나라 속담에
'부자가 3대를 넘기기 힘들다'는 말이 있지만, 최부잣집은 1600년대 초반에
재산을 일궈 1900년대 중반까지 300년 넘게 만석꾼 살림을 살았다.
그러면서도 주위의 원성은커녕 존경을 받으며 이어온 부잣집이다.
고즈넉한 집 안을 돌아보며 숨겨진 이야기와 비밀을 들어보자.

글·사진 | 이동미

경주부의 서원경 근처 사해점촌의 촌주에게는 예쁜 딸이 하나 있었다. 눈처럼 희고 꽃보다 예쁜 설야다. 그녀를 보기 위해 이웃 마을 총각들까지 담장을 기웃거렸다. 설야는 자신도 모르게 콧대가 높아졌다.
그러던 어느 날 혼담이 들어왔다. 경주부 최부잣집이라 했다.
"최부잣집이라…."
설야는 중얼거렸다. 수 대째 내려온 부잣집에 그 땅은 끝 간 데가 없고, 곳간에는 쌀섬이 그득하며, 집은 99칸이나 된다는 것이다.
"아가씨, 정말 감축드려요. 이제 부잣집 며느리가 되어 진수성찬에 비단옷을 친친 감고 사시겠네요…. 저도 데려가실 거죠?"
혼사는 일사천리로 진행되어 설야는 가마를 타고 시댁으로 향했다. 시댁에서 고운 옷을 입고 더욱 고상하게 살 자신의 모습을 생각하니 가슴이 벅찼다.
시댁에서 부푼 첫날밤이 지나고 아침에 일어나니 안채 살림을 관장하는 은실네가 무명옷 한 벌을 가져왔다.
"이게 뭐지? 오늘 집안에 무슨 행사가 있나? 내가 뭘 잘못했나?"
어리둥절한 가운데 무명옷을 입고 인사를 드리러 갔다.
"얼굴이 고우니 무명옷을 입어도 태가 나는구나."
시어머니가 미소를 띠며 말했다.
"아가야, 너도 이 집 식구가 되었으니 육훈(六訓)과 육연(六然)을 전해야겠구나.

고즈넉한 최씨 고택의 안채

먼저 육훈을 말하겠다. '첫째, 과거를 보되 진사 이상은 하지 마라. 둘째, 만석 이상의 재산은 사회에 환원하라. 셋째, 과객을 후하게 대접하라. 넷째, 흉년에는 남의 논밭을 매입하지 마라. 다섯째, 최씨 가문 며느리는 시집온 뒤 3년 동안 무명옷을 입어라. 여섯째, 사방 100리 안에 굶어 죽는 사람이 없게 하라'는 것이다."
육연은 직접 써서 건네며 방에 걸어놓으라 했다. 스스로 초연하게 지내고(自處超然), 빈부귀천을 가리지 말고 평등하게 대하며(對人靄然), 일이 없을 때는 마음을 맑게 가지고(無事澄然), 일을 당하면 용감하게 대처하며(有事敢然), 성공했어도 경거망동을 삼가고(得意淡然), 실패했을 때도 태연히 행동하라(失意泰然)는 것이다.

"하여 오늘부터 너는 3년간 무명옷을 입고, 내가 말한 육훈과 육연을 가슴 깊이 새겨 그 뜻을 스스로 헤아리고 따르거라."
설야는 무언가로 뒤통수를 세게 얻어맞은 것 같았다. 육훈과 육연이라… 머릿속에서 시어머니의 말이 떠나지 않았다.

담장 너머로 보이는 최씨 고택의 뒤뜰

부엌으로 들어가며 굴뚝을 살피려는데 아뿔싸, 굴뚝이 보이지 않았다. 급히 은실네를 찾았다. 은실네는 밝게 웃으며 이 댁 굴뚝은 하늘로 향하지 않고 댓돌 아래로 빠진다고 일러주었다. 혹 살림이 어려운 사람들이 굴뚝의 연기를 보면 배고픔에 서러워질까 해서 굴뚝을 옆으로 낸 것이다. 설야는 그저 두 눈만 끔뻑였다.

최부잣집
처마 끝에 달린 옥수수

그렇게 한 달이 지났다. 설야는 곱디고운 비단옷을 입고 꽃같이 웃으며 집 안을 찾는 이들에게 차나 대접하고 호강할 줄 알았다. 그런 새색시로 사는 것에 자신도 있었다. 하지만 먹는 것, 입는 것이 서원경에 있을 때보다 못하니 눈물이 나고 이해가 되지 않았다. 최부잣집은 99칸에 하인이 100명이나 되었으며, 정면 5칸 측면 2칸의 맞배지붕으로 된 창고에는 쌀 800석을 보관할 수 있다. 곳간에는 쌀섬이 그득하고 논밭은 끝없이 이어졌는데 왜 이리 궁색하게 굴까? 너무 약이 오르고 속이 상해 잠이 오지 않을 지경이었다.

여름이 가고 가을이 가고 겨울이 왔다. 두 손은 부르트고 곱던 얼굴은 단장할 새도 없이 하루가 지나갔으며, 무엇 하나 맘 놓고 쓸 수 없었.

그런데 다른 사람들에게는 너무 헤펐다. 오가는 사람들, 심지어 얼굴을 모르는 사람들에게도 무조건 후하게 대접을 했다. 최부잣집이 받는 소작료는 한 해 3천 석인데, 그중 1천 석은 집 안에서 소비했지만, 1천 석은 과객을 접대하는 데 썼다. 이 얼마나 많은 양인가. 집 안에서는 밥 지을 때 허락을 받아야 할 만큼 쌀 한 톨까지 아끼면서도, 과객이 집을 떠날 때 퍼 가도록 하는 쌀뒤주는 넉넉했다. 집 안은 항상 손님으로 들끓었고, 그 뒤치다꺼리하느라 설야는 낮이고 밤이고 쉴 틈이 없었다. 과객이 많으면 쌀과 과메기를 건네주며 근처 노비의 초가집으로 보냈고, 소작농 집에서 과객을 접대하면 소작료를 면제해주기도 했다.

왼쪽 안채의 장독대
오른쪽 안채 가는 길에 만나는 댓돌 아래 굴뚝

나머지 1천 석은 근처 빈민 구제에 썼는데, 이 또한 설야 입장에서는 과했다. 최부잣집은 인근 백성들에게 할 만큼 하고 있었기 때문이다. 보통 논을 내주고 받는 소작료는 70~80%인데, 설야의 시댁은 소작료를 50%나 그 이하로 받는다. 소작농들이 앞 다투어 최부잣집 땅을 얻으려고 했음은 물론이다. 최부잣집은 돈이나 땅에 대한 욕심이 없는 듯했다. 작년에는 흉년이 들었다. 보통 흉년이면 쌀 한 말에도 논을 헐값에 팔아치우니 이때 땅을 늘리면 더 많은 땅을 살 수 있는데, 시댁은 땅을 사기는커녕 쌀을 풀며 재산만 축냈다. 최부잣집이 그들을 먹여 살리고, 자신을 비롯한 시댁 사람들은 뼈 빠지게 일해 그들에게 좋은 일만 하는 것 같았다.

그렇게 계절이 바뀌고 또 바뀌었다. 어느 날 아침 준비를 하는데 시어머님이 부르신다는 기별이 왔다.
"아가야, 그동안 고생이 많았다. 네가 이 집에 온 지 오늘로 3년이 되었구나. 이제 무명옷은 그만 입어도 되느니라."
갑자기 눈물이 쏟아졌다. 3년간 긴장하며 산 것이 풀리는 듯도 싶고, 이제야 이 집 식구가 된 것 같아 기쁘면서도 서운했다.
사실 고생은 좀 했다. 하지만 3년이란 세월 동안 느낀 것이 있다. 그것은 주위의 시선이다. 비록 무명옷을 입었지만 최진사댁 며느리라는 것만으로도 오가는 사람들이 극진한 예를 표하고 그림자도 밟지 않으니, 비단옷을 입고 호사하는 것보다 대접받는 듯했다.

천천히 고개를 들었다. 단아한 시어머니가 자애로운 미소를 짓고 있었다. 주위를 둘러보니 수많은 하인들이 눈시울을 적시며 자기 일처럼 기뻐했다. 설야는 마루를 내려와 댓돌에 벗어놓은 신을 신으며 마음을 다잡았다.

"그래, 이제부터 시작이야!"

맑은 하늘에 구름이 두둥실 떠 있고, 그 구름 속에는 30년 뒤 자신의 모습이 보였다. 자신의 복(腹) 중 아기가 자라 며느리를 데려왔고, 어여쁜 며느리에게 무명옷 한 벌을 건네며 육훈과 육연을 전하고 있었다.

"재물은 분뇨와 같아서 한 곳에 모아두면 악취가 나 견딜 수 없지만, 사방에 골고루 흩뿌리면 좋은 거름이 되느니라."

오늘 따라 하늘이 더 높고 푸르렀다.

참고 문헌과 자료 출처

《경주 최부잣집 300년 부의 비밀》, 전진문, 황금가지
하슬린 블로그 http://blog.daum.net/090418nana/80
KBS-1TV 〈한국사 전〉(52회) - '12대, 400년 부자의 비밀'
www.tagstory.com/video/video_post.aspx?media_id=V000222897&feed=NV
문홍도 홈페이지 http://www.hongdosam.com/bbs/board.php?bo_table=table_0&wr_id=287

교촌교 》 최씨 고택 》 교동법주 》 요석궁

경주 교촌교 옆 최씨 고택은 최치원의 17대손 최진립(1568~1636)이 터전을 이룬 후 9대 진사 12대 이어온 만석꾼 집안이다. 실제로 구한말 영덕 출신 의병장 신돌석, 면암 최익현 선생과 의병 수백 명, 육당 최남선 등이 이 댁 사랑채에 머물렀다. 해방 이후 영남대 전신인 대구대학 설립에 전 재산을 기부했다. 원래는 99칸 대저택이었으나 1969년 화재로 사랑채, 행랑, 바깥 변소 등이 소실되었고, 문간채와 고방, 안채, 사당, 뒤주가 남아 있다. 현재의 가옥은 170여 년 전 건축으로, 1971년 중요민속자료 제27호로 지정되었다. 집 안으로 들어서면 오른쪽으로 최씨 집에 전해오는 육훈과 육연이 적힌 판이 있다. 이를 보고 오른쪽 쌀 창고와 안채 구경을 한다. 안채에서 나와 사랑채를 끼고 돌면 사당이 있으니 여기까지 이르면 한 바퀴 돌아본 것이다.

최씨 고택에서 나오면 교동법주와 요석궁에 둘러보자. 교동법주는 최부잣집의 가주(家酒)며, 요석궁은 신라 29대 태종 무열왕의 첫째 딸 요석공주가 살던 곳으로, 과객을 대접하던 최부잣집의 정갈하고 품위 있는 한정식을 맛볼 수 있다. **문의** 경주시청(054-779-6114)

만추의 김유신 장군 묘 가는 길

질풍노도의 10대 반항아, 김유신
경주 김유신 장군 묘

경주

김유신은 수로왕의 12대손이자 금관가야 마지막 왕인 구형왕의 증손으로,
15세에 화랑이 되고 18세에 국선이 되었다. 김춘추를 도와 태종 무열왕이 되게 하고,
삼국 통일의 위업을 완수했다. 화려한 이력을 자랑하는 김유신이지만
멸망한 가야 왕족의 후손으로서 10대에는 문제아였다. 그가 느낀 고뇌와 절망,
젊음의 방황은 어떠했을까? 10대 소년 김유신을 만나본다.
글·사진 | 이동미

마당 한쪽에 쌓인 비단과 보물들, 하인들을 독려하는 아버지 김서현. 유신은 저도 모르게 입술을 깨물었다. '금관가야 왕족의 자손으로, 가락국 시조 수로왕의 11대손으로 왜 그리 멋지게 살지 못하는가? 나라의 처지가 바람 앞의 등불이라면 왕실의 자손으로서 목숨을 걸고 싸워야 하는 것 아닌가? 무슨 미련이 남아 금관가야를 송두리째 들어 신라에 바치고, 또 무엇을 구걸하고자 재물을 바치며 비겁하게 산단 말인가?'

김유신 장군 묘를
뒤쪽에서 본 모습

유신은 아버지 눈을 피해 우마차에서 금붙이를 한 움큼 꺼내 품에 넣고 저잣거리로 나왔다. 지나치는 사람들이 모두 자기를 손가락질하는 것 같았다. "저 녀석이 가야를 팔아먹었단 말이지?" "그러고도 자기들은 잘 먹고 잘 산다면서?"

유신은 저잣거리 왈패들이 모이는 곳으로 들어갔다.

"오늘은 가야를 팔아먹은 내 아버지한테 한 재물을 얻었으니 자 마시자, 마셔버리자."

왁자지껄한 술자리가 계속되고, 유신은 취하고 또 취했다.

유신은 외로웠다. 신라의 귀족들은 멸망한 가야의 세력이라며 업신여기고, 가야인들은 가야를 팔아먹은 사람이라고 김서현 일가를 드러내놓고 적대시했다. 어느 밤에는 가야의 부활을 꿈꾸는 사람들에게 집이 습격당하기도 했다.

집을 나와 이리저리 떠돌아 다녔다. 거리의 부랑자로 산 지도 반년. 이렇게 사는 것도 신물이 난다. 무술 수련을 하고 글공부를 하며 모범생으로 살던 유신에게는 이러한 생활 자체가 '자존'을 잃는 힘겨움이었다. 유신을 믿고 따르던 무리도 그의 변해가는 모습에 하나 둘씩 떠나갔다. 이도저도 아닌 삶. 유신은 모든 걸 버리고 이차돈의 순교 이후 민간인에게 번지기 시작한 불교 종파의 스님이 되어 아버지의 죄를 빌며 살기로 했다.

발길은 어딘가로 향했다. 태화강이 바라보이는 바위 절벽에 앉았다. 강바람이 생각보다 시원했다. 모래밭이 펼쳐진 강변에 사람들의 무리가 보였다. 젊은 화랑을 중심으로 낭도들이 모였고, 붉은 장삼을 걸친 늙은 승려가 있었다.

"열치매 나토얀 달이 / 구룸 조초 떠가는 안디하 / 새파랄 나리여해 / 기랑(耆郎)애 즈지 이슈라 / 일로 나리ㅅ 재벽해 / 낭(郎)애 디니다샤온 / 마자매 갓할 좇누아져 / 아으, 잣ㅅ 가지 노파 / 서리 몯누올 화반(花判)이여…."

늙은 승려가 향가를 부르자 젊은이들이 노래를 따라 부르며 춤을 추었다. 정해진 형식이 있는 춤이 아니라 자연과 노랫가락에 몸을 맡기는 춤이었다. 분위기가 고조되면서 그들은 무아지경에 이르렀다. 서로 하나 되어 무엇이라도 할 수 있는 오묘하고도 응집된 기운이 뿜어져 나왔다. 그 기운이 얼마나 강한지 한참이나 떨어져 있는 유신에게도 그대로 전달되었다. 무엇이라도 이룰 수 있을 것 같은 강렬함, 온몸이 빨려들 것 같은 흡인력…. 순간 유신은 생소한 전율을 느꼈다. 이것이 도대체 무엇이란 말인가?

해가 저물자 무리는 흩어졌고, 유신은 향가를 읊던 승려를 따라갔다. 행색이 초라한 유신은 선뜻 나서지 못하고 뒤쫓기만 했다. 주막에 들어 요기를 하던 승려가 유신을 불렀다.

"누군데 나를 뒤쫓느냐. 그렇게 숨어 있지 말고 앞으로 나오너라."

승려는 차마 입을 떼지 못하는 유신을 보고 부드러운 음성으로 다독였다.

"젊은 사람이 왜 세상을 고통으로만 보느냐. 무슨 고민이 있는 게로구나. 얘기해 보거라."

승려는 향가 〈찬기파랑가(讚耆婆郎歌)〉를 지은 충담사(忠談師)다.

자신은 가야출신 장군 김서현의 아들 유신이며, 나라를 팔아먹은 아비를 용서할 수 없다. 자신을 향해 손가락질하는 가야인들의 시선이 두렵고, 어떻게 살아야 할지 모르겠다. 모든 것을 떨쳐버리고 불교에 귀의할까 생각하다 태화강변에서 승려와 무리를 보았고, 알 수 없는 힘에 이끌려 따라왔노라고 속사정을 털어놓았다.
충담사는 가만히 유신의 얼굴을 들여다보다가 확신에 찬 눈빛으로 말했다.
"너의 얼굴은 중이 될 상이 아니다. 너는 세상의 큰 뜻을 이룰 귀한 인재니라. 그러니 신라의 화랑이 되어라. 혹 나의 도움이 필요하면 찾아오너라."

비가 오거나 물이 닿으면 나타나는 신비한 글자

유신은 터덜터덜 아비의 집으로 갔다. 밤이 깊어 하인들은 잠들었고, 아버지 김서현 장군과 어머니 만명부인의 방에서는 불빛이 흘러나왔다.
"부인, 유신이가 태어나던 날이 생각나시오?"
"그럼요. 하늘이 눈부시게 파란 가을밤, 당신이 태수였던 만노군에서 낳았잖아요. 그때 꾼 꿈도 생생해요. 금빛 갑옷을 입은 아이가 하늘에서 구름을 타고 내려와 제 품에 안겼답니다."
"그랬지, 나는 화성과 토성이 안마당으로 떨어지는 꿈을 꾸었다오."
"그 애는 다른 아이들과 달리 스무 달 만에 나왔고, 등에는 검은 점 일곱 개가 북두칠성 모양으로 있어 일월성 일곱 별의 정기를 타고났다며 모두 기뻐했지요."
"그런데 유신은 지금 어디서 무얼 하고 있는지…."
유신은 그 길로 다시 충담사를 찾아갔다. 자신이 할 대업이 무엇인지 궁금해서 참을 수가 없었다. 충담은 유신이 가야에서 났지만, 신라의 힘을 빌려 가야나 신라보다 큰 나라를 이룰 것이라고 말했다. 백제와 고구려를 아우르는 큰 나라를 이룰 것이니 가야니 신라니 작은 것에 연연하지 말고 큰 뜻을 품으라고 했다. 유신에게 힘을 실어주고 새로운 세상을 열 여왕이 등극할 것이니 준비하라고도 했다. 신라의 여왕? 김유신은 자신이 그렇게 큰일을 할 수 있을지, 이 나라에서 여자가 왕이 될 수 있을지 모든 것이 의아스러웠다. 하지만 그렇게 해보고 싶고, 되고 싶은 욕망이 가슴속 깊은 곳에서 꿈틀거렸다. 태화강변에서 본 화랑과 낭도의 모습이 떠올랐다.
다음날 유신은 서라벌 시내를 거닐다가 자신을 따르던 가야 출신 청년들을 보았다. 대장을 잃고 방황하는 군사들처럼 허송세월하고 있었다.

갑자기 치열하게 살아야겠다는 의욕이 솟아올랐다. 유신은 흩어진 수하들을 모으고, 충담사를 찾아가 도움을 청했다. 경치 좋은 산천을 찾아다니며 심신을 정히 하고 무술을 연마했다. 작정을 하고 1년을 다녔다. 신라의 진골이니 화랑이 될 자격은 충분했다. 자신이 거느리는 낭도를 용화향도라 이름 지었다.

예전의 눈빛이 돌아왔고, 부모님을 뵐 용기도 났다. 머리에 깃을 꽂은 모자를 쓰고 활통을 멘 화랑 유신은 늠름해 보였다. 1년 반 만에 돌아온 서라벌과 부모의 집, 일부러 귀를 닫고 있던 서라벌의 정치판… 모든 게 어색했지만 겁나지는 않았다. 유신이 돌아왔다는 소식에 김서현 장군과 만명부인은 버선발로 뛰어나왔다. 그리고 더욱 장성하고 강건해진 아들에게 서라벌의 소식을 전해주었다.

"유신아, 신라에 더는 성골 남자가 없어 진평왕과 마야부인의 맏딸 덕만공주가 왕위에 오르기로 했단다. 신라 최초로 여왕이 탄생한다는구나. 그 여왕의 포부는 삼국을 통일해 하나로 만드는 것이란다."

순간 유신의 두 손은 불끈 쥐어졌고, 가슴은 심하게 요동치기 시작했다.

 참고 문헌과 자료 출처
《한국생활사박물관 05(신라생활관)》, 한국생활사박물관 편찬위원회, 사계절, 32~33쪽
네이버 백과사전 http://100.naver.com/100.nhn?docid=31860

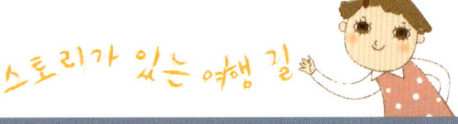

매표소 》 삼문 》 김유신 장군 묘 》 두 개의 비석 》 숭무전

김유신은 삼국 통일을 이룩한 신라의 장군으로, 흥무대왕에 추봉되었다. 송화산 줄기에 자리한 김유신 장군의 묘에 가려면 중앙의 신문과 좌우의 협문으로 된 삼문을 지나야 한다. 정문은 영혼이 사용하는 문이고, 사람들은 협문만 사용한다. '흥무문'이라는 현판이 달려 있는데, 이는 김유신이 흥무대왕으로 추봉되었기 때문이다.

솔숲을 따라 안으로 들어가면 멀리 송화산 줄기가 남쪽으로 뻗은 옥녀봉이 보이고, 그 앞자락에 태대각간 김유신의 묘가 있다. 지름 18m, 둘레 50m, 높이 5.3m에 이르는 원형 봉토분이다. 묘를 지키는 호석(護石) 24장을 둘렀는데, 십이지신상이 조각되었다. 머리 부분은 동물 모양이고 몸은 사람 모양이며, 모두 무기를 잡고 서 있다.

묘의 양옆에는 신도비가 있다. 서편 비는 1710년에 경주부윤이 세웠다고 하며, '新羅太大角干 金庾信墓(신라태대각간 김유신묘)'라 새겨져 있다. 동편 비는 1934년에 세운 것으로 '開國公純忠壯烈興武王陵(개국공순충장렬흥무왕릉)'이라 새겨졌으며, 김유신 장군 묘를 '흥무왕릉'으로 칭한다. 대부분 김유신 장군 묘만 보고 오는데, 아래쪽에 흥무대왕의 위패를 모신 숭무전도 들러보자. **문의** 김유신장군묘관리사무소(054-749-6713)

여행 정보

국립경주박물관

| 국립경주박물관 |
경주 일대에서 출토된 유물 10만 점 소장, 2천500여 점을 상설 전시한다. 박물관 정원에는 에밀레종으로 알려진 성덕대왕신종과 석탑, 석불 등 석조물이 있고, 전시실에는 신라 고분에서 출토된 유물과 안압지에서 나온 유물들이 있다. 문의 054-740-7500(gyeongju.museum.go.kr)

| 경주 시내 도보 코스 |
국립경주박물관에서 시작해 안압지-반월성-석빙고-첨성대-계림-내물왕릉-대릉원(천마총)으로 이어지는 코스는 천천히 걸으며 돌아보기 알맞다. 안압지로 잘 알려진 임해전은 신라 별궁인 동궁 건물로, 귀빈 접대나 연회장으로 이용됐다. 길 건너편에 반월성과 석빙고가 보이고, 신라 27대 선덕여왕(재위 632~647) 때부터 자리한 첨성대가 있다. 소나무가 멋들어진 계림과 내물왕릉을 구경하고 대릉원으로 이동하면 안쪽에 천마총이 보인다.

선덕여왕릉

| 선덕여왕릉 |
경주시 보문동에 있는 선덕여왕릉은 사적 제182호로, 사천왕사 위 낭산에 자리한다. 아들이 없던 진평왕의 큰딸로 태어나 신라 최초의 여왕이 되었다. 재위 16년간 분황사와 첨성대, 황룡사 구층목탑을 세웠고, 김춘추와 김유신을 거느리고 삼국 통일의 기초를 닦았다. 능은 둘레 73m 정도인 원형 봉토분이며, 자연석을 이용해 봉분 아래 2단 보호석을 쌓은 것이 특징이다.

신라밀레니엄파크

| 신라밀레니엄파크 |
보문단지 내 신라를 주제로 한 복합 체험형 역사 테마 파크로, 지상·수상 무대를 갖춘 주공연장과 석빙고, 족욕장 등이 있다. 신라 건축물을 복원하여 조성한 신라마을, 화랑의 무예 훈련을 재현하는 화랑공연장이 있다. 숙박 시설로 전통 양식의 호텔 라궁이 있다.
문의 054-778-2000(www.smpark.co.kr)

보문단지

| 보문단지 |
아름다운 보문호를 중심으로 조성된 종합 관광 휴양지다. 경주현대호텔, 조선호텔, 힐튼호텔과 더불어 경주월드, 63홀 골프장, 신라밀레니엄파크 등 다양한 시설이 들어섰다. 보문호 산책로는 가족과 연인들에게 인기 있으며, 자전거를 빌려 타고 돌아보기에 적당하다.

1 day

10:00~12:00 경주 시내 유적 뚜벅이 여행
13:00~14:00 경주 최부잣집
15:00~17:00 신라밀레니엄파크
18:00~19:00 저녁식사

09:00~10:00 국립경주박물관
12:00~13:00 점심식사(대릉원 인근 쌈밥집)
14:00~15:00 선덕여왕릉
17:00~18:00 보문단지 산책 혹은 호숫가 휴식

여행 정보

첨성대

| 포석정지 |
경주 남산 서쪽 기슭에 자리한 포석정은 전복 모양으로 생긴 유상곡수에 술잔을 띄워 놓고 시를 읊으며 연회를 하던 장소로 추정된다. 좌우로 꺾어지거나 굽이치게 한 구조 때문에 22m 물길의 흐름이 오묘하다. 신라 헌강왕 때 포석정에 대한 기록이 처음 남았으나, 언제 만들어졌는지 확실하지 않다. 1963년 사적 제1호로 지정되었다.

| 경주 남산 트레킹 |
경주 남쪽에 자리한 남산은 34개 골짜기 곳곳에 절터 112곳과 석불 80기, 석탑 61기 등 불교문화 유적이 널려 있다. 규모는 작지만 볼 것이 많아 남산에 오르는 방법이 수십 가지에 이르며, 제대로 보려면 2박 3일도 모자란다. 보편적인 코스로 '삼릉 코스'가 있는데 삼릉골로 올라 삼릉－석불좌상－선각육존불－선각여래좌상－선각마애불－상선암(선각보살상)－마애석가여래좌상－소석불－상사바위－금오산－작은 냉골－경애왕릉－삼릉으로 내려온다.

| 경주 시내 |
경주는 '천 년 고도'로 불리는 역사의 도시다. 경주 지방의 사로국에서 발전해 4세기 후반 나라의 기틀이 잡혔고, 6세기 초부터 발전을 거듭해 진흥왕 때 비약적으로 영토를 넓혔다. 삼국 통일을 이루고 통일신라시대를 맞아 불교문화를 꽃피웠으며, 935년 말 고려에 합병되었다. 한 나라의 흥망성쇠를 머리에 담고 경주시의 모습을 돌아보자.

골굴사

| 신라역사과학관 |
경주를 찾는 이들에게 우리 문화재의 과학적 뿌리를 알리고자 1988년에 문을 연 사설 박물관이다. 지하 1층 지상 2층 규모로 석굴암의 생성 원리를 모형으로 재조명했고, 오대산 상원사 동종의 실물 모형과 종의 주조 과정, 백제 장인들의 조각 예술과 세종 때의 과학 문화재 원리를 이해하기 쉽게 전시해놓았다. 석굴암과 불국사를 방문하기 전에 들르면 좋다. 문의 054-745-4998(www.sasm.or.kr)

| 불국사, 석굴암 |
토함산 기슭에 있는 불국사는 1995년 세계문화유산 목록에 등록되었다. 《삼국유사》에 따르면 경덕왕 10년 김대성이 전세의 부모를 위하여 석굴암을, 현세의 부모를 위하여 불국사를 창건했다고 한다. 다보탑, 석가탑, 청운교, 백운교가 특히 아름답다. 석굴암 역시 유네스코 세계문화유산으로 지정되었다.
문의 불국사(054-746-9913, www.bulguksa.or.kr), 석굴암(054-746-9933, www.sukgulam.org)

감포항

2 day

08:00~09:00
아침식사(팔우정 해장국)

09:00~10:00
포석정지

10:00~15:00
경주 남산 트레킹,
점심식사(칼국수)

15:00~16:00
김유신 장군 묘

16:00~17:00
경주 시내 구경

17:00~
저녁식사, 경주 온천 즐기기

3 day

08:00~09:00
아침식사

09:00~10:00
신라역사과학관

신라역사과학관

불국사

| 골굴사 |

경주에서 동해안으로 20km 거리에 있는 골굴사는 6세기 무렵 신라시대 서역에서 온 광유성인 일행이 12개 석굴로 가람을 조성해 법당과 요사로 사용해온 인공 석굴사원이다. 맨 꼭대기에 마애여래좌상은 보물 제581호로 지정되었다. 무예를 통해 마음을 다스리는 선무도 수행 도량이기도 하다. 문의 054-744-1689(www.golgulsa.com)

| 감포 인근 31번 국도 |

경주는 내륙이라 바다가 없다고 생각하기 쉬운데, 4번 국도를 따라가면 전촌 바닷가가 나온다. 이어 왼쪽으로 복국이 맛있는 감포항이, 오른쪽으로 이견대와 대왕암이 있는 봉길해수욕장이 있다. 한적한 바닷가를 따라 드라이브를 즐기거나 차를 세우고 바닷가에서 휴식 시간을 보내기에 좋다.

| 감은사지, 이견대, 대왕암, 봉길해수욕장 |

경주 동쪽 31번 국도 옆으로 "나 죽어 동해의 용이 되리라" 한 문무대왕과 관련된 장소들이 많다. 봉길해수욕장에서 대왕암이 보이고, 용이 된 문무대왕을 보았다는 이견대가 있다. 우아하고 장엄한 감은사지는 문무대왕의 아들 신문왕이 완성해 아버지의 명복을 빌며 금당 밑으로 용이 드나드는 공간을 만들어놓았다는 곳이다.

● 맛집

경주 시내에는 대릉원 주차장 주변에 전통경주할매쌈밥(054-743-0966) 등 쌈밥집이 있고, 남산 자락에는 삼릉고향칼국수(054-745-1038)가 유명하다. 요석궁(054-772-3347)에서는 고급 한정식을 맛볼 수 있다.

● 숙박

보문관광단지에 호텔현대(054-748-2233)와 경주힐튼호텔(054-745-7788) 등이 있고, 대릉원 주변에 현대식으로 지어진 모텔이 많다.

● 찾아가는 길

경부고속도로 경주 IC에서 나와 35번 국도를 타고 직진하다가 7번 국도와 만나면 좌회전, 700m 거리에서 월성교 방향으로 좌회전하면 왼쪽에 국립경주박물관이 보인다.

10:00~12:00 불국사, 석굴암
12:00~13:00 점심식사(불국사와 석굴암 인근 식당)
13:00~15:00 골굴사
15:00~16:00 감포 인근 31번 국도 해안 드라이브
16:00~18:00 감은사지, 이견대, 대왕암, 봉길해수욕장

창포말등대에서 바다를 바라보는 사람들

연인들의 일출 순례지

영덕 창포말등대와 강구항

영덕

영덕 해맞이공원 창포말등대가 연인과 가족들의 해맞이 코스로 인기를 모으고 있다.
야생화 2만여 종과 꽃나무. 언덕 절벽 길을 따라 난 나무 산책로, 뒤편 언덕 풍력발전소의
풍차가 그림 같은 풍광을 자랑한다. 무엇보다 드넓은 동해가 답답한 마음을 시원하게 만든다.
마음속 묵은 찌꺼기까지 날려버리는 그곳에서 사랑이 시작된다.

글·사진 | 김연미

"혜영아, 일어나. 다 왔어."
선우의 목소리가 꿈결에 들려왔다. 불현듯 눈을 떠보니 눈앞에 푸른 바다가 일렁인다. 혜영은 잠시 여기가 어딘가 어리둥절하다가 눈앞의 등대와 바다를 보고 다 왔음을 깨달았다. 아침부터 운전을 한 선우는 차에서 내려 바다를 보며 스트레칭을 했다. 왠지 미안한 생각이 들었다. 운전하는 내내 잠만 자다니. '그러고 보면 선우는 참 무뚝뚝한 남자친구였어.' 과거 시제를 쓰면서 묘한 기분이 들었다. 이별 여행이라지만 아직 헤어진 건 아닌데, 어느새 마음의 준비를 했나.
"미안해, 깜빡 잠들었네."
선우는 바다만 바라보았다. 아무 일 없다는 듯 무표정한 얼굴에 혜영은 갑자기 화가 난다. '그래, 끝까지 폼 잡겠다 이거지?' 헤어지자고 한 건 혜영이다. 벌써 10년이다. 동갑내기 캠퍼스 커플로 만나서 사랑하며 다투다 보니 서른이 넘었다. 오래된 연인이 그렇듯 둘 사이는 30년은 산 부부같이 미적지근했다.
'내 인생에 뭔가 새로운 전기가 필요해.' 혜영은 언제부터인가 겉돌기만 하는 선우와 관계를 끝내자는 결심을 했다. 혼기를 훌쩍 넘겼는데도 선우는 결혼에 뜻이 없는 듯했다. 아니, 결혼 이야기만 나오면 말을 피하더니 요즘은 무덤덤하기만 하다. '그는 결혼할 생각이 없는 거야.'
"그래, 네가 원한다면 그러자. 근데 우리 이별 여행 안 갈래?"

선우는 기다렸다는 듯 이별 여행을 가자고 했다. 좀 생각이라도 했으면 모를까, 바로 이별 여행을 들먹이다니. 묘한 자존심과 오기로 혜영도 터무니없는 여행에 동의했고, 결국 바닷가 언덕에 나란히 섰다.
"춥다. 난 들어갈래."
혜영이 차로 들어갔다. 바다를 보고 있지만 선우는 아무런 생각도, 감흥도 일지 않았다. 혜영이 헤어지자고 했을 때 왜 이 등대가 떠올랐을까. 며칠 전 인터넷 서핑을 하다 본 사진 때문일 것이다. 바닷가 언덕에 서서 황금빛 태양을 맞이하는 하얀 등대와 빨간 지붕. 혜영과 함께 그 자리에서 해를 맞이하고 싶다는 생각을 했다.
그런데 그녀가 이별을 통보했다. 왜? 언제부턴가 혜영은 뾰족해져서 작은 일에도 짜증을 냈다. 선우는 어느새 그 짜증마저 익숙하게 받아들이는 자신을 보았다. 그 모습은 부모님이 이혼할 당시 모습이기도 했다. 아버지가 떠난 자리는 한창 나이의 선우에게 깊은 상처를 남겼다. '사랑은 유효기간 2년짜리 호르몬의 작용일 뿐이야.' 작은 일에도 기뻐하고 설레어하던 그녀는 어디론가 사라지고, 사사건건 잔소리하는 여자만 남았다.
"밥부터 먹자."
바닷가 절벽 언덕에는 수많은 들꽃과 꽃나무들이 무리지어 있고, 절벽을 가로질러 나무로 만든 산책로가 있다. 뒤로 거대한 풍차가 돌아가는 모습이 그림엽서의

창포말등대 전경

풍경처럼 아름다웠다. 그러나 각자의 상처로 쓰린 마음에는 이를 담을 공간이 없었다.
선우는 강구항 쪽으로 차를 몰았다. 오십천을 따라 즐비한 식당가에는 영덕대게라고 쓰인 간판이 곳곳에 붙어 있었다.
"등대 다녀오셨나 보네요? 요즘 창포말등대 찾는 젊은이들이 많아요."
주인아주머니가 말을 걸었다.
"아, 예…."

등대 입구에 서 있는 대게 집게 조형물

선우는 건성으로 대답하고 말을 끊었다. 허영만 화백이 《식객》에서 '영덕대게' 편을 다룰 때 도움을 주었다는 어부가 운영하는 식당이다.
"지금은 대게가 안 나요. 대신 북한산이나 칠레산을 쓰는데 장을 보면 알 수 있죠. 우리 앞바다에서 나는 대게는 황금빛을 띠는 황장이에요. 우리와 바다가 비슷한 칠레산 대게는 녹색을 띠는 녹장이죠. 사실 녹장만 해도 맛있는 겁니다. 러시아산 대게는 시꺼먼 흑장이죠. 장 빛깔이 다른 건 대게들이 먹는 플랑크톤 때문이에요. 어디 가서 장이 시꺼먼데 영덕대게라고 하면 혼내주세요. 하하."
영덕대게는 12월 말부터 5월까지 잡으니 그때 다시 오라며 주인아저씨가 시원하게 웃는다. '우리에겐 이제 함께 보낼 겨울이 없는데. 어디서부터 잘못된 것일까.'
"선우야, 그만 하고 밥 먹어야지!"
갑자기 선우를 부르는 소리에 혜영과 선우는 자신들도 모르게 옆을 돌아봤다. 언제 들어왔는지 옆자리에 한 가족이 앉아 있었다. 어린 딸은 엄마 무릎에 앉아서 오물오물 밥을 잘 먹는데, 대여섯 살 아들이 식탁 주위를 뛰어다니며 부산을 떤다. 아빠가 뛰어다니는 아들을 붙잡아 무릎에 앉히고는 생선회를 한 점 집어 입에 넣어준다. 아들은 몸부림치며 빠져나와 또 뛴다. 녀석 이름이 선우인가 보다. 저 아빠는 가족을 데리고 여행을 오기 위해 적잖은 수고를 했을 것이다. 선우는 오랫동안 보지 못한 아버지가 떠올랐다.
아빠가 연신 "선우야!" 하며 장난꾸러기 아들을 부르는데, 그때마다 선우가 겸연쩍어하는 모습에 어느 순간 혜영은 절로 웃음이 터졌다. 오랜만에 보는 혜영의 웃

장사해수욕장에
노을이 내린다.

음이다. 맑은 혜영의 웃음에 선우는 가슴 한구석에 뭉쳤던 응어리가 스르르 풀어지는 느낌이다.

다음날, 강구항의 새벽은 부산스러웠다. 새벽빛을 타고 들어온 어선 그물에서 풀려난 생선들이 수조에서 펄떡펄떡 뛰어올랐다. 새벽빛이 그 비늘에 부딪혀 번뜩이며 사방으로 흩어졌다. 선우는 강구항을 지나 해맞이공원 쪽으로 차를 돌렸다. 창포말등대는 새벽 어스름 빛에 더욱 하얗게 빛났다. 이윽고 해가 떠오르고 바다는 붉은빛에서 시작하여 황금빛으로 물들기 시작했다. 해에서 바다로 길게 뻗은 황금빛 길을 타고 어느 순간 어선 한 척이 강구항으로 가는 모습이 보였다. 어선 뒤로 갈매기가 무리지어 따르는데, 이따금 어부들이 던져주는 물고기를 받아먹는 듯했다.

"평화로워 보여. 〈만종〉 같아, 밀레의 〈만종〉."

혜영은 풍광에 취해 독백을 하듯 중얼거렸다. 그렇구나. 이른 아침에 보는 만종. 육지에서 고단한 하루를 마치고 기도하는 부부의 모습이 새벽일을 마치고 돌아오는 어부들의 모습에 겹쳐진다. 저 어부들의 아낙은 항구에서 남편을 기다리고 있을 것이다. 남편이 잡아 온 고기를 파는 아낙네들의 얼굴에 다시 그들이 애써 키운 자녀들의 모습이 겹쳐진다.

문득 선우의 눈에 저 멀리 붙어 있는 〈그대 그리고 나〉 홍보판이 들어왔다. 강구항에서 촬영한 인기 드라마라는데 선우는 한 편도 보지 못했다. 그러나 홍보판에서 미소 짓는 최불암씨의 얼굴만으로도 어떤 드라마였을지 짐작이 간다. 묵묵히 자리를 지키며 가족을 이끄는 아버지. 내게도 그런 호칭이 붙을 날이 올까?

선우는 혜영을 돌아봤다. 황금빛 바다의 풍경에 빠진 혜영의 얼굴이 환하게 빛났다. 선우는 슬그머니 혜영의 손을 잡았다. 흠칫 놀란 혜영이 돌아보자, 선우는 태양빛을 받아 붉게 타오르는 그녀의 입술에 입을 맞췄다. 잠시 몸부림치던 혜영이 어느 순간 스르르 선우에게 기댄다.

'그래, 이별 여행이란 건 애초에 없었던 거야. 훗날 우리 다시 오자. 꼭 영덕대게 나는 겨울에, 아이들 손잡고.'

 참고 문헌과 자료 출처
영덕군청 영덕문화관광 홈페이지 www.yd.go.kr/open_content/life/tour/snow_crab/

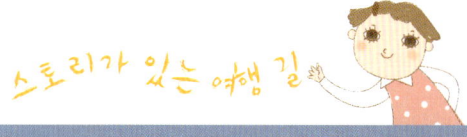

강구항 》 창포말등대 》 해맞이공원

강구항에서 해안도로를 타고 창포말등대부터 해맞이공원까지 가는 길은 연인과 가족들이 찾는 아름다운 곳이다. 새해가 시작되면 정동진이나 호미곶 등지에서 일출을 맞으려는 사람이 많은데, 최근에는 강구항이나 영덕 해맞이공원을 찾는 이들이 부쩍 늘고 있다.

1997년 산불이 나 황폐해진 해안 언덕을 야생화와 향토 수종 꽃나무 등을 심어 조경을 하고, 1천500개가 넘는 나무계단으로 산책로를 만든 공원이다. 야생화 2만3천여 종과 꽃나무 900여 그루, 절벽과 꽃밭을 가로지르는 나무계단 길, 언덕에 우뚝 선 창포말등대까지 한 폭의 그림 같다. 특히 공원 뒤쪽 창포리 언덕에 영덕 풍력발전소의 풍력발전기가 운치를 더한다. 영덕 해안가를 잇는 해안도로에 있어 해안 드라이브 코스와 맞물려 인기를 모은다. 겨울철 별미 영덕대게가 한창일 때는 경치와 맛이 어우러진 곳이라는 점에서 해맞이 관광객을 유혹한다.

대게는 기다란 발이 대나무 같다고 해서 붙은 이름이다. 고려 태조 왕건이 이곳을 순시할 때 특별한 음식으로 올렸다고 한다. 조선 초 수라상에 대게가 올랐는데, 대게를 먹는 임금의 자태가 근엄하지 못하고 대게 모양이 흉측해서 다시는 올리지 않았다고 한다. 그러나 대게의 특별한 맛을 잊지 못한 임금이 다시 찾아오라 명했고, 신하는 영덕 축산면 죽도까지 와서 어부가 잡은 게를 보니 그 모습이 같아 이름을 물어봤다. 어부가 대답을 못하자 크고 이상한 벌레라는 뜻으로 '언기'라고 이름 지었는데, 나중에 '죽해(竹蟹)'라고 불렀다. 영덕 차유마을은 대게를 처음 잡기 시작한 곳으로 알려졌다.

대게의 집산지로 유명한 곳이 영덕 강구항이다. 새벽 일찍 열리는 수산물 경매장에서 삶의 생생한 열기를 느낄 수 있다. 작은 항구지만 그만큼 현지 어민들의 삶을 가까이서 볼 수 있어 정겹다. 영덕의 명물 대게를 잡은 어선들이 직접 운영하는 식당들이 모인 대게거리가 있으며, 삼사해상공원과 해맞이공원 등 관광 명소가 근처에 있어 영덕 여행의 중심점이다.

영덕은 드라마 〈그대 그리고 나〉 촬영지다. 강구항과 대진항, 오포해수욕장과 오포등대, 강구다리, 어시장과 삼사해상공원, 장사해수욕장 등 곳곳에 드라마 촬영의 흔적이 있다. 기억을 더듬어 여행을 즐기다 보면 어느새 영덕의 명소는 거의 다 둘러보는 셈이다. **문의** 영덕군청 문화관광과 (054-730-6394~5)

여행 정보

| 괴시마을 |

영해면에서 1km 정도 가면 고려 말의 대학자 목은 이색이 태어난 괴시마을이 있다. 조선시대 전통 가옥이 즐비한 영양 남씨의 집성촌이다. 동해로 흘러가는 송천 주위에 늪이 많고, 마을 북쪽에도 도랑이 있어 옛날에는 도랑 '濠' 자와 연못 '池' 자를 써서 '호지촌'이라 불렀다. 괴시촌이라는 이름은 목은 선생이 중국 구양박사방의 괴시마을과 고향 호지촌이 비슷해 붙인 것이다. 망일봉을 끼고 영해평야를 바라보는 마을은 기와 토담 골목길을 중심으로 200~300년 된 고택들이 서남향으로 첩첩이 자리 잡아 조상의 생활과 멋을 자연스럽게 접할 수 있다. 목은문화제가 격년으로 열린다.

| 축산항, 죽도산, 죽도등대 |

송천이 바다와 만나는 곳에 작은 항구가 있다. 절벽과 죽도산 사이에 숨어 있듯 들어선 아늑한 마을과 항구다. 바닷바람을 막아주는 산이 죽도산이다. 산에 시누대가 많아 죽도산이라 부르는데, 등대가 하나 있다. 매년 4월이면 물가자미축제가 열린다. 옛날에는 겨울에 청어가 많이 잡혀 과메기를 만들었는데, 요즘은 대게잡이 배로 붐빈다. 7번 국도에서 상당히 떨어진 곳이라 한적한 어항의 모습이 남아 있는데, 점차 찾는 이들이 늘고 있다.

괴시마을의 오래된 고택

| 강축해안도로 드라이브, 차유마을 |

강축해안도로는 최남단 남정에서 북단 병곡까지 53km에 이른다. 특히 축산항에서 강구항에 이르는 20번 지방도 26km는 작은 어촌과 해안 절벽, 해변 등이 숨어 있어 동해의 절경을 만끽할 수 있는 절정의 드라이브 코스다. 낚시꾼이라면 마음에 드는 곳에 차를 세우고 한나절 낚시를 즐겨도 좋다.
죽도산을 끼고 있는 축산항과 해맞이공원 가운데 차유마을이 있다. '대게 원조 마을'이라는 비석이 하나 있을 뿐 작고 평범한 어촌이지만, 마을의 유래는 깊다. 기록에 따르면 고려 때 영해부사가 이곳을 지나다가 마을 형상이 소의 등에 얹는 안장과 같다고 해서 차유마을이란 이름을 지었다고 한다.

강축해안도로의 풍경

| 삼사해상공원 |

강구항 맞은편에 있는 삼사해상공원은 가족 단위로 찾기에 알맞은 공원이다. 청정 동해를 한눈에 바라보는 언덕에 있는데, 주변 경관과 어우러져 한나절 쉬어 가기에 안성맞춤. 이북5도민의 염원을 담은 망향탑과 경북 개도 100주년 기념 사업으로 세운 경북대종, 공연장과 폭포 등이 있으며, 편의시설이 잘 갖춰졌다. 매년 1월 1일 해맞이축제가 열린다. 공원에 어촌민속전시관이 있는데, 영덕대게와 어촌의 역사를 한눈에 볼 수 있는 어업의 산 교육장이다. 전통 어구와 어선 제작 과정, 해저 지형, 항구 체험, 영덕 어촌 100년사 등 자녀들의 체험 학습 자료가 풍부하다.

삼사해상공원 조형물

1 day

| 09:00~11:00 | 11:00~12:00 | 12:00~13:00 | 13:00~15:00 | 15:00~17:00 | 17:00~18:00 | 18:00~19:00 | 06:00~07:00 |
| 괴시마을 | 축산항, 죽도산, 죽도등대 | 점심식사(축산항 횟집타운) | 강축해안도로 드라이브, 차유마을 | 해맞이공원, 창포말등대 | 삼사해상공원 산책 | 저녁식사(강구항 대게거리) | 강구항 일출 |

2 day

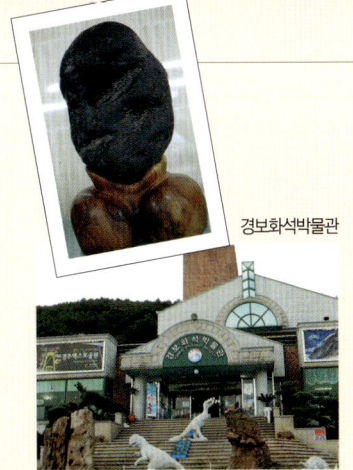
경보화석박물관

| 경보화석박물관 |

국내 최초의 화석박물관으로 1996년에 개관했다. 세계 20여 개국에서 모은 화석 2천여 점이 시대별·지역별·분류별로 전시되었다. 시대를 대표하는 표준화석과 환경을 나타내는 시상화석 등 다양한 화석을 살피다 보면 생물사와 지구사를 골고루 이해할 수 있다. 제1전시관은 5억7천만 년 전부터 2억4천500만 년 전까지 고생대와 6천640만 년 전까지 중생대, 오늘날에 이르는 신생대 화석이 전시되었다. 제2전시관에는 식물화석 테마관이 있으며, 특별전시관에는 세계 24개국 지폐가 전시되어 눈길을 끈다. 동해가 내려다보이는 야외전시관도 있다. 관람 시간은 오전 9시~오후 7시(공휴일 8시, 연중무휴), 관람료 어른 4천원, 어린이 2천원.
문의 054-732-8655

| 오십천 드라이브, 옥계계곡 |

외지인은 강축해안도로를 찾지만, 영덕을 잘 아는 사람들은 영덕읍에서 옥계계곡까지 가는 오십천 드라이브를 즐긴다. 영덕에서 청송 방향 34번 국도를 타고 가다가 69번 지방도를 따라 옥계계곡으로 가는 16km 구간은 경북 영덕 산수의 진수를 보여주는 아기자기한 길이다. 오십천 강폭이 좁아지는 곳에서 시작하는 옥계계곡은 보는 이의 탄성을 자아낸다. 팔각산과 동대산에서 흘러나오는 물줄기가 만나 이룬 옥계계곡은 맑은 물과 기암괴석이 아름다운 계곡이다. 계곡 물줄기를 따라 도로가 났는데, 중간에 침수정이라는 정자가 있다. 침수정에서 바라보면 기암괴석과 맑은 물이 연출하는 선경을 만끽할 수 있다.

| 장사해수욕장 |

7번 국도 포항과 영덕의 경계인 남정면 장사리에 이르면 바다 쪽으로 우거진 송림을 만난다. 그 뒤에 장사해수욕장이 숨어 있다. 모래알이 굵고 몸에 붙지 않는데다 자갈도 많다. 맨발로 걸으면 자연 발 마사지를 하는 셈이다. 우거진 송림과 오른편에 바다로 툭 튀어나간 갯바위, 국도 건너편과 왼쪽 끝으로 바닷가 마을이 있어 아기자기하면서도 편리한 가족형 해수욕장이다. 송림에는 통나무집도 있다. 성수기에는 텐트비와 주차비를 받는데, 영덕군에서 직접 관리해 비싸지는 않다. 동해안 해수욕장이 대부분 그렇듯 경사가 심해 수심이 금세 깊어지니 주의할 것.

장사해수욕장

● 맛집

남석리에 먹을거리센터가 있다. 대게탕을 맛볼 수 있는 영덕대게이야기(054-733-9297)와 갯방구횟집(054-733-7850), 참가자미로 끓인 미주구리찌개로 유명한 장금이식당(054-734-5350), 은어매운탕과 구이, 튀김이 맛있는 영덕민물매운탕(054-733-9233)이 있다. 오십천을 낀 식당가에는 영덕대게를 전문으로 하는 집들이 많다.

● 숙박

동해비치관광호텔(054-734-5400, www.e-beachhotel.com)과 동해해상관광호텔(054-733-5445), 리베라호텔(054-734-6886, www.samsarivera.com) 등 관광호텔이 있고, 가족 숙소로 삼사오션뷰호텔(054-732-0700, http://samsaoceanviewhotel.co.kr), 달님펜션(054-734-6900, www.darnim.com)이 있다. 가족과 연인이 즐겨 찾는 관광지인 만큼 모텔과 펜션, 민박도 많다.

● 찾아가는 길

중앙고속도로 서안동 IC로 나와서 청송을 거쳐 용추계곡 쪽으로 넘어오는 34번 국도를 이용하거나 동해안 7번 국도를 이용한다. 주요 도시에서 영덕 가는 버스가 있는데, 서울에서 약 4시간 걸린다.

- 08:00~09:00 아침식사(강구항 식당가)
- 09:00~12:00 오십천 드라이브, 옥계계곡
- 12:00~13:00 점심식사(옥계계곡 식당가)
- 13:00~15:00 경보화석박물관
- 15:00~17:00 장사해수욕장
- 17:00~ 귀가

늙은 소나무가 들려준 삶의 지혜
울진 금강소나무

울진 금강소나무는 곧고 재질이 단단해 궁궐을 지을 때 사용되었다.
소광리 금강소나무 숲은 우리나라 최대의 금강소나무 군락지다.
조선시대부터 특별히 관리한 금강소나무 숲은 세계문화유산 등록을 추진 중이다.
쭉쭉 뻗은 금강소나무 사이에 500년 된 노송 한 그루가 있다.
오랜 세월 비바람을 견디며 자리를 지켜온 노송이 들려주는 삶의 지혜에 귀 기울여보자.
글·사진 | 김연미

소광리 금강 소나무 숲의 500살 먹은 소나무

하늘은 파랗고 소나무는 푸르다. 귓가에 살랑거리는 바람에 솔향기가 묻어난다. 그러나 솔숲을 오르는 범준의 발걸음은 무겁기만 하다. 이어폰을 통해 들려오는 비트 강한 음악은 한적한 숲길에 어울리지 않았다. '알 게 뭐야.' 범준은 자신이 왜 이 숲길을 걷고 있는지 이유도 몰랐다. 아빠에게 묻지 않았고 물어볼 생각도 없었다. 새벽에 차를 타고 자다가 내리라고 해서 내렸고, 걷자고 해서 걷는 것뿐이다. '어차피 내일이면 다시 지긋지긋한 일상으로 돌아갈 텐데 아무려면 어때.' 머릿속은 알 수 없는 분노와 짜증으로 가득 차고 가슴은 답답하기만 했다. 이 가을이 지나면 고등학생이 된다.

"고등학교에 가면 정말 열심히 해야 한다. 딱 3년만 참는 거야. 범준아, 3년이다."
범준은 할 수만 있다면 그 3년을 자기 인생에서 빼버리고 싶다. 지금까지 그랬던 것처럼 학교와 학원, 집을 오가는 시계추 같은 생활이 반복될 것이다. '무의미한 시간이야.' 범준은 요리사가 되고 싶다. 초등학교 동창 현정이는 그 꿈을 듣자 깔깔대고 웃었다.

"왜 하필 요리사인데?"
"몰라. 그냥 맛있는 음식을 만들어서 나도 먹고 사람들에게도 주면 좋을 거 같아."
"그래라. 네가 요리하면 맛있게 먹어줄게. 호호호."

금강소나무 숲의 산책로

금강소나무 숲에 핀 야생화

못된 계집애. 현정이는 범준의 꿈을 우습게보는 게 분명하다.

"근데 엄마 아빠가 허락해주겠니?"

가슴이 턱 막혔다. 요즘은 좋은 요리고등학교에 가는 것도 만만치 않다. 무엇보다 아빠가 허락하지 않을 것이다. 범준이 의사가 되는 것이 아빠의 희망이다. 범준은 아빠가 좋다. 실망시키고 싶지 않은데 의사가 되기는 싫다. 그렇다고 요리사가 될 자신도 없다.

문득 커다란 소나무가 눈에 들어왔다. 돌아보니 아무도 없다. 이어폰을 귀에 꽂은 채 앞만 보고 무작정 걸었더니 엄마 아빠보다 한참 앞서 왔나 보다. 커다란 소나무 주변에 난간이 있고, 그 옆에는 안내판이 붙었다.

'보호수, 울진 소광리 금강소나무 숲에서 가장 나이 많은 약 500년생(1982년 조사) 소나무로 조선조 제9대 임금인 성종 시대에 태어난 것으로 추측되며, 이 숲의 역사를 말해주고 있어 특별히 보호하고자 보호수로 지정·관리하고 있습니다.'

높이 25m, 지름 96cm에 이르는 소나무는 무거운 가지를 여럿 달고 축 늘어진 모습이 나이 든 할아버지 같았다.

소나무 앞 벤치에 앉아 하늘을 바라보았다. 하늘은 저렇게 파란데, 숲은 이렇게 싱그러운데…. 파란 하늘을 멍하니 바라보는 범준에게 누군가 말을 건넸다.

"날이 참 좋지? 그런데 너는 무척 우울해 보이는구나. 무슨 근심이 있나 본데 내게 들려주지 않을래? 근심은 나눌수록 작아진단다."

범준은 깜짝 놀라 주변을 돌아봤지만 아무도 없다. 가지 굽은 금강소나무만이 바람에 흔들린다.

"허허, 나무가 말을 하니 놀랐나 보구나. 세상 만물은 모두 말을 한단다. 사람들이 귀 기울이지 않을 뿐이지. 사람들은 알고 보면 참 가엾단다. 가만, 네 이야기 좀 들어볼까?"

나무는 귀를 기울이듯 가지를 모았다. 바람이 살랑거리며 솔가지 사이를 지나갔다. 범준은 소나무가 자기 이야기를 모두 알고 있다는 생각이 들었다.

"그래, 그렇구나…. 바람은 온 세상을 쏘다니며 모든 이야기를 듣지. 이 숲의 바람이 저 멀리 네가 사는 도시의 바람에게 물어봤더니 너는 요리사가 되고 싶어한다는구나. 나는 해보지 못했지만 요리를 한다는 건 무척 즐거운 일 같구나."

범준은 왈칵 눈물이 났다. 아무도 몰라주는 자신의 꿈을 늙은 소나무가 알아준 것이다. 시골에 계신 할아버지도 그럴 것이다. 공부하느라 바쁘다고 1년에 한두 차례밖에 뵙지 못하지만 할아버지는 늘 범준이 편이었다.

"그렇지만 요리를 한다면 사람들이 비웃을 것 같아요. 제가 생각해도 별로 대단한 꿈은 아닌 듯해요."

"세상 모든 존재는 가치가 있고, 제각기 쓰임새가 있단다. 이 숲의 소나무를 사람들은 금강소나무라 부르지. 옛날에는 임금님이 사는 궁을 짓는 데 쓴다고 귀히 여기고 보호했단다. 내 친구들은 모두 궁에 들어가서 기둥이나 마루가 되었지. 그런데 나는 허리가 굽었다고 그냥 두더구나. 친구들처럼 쭉쭉 곧게 뻗었으면 나도 궁궐 어느 구석에 있었겠지? 그런데 아무도 베지 않은 덕에 500년 넘게 살지 않았겠니. 이제는 나이가 들었다고 난간을 두르고 보호수로 대접해준단다. 껄껄. 그런다고 내게 무슨 의미가 있겠느냐마는…. 나는 여기 젊은 금강소나무들 사이에서 숲의 역사를 말해줄 수 있다는 게 뿌듯하구나."

세상 모든 존재는 가치 있고 쓰임새가 있다. 어린 범준 생각에도 왠지 그럴 것만 같았다. '의사는 의사, 요리사는 요리사. 나는 나만의 가치가 있고 할 수 있는 게 있어.' 그렇게 생각하니 갑자기 숲이 환해졌다. 쭉쭉 뻗은 금강소나무의 모습이 자기 자리에서 나름의 생을 즐기는 듯 신나 보였다. 소나무 아래 작은 덤불까지도 바람이 지날 때마다 부석거리며 삶의 기쁨을 누리는 듯 춤을 추었다.

"범준아!"

문득 아빠의 목소리가 들려왔다. MP3의 노래가 다 되었는지 아무 소리도 들리지 않았다. 깜빡 잠이 들었나 보다. 엄마 아빠와 동생이 저만치에서 걸어오고 있었다. 너무나 생생한 꿈에 범준이는 잠에서 깨고도 어리둥절했다. 늙은 소나무를 바라보니 가지를 살랑살랑 흔드는 모습이 미소를 짓는 것 같다.

"피곤했나 보구나. 야, 이 나무 참 크다. 이 숲의 소나무를 뭐라 부르는지 아니?"

"금강소나무요."

아빠는 선뜻 대답하는 범준이 반가운가 보다. 요즘 시큰둥한 모습이 마음에 걸렸는데 웬일인지 표정이 밝아졌다.

"그래, 나무가 붉은빛을 띠어 적송이라고도 하고, 여기서 좀 떨어진 봉화에 있는 춘양역에서 모아졌다가 전국으로 흩어졌다고 춘양목이라고도 부른단다. 가장 정확한 이름은 황장목(黃腸木)인데, 속이 노랗거나 붉은빛을 띤다는 뜻이지."

아빠는 신나서 설명을 계속한다.

"오다가 표석을 봤니? 그게 '황장봉계표석' 인데 옛날에는 궁궐에 쓰이는 귀한 목재를 사람들이 베지 못하도록 표석을 세웠단다. 근데 일제강점기에 일본군들이 마구 베는 바람에 많이 훼손되었지. 해방되고 나서도 아무도 관리하지 않아 마구 도벌되었는데 지금은 이렇게 보호한단다."
'저도 알아요. 소나무가 들려줬어요.'
범준이는 속으로 중얼거리며 늙은 소나무를 바라보았다. 바람이 한 차례 불면서 소나무 가지가 우수수 소곤거리기 시작했다.
'잘 가려무나. 너는 하고 싶은 일을 잘할 거야.'
범준이는 어디선지 모르게 용기가 생겼다. '그래, 하고 싶은 일은 해보는 거야.'
"아빠, 드릴 말씀이 있어요…."

 참고 문헌과 자료 출처

지방산림청 홈페이지 http://south.forest.go.kr/foahome/user.tdf?a=common.HtmlApp&c=1012&page=/html/local/information/pine_040_010.html&mc=LOCAL_INFORMATION_090
조선닷컴 홈페이지 <세계유산 지정 추진 울진 금강송 숲길>
http://san.chosun.com/site/data/html_dir/2009/07/09/2009070902028.html

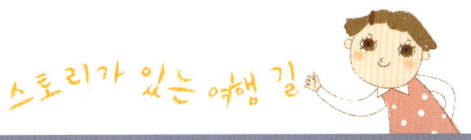
스토리가 있는 여행 길

일반인에게 공개된 탐방로 : 금강송 보호림 입구 주차장 》
500년 된 최고령 대왕소나무 》 전시관 》 공생목

울진 소광리 금강소나무 숲은 국내 최대 금강소나무 자생지다. 면적 2천274ha에 송림 833ha(52%), 활엽수림 472ha(29%), 혼합림 305ha(19%)가 분포되었다. 금강소나무 10만 그루가 산재하며, 수령이 10년부터 520년까지 다양한데 평균 수령 150년에 이른다. 금강소나무 평균 지름은 38cm(6~110cm), 높이 23m(6~35m)에 이른다. 특별히 볼거리를 제공하는 소나무는 수령 500년 된 보호수 두 그루와 수령 350년 된 미인송 한 그루, 소나무와 신갈나무가 붙어서 자라는 공생목 한 그루다. 금강소나무 숲은 최근 민간단체 '울진 금강송 세계유산등록추진위'가 유네스코 세계유산 등록을 추진 중이다.
금강소나무는 잘 썩거나 뒤틀리지 않고 줄기가 곧아서 예부터 궁궐과 관청 등을 짓는 재목으로 많이 사용되었다. 그래서 조선시대에는 황장봉계표석을 내려 사람들의 접근을 금지하고 금강소나무를 보호했다.
일반인에게 공개된 탐방로는 왕복 1시간 30분 정도 소요된다. 주차장에 차를 세우고 50m쯤 오르면 500년 된 최고령 대왕소나무를 볼 수 있다. 대왕소나무 맞은편에는 소나무로 지은 전시관이 있는데, 금강소나무와 일반 소나무를 비교해놓아서 들러볼 만하다. 전시관에서 30분 정도 더 걸으면 공생목이 나온다. 이 지역은 모두 유전자 보호지역이라 나무는 물론, 풀 한 포기도 가져갈 수 없다. **문의** 울진국유림관리소(054-780-3940~2)

관동제일경은 마음에 있다
울진 망양정

조선 중기 숙종은 관동에 경치가 뛰어난 곳이 여덟 군데 있다는
말을 듣고 겸재 정선에게 이를 그리라고 했다.
통천 총석정, 고성 삼일포, 간성 청간정, 양양 낙산사,
강릉 경포대, 삼척 죽서루, 평해 망양정과 월송정.
겸재의 그림을 본 숙종은 망양정에 '관동제일루'라는
편액을 하사했다.
그러나 망양정은 이제 그곳에 없다.
지금의 망양정은 겸재의 화폭과 다르다.
관동제일루는 어디로 사라졌을까?
글·사진 | 김연미

울진

망양정 전경

"숙종이 왜 망양정을 관동제일루로 꼽았는지 알아? 바로 이 그림 때문이야."
김 화백의 설명에 동준은 다시 그림을 보았다. 오랜만에 만나 점심식사를 하고 가까우니 들러보자고 들어온 간송미술관에서 겸재 정선의 〈관동팔경〉을 만났다. 해안 절벽에 걸린 망양정은 금방이라도 바다에 빠질 듯했다. 드넓은 바다가 그림의 주인이고, 정자는 오른쪽 구석에 소박하게 담겼다. 그림에서 어딘가 모르게 신비로움이 흘렀다.
"산수화라지만 느낌을 강조하여 생략과 과장을 담았지. 만년에 들어서며 그런 경향이 더 짙어졌는데, 60대에 그린 총석정과 70대에 그린 총석정을 보면 확연히 알 수 있어. 그런데…"
동준의 귀에는 더 이상 친구의 말이 들어오지 않았다. 망양정을 왜 망향정으로 들었는지 모르겠다. 평생 북녘에 있는 고향을 그리워하던 아버지는 끝내 소원을 풀지 못하고 돌아가셨다. 언젠가 통일이 되면 꼭 고향 뒷산으로 이장해달라는 말과 함께 눈물을 글썽이던 아버지가 겸재의 망양정과 어우러진다.
"김 화백, 우리 저기 한번 가볼까? 망양정. 지금도 있지 않나?"
"좋지, 이번 주말에 당장 가보자구. 멀지도 않아. 가서 보면 겸재가 왜 손꼽히는 화가인지 알 수 있을 거야."
열심히 겸재의 그림을 설명하던 김 화백은 의아해하다가 맞장구쳤다. 그림이라면 소 닭 보듯 하던 친구가 관심을 가져주니 기쁜 모양이었다.

날은 화창했다. 대관령에 생긴 터널 덕인지 생각보다 빨리 도착했다. 김 화백은 온천욕부터 하자며 백암온천단지로 차를 몰았다.
"근데 망양정이라면 지나치지 않았나. 오다가 망양해수욕장을 본 듯한데."
"하하. 눈치 챘구먼. 내가 알아서 데려갈 테니 걱정 말고 오늘은 온천욕이나 하세."
바닷가 절벽에 아슬아슬하게 걸린 정자가 보였다. 그 안에 누군가 있는 듯했다. 하얀 도포를 두른 선비는 겸재였을까, 정철이었을까. 하기야 관동팔경을 찾은 시인 묵객이 어디 한둘이었을까. 새벽 잠결에 이런 저런 몽상을 하는데 김 화백이 깨웠다.

망양정 현판

망양정 정면에서
바라본 바다

"가지. 동해에 왔으면 일출을 봐야 할 게 아닌가."
잠에서 깨어나는 바다는 거대한 몸을 뒤틀며 용틀임을 하고 있었다. 바람결에 소금기가 묻어났다. 망양정에 간다던 김 화백은 한적한 해변 뒤를 따라 바닷가 야트막한 산을 올라가고 있었다. 이렇게 한적한 곳에 있나 하는 의문이 들 때다.
"저기, 저기야. 겸재가 본 망양정. 그리고 겸재의 그림으로 숙종이 본 망양정이 있던 자리가 저기 저쯤이었을 거야."
김 화백이 가리킨 곳은 해안가 절벽일 뿐 정자는 보이지 않았다. 동준이 의아해하며 바라보자 김 화백이 천연덕스럽게 대꾸했다.
"망양정은 이사 갔어."
"이사?"
정자가 이사를 가다니. 동준은 별 황당한 소리를 다 듣는다는 듯 망양정이 있었다는 절벽과 김 화백을 번갈아 바라보았다. 어느새 먼 바다가 붉어지더니 해가 불쑥 솟았다. 하늘이 온통 붉게 타오르는 듯했다.
"대단하네. 동해에 자주 오지만 이런 일출은 처음이야."
김 화백은 여전히 딴전을 부렸다.
"자네가 실망할까 봐 여기부터 온 거야. 원래 망양정은 저 자리에 있었는데 철종 때 저쪽으로, 그러니까 어제 우리가 오다 본 망양해수욕장이 보이는 언덕으로 옮겨졌어. 그런데 저기 보이는 해변도 망양해수욕장이지. 기성망양해수욕장. 그곳 언덕이 고려 때 망양정이 있던 자리라네. 그걸 성종 때 우리가 보는 현종산 기슭으로 옮겼는데 겸재가 본 망양정이지. 지금 망양해수욕장 옆에 있는 망양정은 철종 때 옮겨 세운 것일세."

뭔가 속은 듯한 느낌이 든 동준은 아무 말이 없었다. 기대가 컸던 만큼 실망도 큰 것이다. 관동제일루라는 이름은 정자가 아니라 정자에서 바라본 풍광 때문일 것이다. 이제 그 자리에 없다면 관동제일루라는 이름을 내놔야 하지 않는가.

"사람, 까탈스럽기는…. 지금 망양정 자리도 천하 절경이야. 가서 보면 알아. 세월이 그런 거지. 산천은 의구할지 몰라도 사람이 세운 게 어디 천 년을 가던가? 오늘 자네는 관동제일루는 못 봤지만 관동 제일 일출은 본 셈이야. 이제 아침 먹으러 갈까?"

식사를 마치고 다시 북쪽으로 20분쯤 달렸을까. 차는 덕신휴게소를 지나 국도에서 빠져나와 해안도로를 탔다. 스케치 여행을 많이 다닌 김 화백은 동해안 길에 익숙했다. 오른쪽으로 드넓은 동해가 펼쳐지고, 왼쪽으로는 푸른 산이었다. 가다 보면 바닷가 한적한 마을이 운치를 더했다. 우리나라에 이런 길이 있었나?

"이 길 좋지? 오산항을 거쳐 망양해수욕장까지 가는 길일세. 저 위쪽 헌화로가 해안도로로 유명한데, 이곳도 많이 알려지지 않아 그렇지 정말 좋아."

아침의 찜찜함은 어디론가 사라지고 유쾌한 기분이 들었다. 산천 구경은 다 하고 다니는 김 화백이 부러웠다.

"망양정이 왜 옮겨졌는지는 아무도 몰라. 누구는 여기 평해군에는 망양정과 월송정 두 정자가 관동팔경에 속하는데, 위쪽 울진에는 한 군데도 없어서 옮겼다고도 해. 모르는 일이지. 나무로 지은 정자니 오랜 바닷바람에 허물어졌을 테고, 그때마다 중수하거나 보수를 했는데 아무래도 목재를 낸 사람의 입김이 많이 작용했겠지. 최근 망양정을 복원할 때 울진 사람들이 목재를 냈다네."

얼마나 달렸을까. 언덕을 넘어서자 널따란 해변이 나왔다. 해변으로 가는 길에 구름다리가 놓였는데, 그 아래로 강이 흘렀다.

"저기가 망양해수욕장이야. 이 강이 왕피천이지. 불영사계곡에서 흘러내린 천이 여기서 바다와 만나니까 민물과 바닷물이 섞이는 곳이야. 망양정은 저기 있다네. 우선 저쪽으로 가서 망양정을 보게나."

김 화백은 차를 세우고 망양해수욕장 송림 쪽으로 걷다가 뒤를 바라보더니 돌아섰다. 뒤따라가던 동준이 돌아보니 묘하게도 새벽에 본 망양정 터와 비슷한 풍광이 펼쳐졌다.

"어떤가. 겸재 그림 그대로는 아니라도 비슷하지 않은가. 이사할 자리 고르는 사람이 꽤나 애먹었을 거야. 원래 망양정의 느낌을 살리기 위해 고심해서 고른 자리라는 생각이 들지 않나? 중요한 건 바다야. 망양정이란 이름, 바다를 바라본다는 뜻 아닌가. 바다가 어디서 바라본들 바다가 아니던가?"

굳이 김 화백의 설명이 아니라도 그런 듯했다. 해변과 언덕 등 모양새가 비슷했다. 게다가 왕피천이 더해지니 선경 그 자체였다. 문득 아버지의 눈물이 떠올랐다. 아버지는 유골을 고향으로 옮겨달라고 당부하면서도 뒷말을 남겼다.

"하긴 이만큼 살았으니 여기도 고향이지. 사는 곳이 고향이지 따로 있겠나. 너희가 내 고향인데 내가 괜한 소리를 하는 것 같다…."

동준은 서둘러 망양정 쪽으로 걸어갔다. 바다를 바라보는 정자. 그 이름이 붙은 곳에서 바다를 보고 싶었다.

참고 문헌과 자료 출처

디지털울진문화대전 http://uljin.grandculture.net/gc2/common/sub.jsp?pact=view_id&h_id=GC01800411
네이버백과사전 http://100.naver.com/100.nhn?docid=871312

스토리가 있는 여행 길

망양정 >> 망양정해수욕장

망양정은 두 번이나 이사했다. 고려시대 울주군 기성면 바다가 보이는 언덕에 세운 것이 최초의 기록이다. 지금 기성망양해수욕장이라는 이름이 남아 그 부근에 있었음을 짐작할 수 있다. 오랜 세월 바닷바람에 정자가 허물어지자 조선 성종 때(1471년) 평해군수 채신보가 현종산 기슭으로 옮겼으며, 1517년 중종 때와 1590년 선조 때 각각 군수들이 중수했다. 1690년 숙종은 겸재 정선의 〈관동팔경〉을 보고 망양정에 '관동제일루'라는 편액을 하사했다. 1854년 철종 때 울진현령 신재원과 군승 남치붕이 망양정을 이전할 것을 향회에 건의했는데, 재정이 마련되지 않아 추진하지 못하다가 1860년 울진현령 이희호와 군승 임학영이 주도해 현재의 근남면 산포리 둔산동으로 이전했다. 수백 년을 이어오며 허물어지면 보수하고 자리를 이전하는 등 망양정에 대한 지역 사람들의 애정이 대단했음을 알 수 있는 기록이다. 망양정을 비롯한 관동팔경은 오랜 세월 시인 묵객의 발길이 끊이지 않은 곳으로, 송강 정철의 〈관동별곡〉, 겸재의 〈관동팔경〉 등 수많은 시와 화폭 등에 담겼다.

1957년 망양정이 허물어지자 김용식, 장성업, 박승갑 등 지역 유지들이 목재를 내어 중수했으며, 1979년과 1995년 보수하며 관리를 했다. 지금의 망양정은 2005년 경북북부권문화개발사업의 일환으로 완전히 해체했다가 복원한 것이다. 동해안은 7번 국도를 주도로로 관광지가 이어진다. 망양정이 있는 망양해수욕장에서 7번 국도 덕신휴게소까지 가는 해안도로는 한 면은 바다, 다른 면은 절벽이고 군데군데 어촌이 있어 동해의 진수를 감상할 수 있다.

여행 정보

불영사

| 불영사 |

비구니의 참선 도량 불영사는 절 입구 연못에 부처님의 그림자가 비춘다 하여 이름 붙었다. 연못을 지나 만나는 대웅보전은 조선 후기에 만들어진 팔작 다포집이다. 불의 기운을 누르기 위해 대웅보전 축대 아래 놓인 거북은 창건 당시 만들어진 것으로 추정된다. 역사 있는 사찰에서 건축미와 고즈넉한 여유로움을 즐길 수 있다.
문의 054-783-5004

| 불영계곡 |

'한국의 그랜드캐니언' 이라고 불릴 만큼 아름다운 경관을 자랑하는 곳. 울진군 근남면 행곡리에서 서면 하원리까지 기암괴석과 맑은 물, 숲으로 된 계곡이 15km 이어진다. 불영계곡은 남방계와 북방계 동식물이 함께 나타나는 곳으로서 그 가치가 높다. 중간에 전망대가 두 곳 있어 풍경을 여유롭게 감상할 수 있다.

불영계곡

| 민물고기생태체험관 |

잊히고 사라져가는 우리나라의 민물고기를 국내 최초로 전시한 곳. 살아 있는 민물고기를 관찰함으로써 토종 물고기와 어류의 생태를 알 수 있다. 자연의 소중함과 토종 물고기의 아름다움을 자녀들에게 보여줄 수 있는 체험관이다. 관람 시간은 오전 9시~오후 6시(월요일 휴관), 관람료 어른 2천원, 어린이 1천원. 문의 054-783-9413(www.fish.go.kr)

민물고기생태체험관

| 도화공원 |

울진군 북면 고포리의 산불 피해 지역을 동산으로 만들었다. 2000년 4월 12일 강원도에서 2만3천794ha의 피해를 준 사상 최대의 동해안 산불이 울진으로 넘어오자 민·관·군이 합심하여 22시간 만인 4월 13일 11시에 진화하고, 산불 피해지인 이곳에 도화(백일홍)동산을 조성했다. 도화공원에는 백일홍을 비롯한 교목 128본과 관목 4천850본이 식재되었으며, 파고라와 산책로가 설치되었다. 울진군은 도화동산으로 2005년 '아름다운 경북 가꾸기 사업 평가' 에서 최우수 자치단체로 선정되었다.

도화공원

 1day

10:30~12:00 불영사

13:00~14:00 불영계곡

15:30~16:30 도화공원

18:00~19:30 숙소 이동, 저녁식사

09:00~10:30 소광리 금강소나무 숲

12:00~13:00 점심식사

14:00~15:30 민물고기생태체험관

16:30~18:00 덕구온천

덕구원탕

죽변항

| 덕구온천 |

고려 말 궁수와 창수로 유명한 전씨가 사냥꾼을 이끌고 멧돼지를 쫓아갔는데, 상처 입은 멧돼지가 계곡물에 몸을 씻고 쏜살같이 달아나 살펴보니 자연 용출되는 온천수였다는 전설이 있다. 덕구온천은 '국내 유일의 자연 용출 온천'으로 유명하다. 1년 내내 43℃의 약알칼리성 온천수가 절로 솟으며, 2~3개월 두어도 침전물이 생기지 않을 정도로 온천수가 깨끗하다. 온천단지에 호텔과 스파월드, 노천온천, 가족온천실 등이 있다. 문의 054-782-0677

| 덕구계곡, 덕구원탕 |

덕구온천에서 덕구계곡 원탕까지 왕복 4km를 걸어보자. 자연 용출되는 온천을 볼 수 있으며, 가는 길에 형제폭포와 옥류대, 선녀탕도 있다. 덕구계곡에는 울진군에서 세계 유명 교량을 축소해서 만든 다리 12개가 있다. 샌프란시스코의 금문교, 시드니의 하버브리지, 일본의 도모에가와교 등 각국의 다리를 구경하며 가는 길이 지루하지 않다.

| 죽변항 |

죽변항은 영덕의 강구항과 함께 대게로 유명하다. 대게 속살이 담백하고 쫄깃쫄깃하면서도 영덕에 비해 가격이 저렴해 인기. 매년 3월부터 4월 초까지 대게축제가 열린다. 죽변항에서 북쪽으로 올라가면 언덕 위에 하얀 등대가 있다. 1910년에 세워진 등대 주변으로 키 작은 대나무들이 숲을 이뤄 아름다움을 더한다.

| 갓바위전망대 |

청정 동해가 한눈에 내려다보이는 후포면 후포항 근처 갓바위전망대. 발아래 동해가 보여 조망이 좋다. 울진대게를 형상화한 데크가 설치되어 있다. 전망대와 등의자, 야간 경관 조명을 위한 LED 바를 설치하고, 해송을 비롯한 조경수 900여 그루를 심었다.

● 맛집

자연산 전복으로 끓이는 전복죽이 일품인 동심식당(054-788-2588), 자장면의 원조로 이름난 해주자장면(054-781-0008), 아귀찜이 주메뉴인 본가동락(054-781-8008), 곰칫국을 잘하는 영주회·대게센타(054-782-4786) 등이 특색 있는 맛집. 울진대게와 회는 죽변항이나 후포항을 찾으면 맛집이 몰려 있다. 싼값에 싱싱한 회를 맛볼 수 있는 어시장형 횟집도 있다. 백암온천단지에 있는 대게국수집에서 한 끼를 해결하는 것도 좋다.

● 숙박

덕구온천 주변에 호텔덕구온천(054-782-0672, www.duckku.co.kr), 벽산덕구온천콘도(054-783-0811, www.dukkuspa.co.kr), 대원장(054-787-8211) 등이 있다. 죽변항 펜션이나 모텔을 이용하면 잠자리에서 해돋이를 볼 수 있다. 울진군청 숙박 정보(http://tour.uljin.go.kr) 참조.

● 찾아가는 길

동해안고속도로를 이용하는 것이 가장 빠르고 편하다. 중앙고속도로를 이용할 경우 풍기나 영주 IC에서 나와 봉화를 거쳐 불영계곡 쪽으로 넘어오는 36번 국도, 봉화에서 갈리는 31번 국도와 88번 국도를 타고 영양군을 거쳐 백암온천 쪽으로 넘어오는 길이 있다. 산을 넘어 구불구불한 언덕길이지만 한적해서 드라이브하는 운치가 있다.

2 day

07:00~08:00	08:00~10:00	10:00~12:00	12:00~13:00	13:00~14:30	14:30~17:00
아침식사	덕구계곡 트레킹, 덕구원탕 족욕	죽변항	점심식사	망양정과 망양해수욕장	7번 국도 드라이브, 갓바위전망대

울릉 개척민의 목숨을 구해준 명이나물
울릉 태하동

오래 비워두었던 섬 울릉도. 구산포를 출발한 개척단은
동해의 거친 파도를 견디며 어렵게 도착한다. 바다에서 나는 먹을거리가
풍부한 울릉도지만, 세상을 등지고 산으로 들어간 그들은 농사 이외의
생계 수단에는 관심이 없었다. 산골로 들어가 농촌 생활을 이어가려 했으나
굶주림과 추위에 시달린다. 이때 개척민들의 목숨을 이어준 것이 명이나물.
산마늘이 명이나물로 이름이 바뀐 사연에서 그 시절의 고달픈 삶을 확인할 수 있다.

글·사진 | 정보상

날이 밝았지만 울(鬱)이의 눈꺼풀은 천근만근이었다. 기대 반 두려움 반으로 밤새 뒤척이다 닭 홰치는 소리에 눈을 뜬 것이다. 바람 방향이 바뀌지 않아 보름째 월송정에 올라 바다만 바라보다가 어제부터 태백산맥을 넘어오는 메마른 바람이 불기 시작했고, 이르면 오늘 아침 출항한다는 이야기를 들었다. 이제 곧 먼 바다로 배를 타고 나간다는 생각에 잠을 설친 울이는 서둘러 잠자리를 털고 일어났다.
할아버지가 《정감록》에 따라 난세를 피해 태백산으로 들어와 살았다는 이야기만 들은 그녀에게 삶의 터전은 첩첩산중이었다. 사방을 둘러봐도 눈길 가는 곳에는 언제나 산이 버티고 있었고, 어느덧 산속에서 화전을 일구며 살아가는 아버지의 굽은 등을 보는 것이 안타깝고 지겨운 나이가 되었다.
그녀에게 난생처음 보는 바다는 신선한 충격이었다. 막혔던 가슴이 툭 터지는 느낌이었다. 서풍이 불기 시작해야 배가 떠날 수 있다기에 바람이 불기를 기다리며

대풍령전망대에서
현포항과
추산 송곳봉을
감상할 수 있다.

보낸 시간이 조금도 지루하지 않았다. 친자매처럼 지내는 이웃집 능(綾)이와 바닷가 모래밭을 마냥 걸어보기도 했고, 고깃배가 들어오면 처음 보는 생선 구경에 시간 가는 줄 몰랐다. 저 끝없는 바다를 건너 작은 섬으로 들어가 살아야 한다는 사실에 가슴이 답답해질 때도 있었지만, 바다 풍경에 빠져 이내 근심은 잊혔다. 개척단을 울릉도로 데려다줄 배는 길이가 12m나 되는 해선(海船)으로, 세상에 나와 조각배조차 타보지 못한 이들에게는 조운선(漕運船)을 개조한 배가 99칸 대갓집같이 듬직했다. 그러나 개척단 54명과 이번 겨울을 날 식량과 농기구, 세간을 싣고 나니 갑판 구석에 자리를 깔고 바닷바람을 피할 공간밖에 없었다. 비좁은 공간이지만 울이는 새로운 삶의 터전에 대한 궁금증으로 눈이 반짝거렸. 구산포(邱山浦, 울진군 기성면 구산리)를 출발한 배가 울릉도에 닿은 때는 나흘이 지난 저녁 무렵. 바람이 제대로 불어주면 이틀 안에 닿을 수 있지만, 배를 처음 타본 사람들을 골탕이라도 먹이려는지 시간이 두 배나 걸린 것이다. 노란 위액 말고는 나올 것이 없을 정도로 뱃멀미에 시달려 바다에 뛰어들고 싶은 충동을 느껴가며 가까스로 태하동에 도착한 울이와 개척단 사람들을 기다리는 것은 척박하고 가파른 땅이었다.

천재나 싸움이 일어나도 안심하고 살 수 있다는 열 군데 땅을 일컫는 십승지지(十勝之地) 가운데 으뜸인 태백산에 살던 이 사람들은 농사 이외의 생계 수단에는 관심이 없었다. 화산섬 울릉도는 바다에서 나는 해산물이 풍부했지만, 세상을 등지고 산으로 들어가 밭을 일구며 살아온 그들은 굶어 죽을지언정 바다에 들어가 그물질할 수는 없다고 생각했다. 뱃일은 농사보다 천한 일이라는 생각이 마음속 깊이 자리 잡고 있었기 때문이다.

마을 어른들은 예전에 살던 방식대로 이 섬에서도 농사를 짓기로 결정하고, 농사지을 땅을 찾아 울릉도 여러 곳을 돌아보기 시작했다. 그러나 화산섬이다 보니 태하동의 바닷가

개척단 사람들의 명을 이어주었다는 명이나물

왼쪽 개척단 사람들이
처음 도착한
태하동 포구
가운데 울릉도에서
유일하게 황토를
볼 수 있는 황토구미
오른쪽 원시림에서
즐기는 내수전
옛길 트레킹

쪽에만 작은 개울이 흐를 뿐, 농사지을 땅이나 물을 거의 찾을 수 없었다. 바닷가 가까이 살다 보면 뱃일의 유혹에 빠질 것 같아 태하동을 버리고 태백산에서처럼 좀더 깊은 산골로 들어갔다.

그들은 투막을 지었다. 집의 뼈대와 벽은 통나무를 얽어 만들고, 처마 끝에서 땅에 닿는 부분까지는 풀로 만든 우데기를 둘러쳐서 눈과 비바람을 막았다. 지붕은 통나무를 얇게 패서 만든 너와를 얹었다. 울릉도는 겨울에 눈이 많고 비바람이 심하지만 태백산과 상황이 비슷해서 어렵지 않게 대처할 수 있었다. 문제는 농사였다. 그동안 해온 방식대로 숲에 불을 놓고 산비탈을 일군 다음 가져온 씨감자와 옥수수를 심었지만, 생각보다 소출이 많지 않아 첫 겨울부터 굶주림과 추위에 시달렸다.

해가 바뀌고 음력 정월도 지나갔지만 개척단 사람들의 생활은 점점 어려워졌다. 하루 한두 끼로 허기를 해결해야 했고, 심지어 굶는 날도 있었다. 안개가 끼는 날 저녁 처마 밑에 호롱불을 밝혀두면 까악까악 울어 '깍새' 라 이름 붙인 새가 떼 지어 날아들어 벽에 부딪혀 죽거나 부근에 내려앉았는데, 이 새들을 잡아 겨울에 대비했다. 먹을 게 없던 때 개척단 사람들에게 귀중한 식량이 된 이 새는 예전에 흔했지만 지금은 희귀종이 된 슴새다.

안개가 많은 가을에 쉽게 잡을 수 있던 슴새는 겨울이 되면서 인가로 내려오는 일이 거의 없었다. 마을 사람들은 한 번 오면 허리춤까지 쌓이는 눈 때문에 겨울잠 자듯 투막에서 겨울이 끝나기만을 기다릴 수밖에 없었다. 그러나 봄이 오더라도 감자와 옥수수를 심고 거둘 때까지 굶어 죽지 않고 버텨야 하는 혹독한 시간이 기다리고 있었다.

눈이 녹고 양지바른 곳에서 동백꽃이 피기 시작하던 이른 봄 어느 날, 울이와 능이는 혹시나 양지바른 곳에서 고비나물이나 땅두릅나물이라도 찾을 수 있을까 싶어 작은 대바구니를 옆에 끼고 마을을 나섰다. 태백산에서도 식량이 부족한 겨울을 나고 나면 봄나물을 뜯어다 연명했는데, 울릉도에서 첫 겨울을 굶주림과 싸우며 지내고 나니 나물이라도 찾아야 했던 것이다.

울이가 길도 없는 비탈을 오르며 나물이 있을 만한 양지바른 곳을 찾는데, 저만

치 뒤따라오던 능이가 "울아, 저거 산마늘 아이가?" 하며 능선 너머를 가리켰다. 잔설이 아직 희끗희끗한 속에서 싹을 틔운 산마늘이 제법 큰 밭을 이룬 것이었다. 태백산에 살 때도 먹을 것을 찾기 힘든 이른 봄에 소중한 먹을거리였던 산마늘을 이 섬에서 만나니 하늘도 무심치 않다는 생각이 들었다.

바구니가 넘치도록 산마늘을 캐서 돌아온 울이와 능이. 마을에서 가장 어른인 청심이 할아버지가 무척 기뻐했다. 태백산에서 화전을 일구며 부족하지만 자족하는 생활을 해오다가 자의 반 타의 반 이 척박한 섬까지 사람들을 이끌고 왔다는 자책감 때문에 항상 마음이 무거웠는데, 산마늘 때문에 조금 마음이 놓이는 것이었다. 이 산마늘이 나중에 굶어 죽을 사람의 목숨을 구해줬다는 의미에서 목숨 명(命)자가 들어간 명이나물이 된다.

참고 문헌과 자료 출처
《한국의 발견(경상북도)》, 뿌리깊은나무, 379쪽

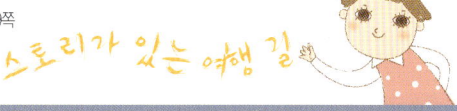

태하동 》 모노레일 》 향나무 자생지 》 울릉도(태하)등대 》 대풍령전망대 》 대풍감낚시터 》 황토구미

태하동은 조선 말 대한제국 초기에 동해를 건너오는 배들이 닻을 내린 곳으로, 고종 때 울릉도개척단이 처음 상륙한 곳이기도 하다. 태하리에서 출발하는 울릉도등대 트레킹을 하려면 태하동에서 울릉도등대 진입로까지 304m 높이의 깎아지른 산비탈에 설치한 20인승 모노레일을 타고 올라가야 한다. 탑승 시간은 6분으로, 최대 39도나 되는 경사를 따라 올라가는 모노레일을 타면 동해의 거친 파도가 울릉도의 해안선과 힘차게 만나는 장관도 구경할 수 있다. 트레킹은 모노레일 도착 지점부터 본격적으로 시작된다. 동백과 후박나무가 만들어낸 숲 터널을 10여 분 걸어가면 울릉도등대가 나타난다. 울릉도등대 옆 대풍령전망대에 오르면 한국의 10대 비경으로 꼽히는 서·북면의 해안 절경을 한눈에 볼 수 있다. 전망대에서 대풍감 방향으로 내려가면 고개가 나온다. 여기서 왼쪽 길을 선택해 절벽을 S자로 굽이돌면 대풍감낚시터다. 옛날 울릉도를 드나들던 배가 바람을 이용하는 돛배였기 때문에 항해를 위해서는 바람이 불어야 했는데, 그 바람을 기다리며 배를 매어두던 곳이 대풍감이다. 대풍감낚시터에서 계단을 타고 넘으면 바로 굴 안에 황토가 많은 황토구미가 나온다. 1시간 30분 정도 걸린다.

여행 정보

독도전망대로 가는 케이블카

| 독도전망대와 약수공원 |

맑은 날에는 독도가 아스라이 보이고 도동항이 한눈에 내려다보이는 독도전망대는 약수공원에서 케이블카를 타고 오른다. 약수공원에는 깨끗한 물맛이 일품인 도동약수, 울릉도 사람들의 개척 당시 생활을 보여주는 향토사료관, 독도전망대와 독도의 모든 것을 알 수 있는 독도박물관 등이 자리 잡고 있다.

| 행남등대와 해안산책로 |

행남해안산책로는 크게 두 구간으로 나눌 수 있다. 도동항에서 출발해 마을 어귀에 살구나무가 있었다는 행남마을과 행남등대까지 다녀오는 왕복 1시간 30분 구간, 2008년 4월 저동항까지 이어진 행남등대-저동항 코스다. 행남등대는 울릉도 동쪽 끝인 향남말 해발고도 108m 지점에 자리 잡고 있다. 이곳 전망대에 서면 저동항과 촛대바위가 한눈에 내려다보인다.

행남해안산책로

| 봉래폭포 |

원시림 사이로 떨어지는 물줄기가 시원한 3단 폭포로, 물맛 좋기로 소문난 울릉읍 주민들의 수원이다. 봉래폭포에는 삼나무 숲을 이용한 삼림욕장과 에어컨보다 시원한 자연 바람이 나오는 풍혈, 울릉도의 옛 가옥 구조인 너와집이 있어 주민과 관광객들의 쉼터가 된다. 저동항에서 2km 거리다.

봉래폭포

| 나리분지 |

울릉도에서 가장 평평하면서도 넓은 지역. 고종 때 개척단으로 온 사람들이 정착한 곳

1day

10:10~11:00
행남등대와 해안산책로

12:30~13:30
점심식사(홍합밥)

16:30~18:00
나리분지 관광,
숙소 이동(나리분지 민박)

09:00~10:00
독도전망대와 약수공원

11:30~12:30
봉래폭포

14:10~15:40
울릉도등대 트레킹(태하동-모노레일
-등대-대풍감-황토구미)

18:00~19:00
저녁식사
(산채정식, 명이나물)

내수전 일출전망대

죽도

으로, 농사짓기 좋은 환경이다. 우산국 시절부터 살아온 사람들이 섬말나리 뿌리를 캐 먹으며 연명했다고 하여 '나리골' 로도 불린다. 울릉도 사람들의 옛 생활을 짐작할 수 있는 투막과 너와집, 섬백리향 군락(천연기념물 제52호) 등을 구경할 수 있다.

| 내수전 옛길 트레킹 |

울릉도 개척 후 석포, 죽암, 선창 등에 살던 사람들이 저동과 도동까지 가서 소금, 쌀, 옷가지 등 생필품을 사 지게에 지고 넘던 길이다. 천부－섬목－석포－내수전으로 이어지는 옛길은 줄곧 바다를 옆구리에 끼고 산허리를 굽이굽이 돌아간다. 울릉도의 흙길은 화산재로 형성되어 트레킹을 해도 발의 피곤함이 덜하다.

| 내수전 일출전망대 |

해맞이와 저동항의 애수 어린 저녁 풍경이 인상적인 곳으로, 도동에서 버스나 택시로 20여 분 거리다. 전망대에 서면 울릉도의 대표적인 부속 섬인 죽도, 관음도, 섬목이 한눈에 보인다. 이곳에서 내수전 옛길 트레킹이 시작되는데, 북면의 석포리까지 1시간 30분 정도 걸린다.

| 죽도 |

대나무가 많이 자생하여 '대섬' '대나무섬' '댓섬' 이라고도 불리는 섬이다. 울릉도에 딸린 섬으로 울릉도 북동쪽에 있는 내수전 일출전망대에서는 엎어지면 코 닿을 거리다. 동해의 푸른 심해가 굽어보이는 기암절벽과 울창한 대나무 숲이 조화를 이뤄 두고두고 기억에 남는 아름다운 섬이다.

● 맛집

울릉도는 화산섬이라 물맛이 좋아 물회 맛도 그만이다. 대표적인 오징어물회는 도동에 있는 바다회센타(054-791-4178) 등에서 맛볼 수 있다. 홍합밥은 보배식당(054-791-2683), 산채정식은 산마을식당(054-791-4643), 약소불고기는 암소한마리식당(054-791-4898)이 유명하다.

● 숙박

사동리에 자리한 대아리조트(054-791-8800)가 울릉도에서 가장 많은 140여 객실을 갖추고 있다. 북면 추산마을의 전망 좋은 해안 절벽에 올라앉은 전통 가옥 펜션 추산일가(054-791-7788)와 나리분지의 산마을민박(054-791-4643)도 추천할 만하다.

● 찾아가는 길

울릉도를 연결하는 배편은 포항과 묵호항에서 출발하며, 성수기에는 후포에서도 운항한다. 묵호에서 울릉도 도동항까지는 2시간 30분, 포항에서는 3시간 10분 정도 걸린다. 대아고속해운의 배편 문의는 포항(054-791-0801), 묵호(033-531-5891)에 하면 된다.

2 day

- 08:00~09:00 아침식사(민박집)
- 09:30~11:30 내수전 옛길 트레킹 (석포마을－내수전 일출전망대)
- 12:00~13:00 점심식사(약소불고기)
- 13:30~17:00 죽도(죽도 일주 트레킹)

P·A·R·T

3

과거·현재·미래의 꿈이 담긴
남부권

사람들은 늘 무엇엔가 기대어 삽니다.
어머니의 품에 기대어,
나라의 임금께 기대어, 백성에게 기대어,
절대자에게 기대어….
사람들은 자신의 목숨도 그들을 위해
기꺼이 내놓습니다.
그들과 함께 무엇인가 이룰 수 있을 것이라는
꿈 때문입니다.
현대에도 자신의 꿈을 좇아가는
사람들이 있습니다.
그들의 이야기를 만나보세요.

신라 최초의 사찰

구미 도리사

자다 깬 연수는 화장실에 가다가 안방에서 들려오는 부모님의 대화에 깜짝 놀랐다.
잘 들리지 않았지만 어디론가 여행을 간다고 말씀하시는 것 같았다.
연수는 부모님이 깜짝 여행을 준비하신다고 생각했다.
연수는 부모님이 눈치 챌까 봐 까치발을 하고 살금살금 방으로 돌아왔다.
연수는 침대에 누워 잠을 청했지만 도무지 잠들 수가 없었다.
'도대체 어디 가시기에 나한테 얘기도 안 하신 거지?' 연수는 얼른 날이 밝기만을 기다렸다.
글·사진 | 정철훈

구미

도리사에서 바라본 풍경

밤새 들떴던 연수의 기대는 여지없이 무너지고 말았다. 연수는 놀이동산이나 물놀이 테마파크, 아니 최소한 동물원 정도는 기대했다. 그런데 기껏 온 곳이 산꼭대기에 있는 절이라니. 문제는 그것만이 아니었다. 잠시 화장실에 다녀온 사이 부모님이 보이지 않았던 것이다. 그때 주지스님이 다가와 자초지종을 설명해주셨다. 그리고 이곳에서 머무르는 15일은 내년에 중학생이 되는 연수에게 부모님이 주는 가장 큰 선물이 될 거라고 하셨다.

얼떨결에 시작된 도리사 생활도 내일이면 끝이다. 도리사에서 보내는 마지막 날 밤. 연수는 잠이 오지 않아 마당으로 나갔다. 하늘에는 둥근 달이 떠 있었다. 돌계단에 앉아 달을 보고 있자니 갑자기 엄마 생각이 났다. 연수는 "치…" 하며 눈물을 훔쳤다. 그때 누군가 연수 옆으로 살며시 다가와 앉는 게 느껴졌다. 깜짝 놀란 연수가 자리에서 벌떡 일어섰다. 어디에서 왔는지 동자승 하나가 앉아 있었다.

위 도리사 극락전과 도리사 석탑
아래 아도화상 동상

"안녕, 난 연수야. 넌 누구니? 처음 보는 얼굴인데?"
"나? 음… 사람들은 나를 천진동자라고 불러."
"천진동자? 그 이름 어디서 들어본 적이 있는데? 아니, 잠깐… 저기, 저… 적멸보궁… 그 108계단 앞에 있는…."
연수는 깜짝 놀라 말까지 더듬었다.
"그래, 기억하는구나."
"에이, 말도 안 돼. 천진동자는 사람이 아니고 돌이라구, 돌."
연수는 동자승이 자신을 놀린다는 생각에 마음이 상했다. 그래서 방으로 들어가려는데 동자승이 연수의 손을 잡아끌며 따라오라는 손짓을 해 보였다. 연수는 못이기는 척 동자승의 뒤를 따랐다. 둘은 적멸보궁으로 오르는 108계단 쪽으로 향했다. 그때 뒤에서 낮고 굵은 목소리가 들려왔다.

위 아도화상이 가져온 부처님의 진신사리를 모신 적멸보궁
아래 아도화상이 좌선을 했다고 알려진 좌선대와 아도화상 사적비

"천진이 어디 가느냐?"
"예, 스님. 오늘 새로 사귄 친구에게 제 집을 보여주려구요."
"그래, 그 아이가 새로 사귄 친구더냐?"
"예, 스님. 연수라고 하옵니다. 연수야, 어서 인사드려."
연수는 어리둥절했다. 도대체 어디에 있는, 누구에게 인사를 하라는 건지 알 수가 없었다. 연수는 그저 목소리가 나는 쪽으로 고개를 꾸벅 숙였다. 마침내 둘은 108계단 앞에 다다랐다.
"자, 여기가 우리 집이야."
연수는 동자승이 가리키는 곳으로 시선을 돌렸다. 분명 저녁까지 있던 천진동자상이 보이지 않았다.
"어, 없잖아. 분명 저녁 예불 때까지 있었는데…."
"없긴 왜 없어. 여기 있잖아."
동자승이 석상이 있어야 할 자리로 폴짝 뛰어 올라 왼손을 살짝 뒤집어 보였다. 영락없는 천진동자상이다. 여전히 미심쩍기는 했지만 연수의 마음도 많이 누그러졌다.
"그런데 아까 네게 말을 건 스님은 누구야?"
"아, 아도(阿道)스님? 너도 알잖아. 극락전 뒤에 앉아 계신 분."
연수는 어렵지 않게 아도화상의 동상을 떠올릴 수 있었다. 보름 전 이곳으로 왔을 때, 아버지가 아도화상의 동상을 가리키며 '신라에 불교를 처음 전하신 분'이라고 말씀하시던 게 생각난 것이다.
"그런데 말이야, 나 여기 도리사에 보름이나 있었는데 아는 게 별로 없어. 하루하루 건성으로 시간만 때우며 지냈거든. 지금 생각하니 조금 후회가 되기도 해."
"그래? 좋았어. 그럼 내가 오늘 도리사에 대해 제대로 알려줄게. 준비됐니?"
연수는 말없이 고개만 끄덕였다. 순간 연수와 천진동자의 몸이 공중으로 솟아올랐다. 연수는 너무 놀라서 두 눈을 질끈 감았다.

적멸보궁에 오르는 108계단 앞 천진동자상

"눈 뜨고 저 아래를 봐. 도리사가 한눈에 보이지? 신라시대 가장 먼저 세워진 절이야."
"그래, 아까 우리가 인사했던 그 스님, 아… 아…."
"아도스님."
"맞다, 아도스님. 그분이 세우신 거지?"
연수가 아는 체했다.
"응, 연수 너 아도스님이 몇 살 때 스님이 되셨는지 아니?"
"그야 뭐, 성인이 되고 나서일 테니 한 스무 살?"
"하하, 틀렸어. 다섯 살 때야. 그리고 열아홉에 고구려에서 신라로 오셨지. 포교를 위해."
"뭐? 다섯 살? 내 동생이 다섯 살이데. 걘 이제 겨우 어린이집에 다닌다구."
연수는 기가 막혀 말이 나오지 않았다. 천진동자는 작정한 듯 조금 더 높이 올라갔다. 연수의 시야도 그만큼 넓어졌다.
"연수야, 저쪽에 자그마한 우물이 보이지?"
연수는 천진동자가 손가락으로 가리키는 곳을 바라보았다. 그런데 신기하게도 마치 망원경으로 보는 것처럼 선명하게 우물이 연수의 시야에 들어왔다.
"응, 보여."
"저 우물이 바로 모례의 집에 있던 우물이야. 모례는 아도스님이 신라에 왔을 때 스님께 거처를 제공한 분이지. 신라 최초의 불교 신자기도 하고. 아, 도리사도 모례가 시주를 해서 창건할 수 있었데. 모례는 상당한 부자였던 모양이야."
모례가정(毛禮家井)까지 구경한 둘은 도리사의 극락전 아래 좌선대로 돌아왔다. 아도화상이 좌선을 한 곳이다.
"연수야, 우리 여기 앉아보자."
천진동자가 먼저 바위에 올라 가부좌를 틀었다. 연수도 천진동자를 따라 좌선대에 올랐다.
"연수야, 눈을 감고 천천히 심호흡을 해봐."
연수는 천진동자가 시키는 대로 따라 했다. 이곳에서 지내며 매일 지겹도록 명상을 했다. 그러나 연수의 마음은 어느 때보다 편안했다.
"기분이 어때?"
"편안해. 매일 하던 명상인데 오늘은 왜 졸리지도 않고 이렇게 편안할까?"

"그건 네가 좋은 마음으로 지금의 시간을 즐기기 때문이야. 세상일이라는 게 다 그래. 마음먹기에 따라 좋아질 수도, 나빠질 수도 있지. 그래서 세상에는 좋기만 한 일도, 나쁘기만 한 일도 없다고들 말하는 거야."

연수는 그 말이 맞는 것 같았다. 그리고 그제야 절에 온 첫날 주지스님이 해주신 말이 이해가 됐다. '부모님이 주시는 가장 큰 선물'이라는 말이. 연수는 눈을 뜨고 천진동자를 돌아보았다. 하지만 천진동자의 모습은 보이지 않았다. 연수는 하늘에 떠 있는 달을 보며 마음속으로 말했다. '천진동자, 고마워!'

참고 문헌과 자료 출처
도리사 홈페이지 www.dorisa.or.kr

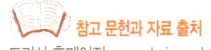

도리사에서 바라본 풍경

적멸보궁 》 천진동자 》 아도화상 동상 》 극락전 》 도리사 석탑 》 아도화상 사적비 》 좌선대

신라시대 최초의 사찰 도리사는 눌지왕 때(417년) 고구려 승려 아도화상이 세웠다. 도리사에는 부처님의 진신사리를 모신 적멸보궁과 조선 후기 새롭게 증축한 극락전, 도리사 석탑(보물 제470호) 등이 남아 있다. 특히 인상적인 것은 도리사 석탑이다. 고려시대 것으로 알려진 이 석탑은 세로로 길게 이어 붙인 기단에 작은 벽돌을 쌓아 올리는 방식으로 만들었는데, 아마도 전탑의 형식을 모방한 것으로 보인다. 같은 모전 석탑이라고는 하지만, 도리사 석탑은 경주의 분황사 삼층석탑이나 구미의 죽장동 오층석탑과는 그 모습이 판이하다.

극락전 옆 좁은 통로로 이어지는 돌계단을 따라 내려가면 아도화상이 좌선을 한 곳으로 알려진 좌선대를 만날 수 있다. 좌선대는 커다란 돌 네 개를 주춧돌 삼아 평평한 너럭바위를 올렸는데, 자연석을 그대로 사용하다 보니 주춧돌과 너럭바위 사이에 자그마한 돌을 괴어 너럭바위의 수평을 맞춘 것이 특이하다. 좌선대 옆에 아도화상 사적비(경북 유형문화재 제291호)가 있다. 문의 054-474-3737

여행 정보

| 박정희 대통령 생가 |
구미시 상모동에 위치. 박정희 대통령 생가에는 안채와 사랑채, 1979년에 설치한 추모관이 있다. 건립 당시 초가였던 안채는 1964년 근대식 벽돌집으로 개축되었다. 생가 앞에는 1960년대 어려웠던 시절을 체험해볼 수 있는 보리콩죽, 보리개떡, 보리감주 등을 파는 보릿고개 체험장이 있다. 문의 054-465-3300

박정희 대통령 생가

| 금오산도립공원 |
구미시 남통동에 위치. 구미 관광의 상징인 금오산은 지난 1970년 6월 도립공원으로 지정되었다. 금오산도립공원에는 임진왜란 당시 축성한 금오산성, 도선이 창건한 해운사와 도선굴이 있으며, 이외에도 금오지, 채미정, 약사암, 금오산 마애보살입상 등 볼거리와 문화재가 많다. 도립공원 입구에서 해운사까지는 케이블카가 운행한다. 운행 시간 오전 9시~일몰시. 문의 054-450-5760(www.geumo.net)

| 구미 유비쿼터스 체험관 |
구미시 양호동에 위치. 국립금오공과대학교 내에 자리한 구미 유비쿼터스 체험관은 컴퓨터 네트워크를 통해 미래 생활환경을 직접 체험해볼 수 있는 곳이다. 집, 사무실, 레스토랑 등 우리가 일상적으로 접하는 공간을 대상으로 유비쿼터스 체험이 진행된다. 관람 시간 오전 10시~오후 5시(매주 월요일, 설·추석 연휴 휴관), 관람료는 무료며, 홈페이지를 통해 예약한다. 문의 054-478-7950(www.u-gumi.or.kr)

금오산도립공원

| 해평 철새도래지 |
낙동강을 따라 펼쳐진 구미시 해평면 해평리 일대의 습지는 철새 도래지로 각광받는 곳

해평 철새도래지

유비쿼터스 체험관

 1 day

10:00~12:00
금오산도립공원
(금오지, 채미정)

13:00~14:00
금오산도립공원(도선굴)

16:00~17:30
해평 철새도래지

08:00~09:00
아침식사

09:00~10:00
박정희 대통령 생가

12:00~13:00
점심식사

14:00~16:00
구미 유비쿼터스 체험관

17:30~
숙소 이동, 저녁식사

 2 day

이다. 매년 10월 중순이면 천연기념물 흑두루미와 재두루미를 비롯해 고니, 기러기 등 많은 겨울 철새들이 모여든다.

| 선산 낙산리 고분군 |
구미시 해평면 선산 낙산리 일대에 있는 고분은 원삼국에서 통일신라에 이르는 3~7세기의 것들로, 이 일대에만 크고 작은 고분 200여 기가 밀집돼 있다. 이곳 고분군에서는 금제 귀고리와 가야시대 토기, 등잔 등이 발굴되었으며, 고분군 사이로 산책로가 조성되어 고분군 전체를 산책하듯 천천히 돌아볼 수 있다.

일선리 문화재마을

| 일선리 문화재마을 |
구미시 해평면 일선리에 위치. 1987년 임하댐이 건설되면서 안동시 임동면 수곡리 일대에 모여 살던 전주 류씨의 후손 70여 호가 집단으로 이주해 형성된 마을이다. 이곳에는 수남위종택, 만령초당, 삼가정, 용와종택 등 고택이 옛 모습 그대로 남아 있다.

모례가정

| 모례가정 |
구미시 도개면 도개리에 위치. 아도화상이 신라에 불교를 처음 전할 때 머물렀다는 모례의 집이 있었던 곳으로, 아직도 그 집터에 우물이 남아 모례가정(경북 문화재자료 제296호)이라 부른다. 우물 옆에는 최근 완공한 신라불교초전기념관이 있다.

선산 죽장동 오층석탑

| 선산 죽장동 오층석탑 |
구미시 선산읍 죽장리에 위치. 통일신라시대 것으로 우리나라에 남아 있는 오층석탑 중 규모가 가장 크다. 석탑이면서 일부 벽돌로 쌓은 전탑의 형식을 모방해 '모전 석탑' 이라고도 불린다. 탑이 있는 곳은 죽장사가 있던 옛 절터로 최근에 중창했다.

● 맛집
구미 하면 역시 한방백숙이다. 영남팔경 중 하나로 꼽히는 금오산 입구에는 천궁, 당귀, 작약 등 30여 가지 한방 재료를 넣고 백숙을 끓여내는 집이 많다. 버드나무백숙(054-452-5069), 고향촌한정식(054-455-3010), 금오산백숙(054-457-2151), 대혜골백숙(054-443-6234) 등이 유명하다.

● 숙박
자연 속에서 하룻밤 보내고 싶다면 구미시 옥성면 주아리에 위치한 옥성자연휴양림(054-481-4052, www.gumihy.com)을 추천할 만하다. 비교적 최근에 개장한 휴양림답게 시설이 무척 깨끗하다. 금오산도립공원이 위치한 남통동 인근에서는 파크비즈니스호텔(054-451-9000), 힐타운모텔(054-453-1100), 실크로드모텔(054-457-6341) 등이 깨끗한 편이다.

● 찾아가는 길
중부내륙고속도로 선산 IC에서 나와 선산 쪽으로 좌회전해 선산읍까지 진행. 선산읍에서 상주 방면으로 33번 국도를 타고 5km 정도 가면 생곡삼거리가 나오고, 여기서 우회전한 뒤 25번 국도를 따라 월곡사거리까지 직진. 월곡사거리에서 해평 방면으로 진행하다 송곡삼거리에서 좌회전해 5.5km 가면 도리사가 나온다.

09:00~10:00 선산 낙산리 고분군
10:00~12:00 일선리 문화재마을
12:00~13:00 점심식사
13:00~15:00 모례가정 (신라 불교 초전지 마을)
15:00~17:00 도리사
17:00~18:00 선산 죽장동 오층석탑

시안, 다시 꿈을 담고 날다
영천 시안미술관

영천읍에서도 한참 떨어진 시골길을 달리다 보면
갑자기 예쁜 건물 하나가 나타난다.
1999년 경북 영천시 화산면 가상분교 부지 2만3천㎡를 매입해
새로이 단장한 시안미술관이다. 폐교를 활용한 가장 아름다운 미술관에
한 여인이 나타났다. 30년 전 이곳에는 어떤 사연이 있었을까?
그녀의 추억 속 장소들은 어떻게 되었을까?

글·사진 | 이동미

야트막한 언덕을 지나느라 구식 차가 털털거리며 호흡이 가빠질 무렵, 먼 하늘가 모퉁이에 흰 건물이 보이기 시작했다. 김혜자 선생님은 차보다 떨리는 가슴을 지그시 눌렀다.

시안박물관(Cyan Museum). 한껏 치장한 간판이 입구에 들어서는 일행을 반기는데도 그녀는 알 수 없는 서운함에 눈시울이 따뜻해졌다.

30여 년 전 아직은 찬 기운이 산자락을 타고 내리던 3월의 어느 날, 영천 시내에서 몇 시간을 달려오던 시골 버스는 안내양의 "출발" 소리와 함께 인적 드문 정류장에 그녀를 토해놓고는 급히 산굽이를 돌아 나갔다.

정류장 푯말에 희미하게 남아 있는 '가상국민학교'. 여기까지 온 것이 가상하다는 말인가, 아니면 이곳이 현실이 아닌 가상의 학교란 말인가, 이도저도 아니라면 이런 산골의 학교에 다니는 학생들이 참으로 가상하다는 말인가. 교대를 갓 졸업한 신출내기 여교사의 첫 발령지로 도시를 기대한 것은 아니지만, 사방을 둘러봐도 집이라고는 보이지 않고 끝없이 이어진 논길을 따라 들어온 산 아래 시골 학교일 줄은 상상도 하지 못했다.

옥상을 개조한 3층 전시실(사진 제공 : 시안미술관)

그뿐만이 아니다. 그때부터 4년 동안 그녀는 이곳 가상국민학교에서 삶의 가장 소중한 시간을 소중한 아이들과 보내리라는 것도 상상하지 못했다. 가상국민학교는 그녀의 첫 직장이자 첫정이 담긴 곳이고, 젊음을 처음으로 발산한 곳이다.

그리고 지난해, 가상국민학교에서 처음 가르친 제자들이 찾아와 모교 방문을 제안했다. 학교에 대한 소식은 가끔 들었다. 분교가 되고, 결국 폐교가 되었다고…. 마음이 아팠다. 젊은 날이 모두 없어지는 것 같아 가슴이 뻥 뚫렸다. 잡초가 무성한 학교가 생각나 가슴이 짠했다. 그러다 또 소식이 날아들었다. 미술관이 되었다고…. 애써 무시했다.

제자들의 차를 타고 여기까지 왔다. 선생님을 모교에 모신다는 들뜬 마음에 제자들은 초등학생 시절로 돌아간 것처럼 파란 잔디밭으로 변한 운동장을 뛰듯이 가로질렀다.

그 시절, 여름이면 아이들과 옹기종기 모여 앉아 잡초를 뽑았다. 돌아서면 뽑은 만큼 또다시 올라오니 제초 작업은 힘들지만 소중한 시간이었다. 아이들과 앉아서 "너는 이다음에 무엇이 되고 싶니?" "그래? 그래서 요즘 네가 힘들었구나" 하며 이야기를 나누었다. 그때 아이들과 뽑은 것은 잡초가 아니라 아이들의 '고민'이며, 잡초를 제거해 잘 자랄 수 있도록 보살피던 화단은 아이들 가슴에 숨겨놓은 '꿈'이었다.

그런 추억을 간직한 운동장이 푸른 잔디밭이 되어 파란 하늘을 이고 있었다. 가상국민학교를 생각하면 항상 파란 하늘이 떠올랐다. 시안(cyan)은 '아주 맑은 하늘색'을 뜻하니 이름은 제대로 붙인 듯하다. 잔디밭 중간에 철조로 만들어진 조형물이 전시된 야외조각공원에서 연인들이 다정하게 사진을 찍고, 아이들이 매달려 놀던 낡은 정글짐은 붉은색과 흰색이 적절하게 어우러진 또 하나의 조형물이 되어 이곳이 학교였음을 알려주었다.

재촉하는 제자들을 따라 시안미술관에 들어섰다. 그녀가 근무할 당시 학교는

1층의 글라스 뷰

2층 본관 건물에 학년별 교실 6개와 교무실이 있는 작지만 아담한 규모였는데, 'Cyan Museum' 이라는 흰색 푯말 아래 건물은 예전의 학교를 찾아보기 어려울 정도로 달라진 모습이었다.

토요일이면 전교생이 매달려 닦던 낡은 유리창과 창틀은 모두 없어지고, 벽을 허물어 전면 통유리창의 어린이를 위한 공간이 되었다. 어린아이들이 보고 느끼는 미술에서 벗어나 직접 만들고 체험하는 이벤트 전시실, 글라스 뷰로 탈바꿈한 것이다. 도시에서 온 처녀 선생님 걱정에 이것저것 챙겨주시던 학교 아저씨가 주무시던 숙직실은 보조전시실이 되어 인근 미술관이나 박물관에 소장되어 쉽게 접할 수 없는 전시품을 순회하며 전시하는 공간으로 활용되었다.

기억 속에 아스라이 자리 잡은 공간과 추억에 대한 아쉬움, 너무나 아담하게 변해버린 공간에서 그녀는 묘하게 흔들리는 감정에 갈피를 잡지 못했다.

"선생님! 이리 와보세요."

잔뜩 흥분한 제자 녀석이 감정에 흔들리는 그녀를 깨우듯 팔을 잡아끌었다.

글라스 뷰 뒤편으로 예전 교실의 일부와 복도가 합쳐져 정면에서는 전혀 존재하지 않을 것 같던 공간이 나타났다. 고대 로마의 회랑 같은 긴 공간 벽면에 가득한 미술품… 숨겨진 공간의 놀라움과 함께 전시된 미술품에 그녀도 짧은 감탄을 내뱉었다. 폐교의 모습을 그대로 간직하고 있다면 낡아서 더는 분필을 사용할 수 없는 칠판, 고물상에서도 구할 수 없는 걸상의 먼지를 닦아내고 앉아 그 시절을 추억하겠지만, 그 추억이 주는 편안함보다 왠지 회랑 가득 전시된 미술품이 느끼게

1층 아트 숍

해주는 정화된 감정에 끌림을 어쩔 수 없었다.
이 공간에 어떻게 이런 전시장을 꾸몄을까? 아직도 영천 시내에서 한참 차를 타고 와야 하는 외딴 곳에 어떻게 이런 공간이 자리할 수 있을까?
예전의 모습을 찾고 싶은 마음이 그 기억만큼 희미해짐을 느끼며 나지막이 울리는 나무 계단의 삐꺽거리는 소리를 따라 제2전시실, 2층 건물의 예전 학교에서는 존재할 수 없는 또 다른 공간으로 올라갔다.
이곳은 어디지? 마치 거대한 옥탑방 천장을 보는 것 같은 이곳은?
아! 그래, 옥상이구나.
아이들에게는 위험하다며 금지된 장소지만 운동회 때면 만국기를 매달던 그곳, 태극기가 바람에 날리던 곳이다.
언젠가 유난히 더위가 길던 여름날. 반 아이들을 데리고 옥상에 누워 밤늦게까지 별을 헤고 별자리를 찾다가 귀가하지 않는 아이들을 찾으러 온 마을 사람들 때문에 한바탕 난리가 났다. 교장선생님께 불려가 꾸지람을 들은 기억이 나서 희미하게 웃었다.
그런데 지금 바로 그곳에 그녀가 아이들과 밤새 찾던 별이 있었다.
옥상에 지붕을 만들어 마련한 넓은 공간에 거대한 별 모양, 기하학적 삼각형, 사각형들이 사방에서 비추는 빛과 어우러져 환상적인 분위기를 연출했다.
"선생님! 정말 놀라워요."
"4차원 우주 공간에 있는 것 같아요."
제자들도 감탄사를 연발했다.
"그래! 우리가 다닌 가상국민학교가 이렇게 아름답게 변했구나."
그녀는 이제야 마음 한구석에 가졌던 옛 추억의 그림자가 서서히, 기쁘게 떨어져 나가는 것을 느꼈다.

"그래, 추억은 언제까지 가슴에 남겨야지. 나도 나이가 들어 할머니로 변하면서 옛 그림자를 고집하며 어떤 모습이든 그대로 남아 있어야 한다고 하는 것은 늙은 이의 아집이고 욕심이지."

제자들이 믿기지 않는다는 표정으로 선생님을 바라보았다.

같이 식사할 때면 언제나 건강에 좋다고 찌개와 밥을 고집스레 주장하던 선생님이 오늘은 구운 참치를 곁들인 샐러드와 해물파스타를 주문하면서 "누가 멕시칸 칠리볶음밥 먹을래? 와인 한잔 괜찮지?" 하고 물으셨다. 시원한 카페시안의 테라스 너머로 파란 잔디밭과 먼 들판에 노랗게 익은 벼가 보였다. 그 위로 더욱 파란 하늘이 흰 구름과 어우러졌다.

 참고 문헌과 자료 출처

시안미술관 홈페이지 www.cyanmuseum.org
매일신문 www.imaeil.com/sub_news/sub_news_view.php?news_id=23653&yy=2007

입구 》 야외조각공원 》 안내센터 》
아트 숍 》 제2전시실 》 제3전시실 》
2층 카페시안

야외조각공원이 된 미술관의 잔디밭

시골길을 달리다 시안미술관에 도착하면 눈에 들어오는 건 드넓은 잔디밭이다. 그 위에는 다양한 조각들이 잔디와 어우러져 야외조각공원이 펼쳐지고, 오른편엔 초등학교 운동장을 떠올리게 하는 스탠드가 있다. 시안미술관은 정부 등록 제1종 미술관이다. 화산초등학교 가상분교가 폐교된 후 국내외 다양하고 가치 있는 미술품을 수집·연구해 전시하는 공간으로 2004년 4월 개관했다.

시안미술관이라 쓰인 건물로 들어가면 안내 센터와 더불어 왼쪽에 아트 숍이, 오른쪽으로 아이들을 대상으로 체험 미술 수업을 하는 글라스 뷰가 있고, 안쪽으로 제1전시실이 있다. 더 안쪽으로 들어가면 공간 분할된 전시실이 있고, 외부 통로로 강의·세미나실이 연결된다. 예전 그대로인 나무 계단을 오르면 제2전시실과 우아한 분위기의 카페시안이 있다. 3층으로 올라가면 이전의 전시실과 다른 제3전시실이 반긴다. 옥상을 개조했기에 천장이 높아 설치미술에도 잘 어울리는 공간이다. 전시실을 다 돌아보면 다시 2층으로 내려와 카페시안에서 식사와 음료를 즐기자. 1층에 어린이미술관을 마련해 아이들이 체험하는 동안 어른들은 2층 카페에서 차를 마시거나 1~3층 전시실의 작품을 감상할 수 있다. 카페시안은 실내 공간도 좋지만 야외조각공원을 조망할 수 있는 테라스가 멋지고, 노을이 질 때 가장 아름답다. **문의** 054-338-9391

수많은 별자리를 볼 수 있는
보현산천문대의 밤 풍경(사진 제공 : 보현산천문대)

별빛이 연결해준 나로와 아라의 사랑

영천 보현산천문대

경북 영천은 건조하고 청명한 날씨 덕분에 사과, 배, 복숭아, 포도 등 당도 높은 청정 과일이 유명하다. 비가 적게 오고 맑은 영천의 하늘은 낮이면 찬란한 햇빛을, 밤이면 영롱한 별빛을 보여준다. 덕분에 영천 보현산 정상에는 천문대가 자리한다. 천문대가 발견한 소행성에 보현산별, 최무선별과 같이 한국 이름을 붙이는 등 보현산천문대는 천문학도에게 성지로 불리는 곳이다.
하지만 '노총각 양성소'라는 별명도 있으니 노총각 나로의 사연을 들어보자.
글·사진 | 이동미

아무도 올라오지 않는 천문대 옥상. 노총각 나로는 북두칠성의 손잡이 곡선을 따라 남쪽으로 내려와 오렌지색 아르크투루스를 지나 처녀자리의 알파별 스피카를 찾는다. 봄철의 대곡선이라는 이 곡선상의 스피카와 목자자리의 아르크투루스를 연결하고, 마지막으로 사자자리의 데네볼라를 연결하면 봄철의 대삼각형이 완성된다. 이 별자리는 봄철 별자리를 찾는 길잡이가 된다. 스피카 말고는 밝은 별이 없어 쉽게 그려지지 않는 처녀의 모습을 몇 번이고 그려보던 나로는 처녀자리가 완성되어 예쁜 여인의 모습과 오버랩 되자 보현산이 꺼질 듯 깊은 한숨을 내쉬었다.

"보리 이삭을 들고 있는 처녀 스피카는 220광년이나 떨어져 있고, 지구에 있는 나는 언제쯤 장가가나…"

나이 많은 선배 연구원들도 대부분 솔로인데 이런 불평을 늘어놓았다가는 난리가 나겠지만, 보현산천문대에 계속 있다가는 장가는커녕 연애도 한 번 못 해보고 총각귀신이 될 것만 같았다. 예전에는 별을 볼 수 있다는 것만으로도 즐거웠는데….

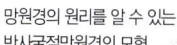
망원경의 원리를 알 수 있는 반사굴절망원경의 모형

어린 시절 영천의 시골 마을에서 자란 나로는 마당에 누워 별을 보는 것을 무척 좋아했고, 새벽까지 별을 보다가 늦잠을 자서 부모님께 혼난 적이 한두 번이 아니었다. 나로는 자연스럽게 천문 관련 학과를 졸업하고 보현산천문대의 직원이 되었다. 별을 볼 수만 있다면 밤을 새는 것도, 배고픔도 잊는 나로지만, 언제부턴가 별을 보다가도 문득 가슴 한쪽이 허전했다. 하지만 젊은 아가씨들이 있는 영천 시내와 멀리 떨어진 화북면 정각리, 그것도 구불구불한 산길을 9km나 올라와야 하는 산 정상에 위치한 천문대에서, 완전히 낮과 밤이 바뀌어 사는 천문대 직원이 연애하기는 그리 녹록치 않았.

그때 옥상 문이 열리며 선배 연구원이 올라왔다.
"나로! 너 또 여기 있었구나? 내가 부탁한 별자리 성도는 그려놨어? 못 그렸지?"
"다 했어요."
대답도 하기 전에 단정하듯 몰아치던 선배는 금세 표정이 바뀌었다.
"나로야! 내 부탁 좀 들어다오. 별모레 천문대 야간 공개 행사 있는 거 알지?"
"예! 1년에 한 번 있는 외부 공개 행사라 모든 직원 대기하라고 천문대장님이 당부하셨잖아요."
"근데 그날이 어렵게 만난 그녀 생일이야. 이번에도 안 되면 난 진짜 총각귀신 된다구. 그 귀신은 평생 널 괴롭힐 거구. 내가 잘 돼야 나로 너한테도 다리를 놓을 거 아니니? 제발 부탁이다. 중학생들 공개 행사 네가 좀 맡아다오. 중요한 날 솜털머리 중학생들하고 씨름이나 해야겠니? 부탁한다!"

부탁도 부탁이지만 딱히 바쁜 일도 없는 나로는 동양 최대 1.8m 구경 광학망원경을 점검하고, 소형 망원경을 배치하여 야간 공개 행사를 준비했다. 우리나라 최고의 장비와 시설을 갖춘 보현산천문대는 평상시 연구에만 전념하기 위해 일반인에게 개방하지 않지만, 1년에 한 번 국민들에게 보현산천문대의 업적과 위상을 알리고자 예약제로 야간 공개 행사를 진행한다.

오후가 되자 차량들이 보현산 정상을 향해 올라왔다. 버스에서 내린 학생들은 영천 시내 중학교 1학년 남학생들로, 별을 좋아하는 담임 고아라 선생님이 신청해서 온 것이다.

보현산천문대의 자랑인 1.8m 구경 광학망원경
(사진 제공: 보현산천문대)

"여러분, 만원짜리 지폐를 유심히 본 적 있어요? 자, 여기를 보세요. 이게 만원짜리 뒷면인데요, 하늘의 별자리를 도상으로 표현한 천상열차분야지도(국보 제228호)를 배경으로 조선시대 천체 관측기구인 혼천의(국보 제230호)가 보입니다. 그리고 또 무엇이 있나요? 오른쪽 하단에 자리 잡은 도구는 대체 무엇일까요? 바로 여기 있는, 국내에서 가장 큰 1.8m 구경 광학망원경입니다. 이곳 보현산천문대는 천문학적으로 그만큼 위상이 높은 곳입니다. 우리나라에서 최초로 관측된 별 13개 중 12개가 발견된 곳도 바로 여기입니다. 천문학도 사이에선 보현산천문대를 성지라고 부를 정도지요."

나로는 선배를 대신해 천문대와 망원경을 설명하느라 정신이 하나도 없었다. 어두운 밤에 진행되는 설명이 대부분이라 누가 누군지 구분하기도 어려웠다.

행사가 끝나고 모두 산을 내려가려고 정리하는데 천문대장님의 호출이 왔다. 버스가 비탈길을 올라오느라 엔진 과열과 고장으로 주차장에서 수리하고 있으니 끝날 때까지 학생들을 돌보라는 지시였다. 방문객센터로 간 나로는 차가 고장 난 게 다행이라는 듯 장난치느라 정신없는 개구쟁이 중학생들을 보았다. 그리고 개구

보현산천문대 하늘에 펼쳐지는 별의 일주운동(사진 제공: 보현산천문대)

우주로의 꿈을
키워주는
보현산천문과학관

쟁이들의 표정을 단숨에 지워버리는 사랑스러운 사람, 고아라 선생님을 보았다. 옥상에 올라온 중학생들은 집에 갈 걱정은 아예 잊은 듯 나로를 따라 별자리를 찾고, 그 별자리에 얽힌 숱한 이야기를 듣기 시작했다. 헤라클레스와 황금사자 이야기, 저승의 신 하데스에게 끌려간 데메테르의 딸 페르세포네 이야기와 연결된 처녀자리 스피카….

밤이 깊어갈수록 아이들은 방문객센터에서 하나 둘 잠이 들고, 아라와 나로만 남았다. 계절별 별자리 찾는 방법과 황도12궁에 얽힌 신화, 서양의 별자리 신화뿐 아니라 금우궁과 거해궁 등 동양에서 불리는 별자리 이야기까지 주고받았다. 알퐁스 도데의 소설〈별〉에 나오는 소년과 스테파네트처럼 서로 끌리는 마음을 발견한 두 사람. 하지만 아르테미스를 사랑하는 오리온을 시샘하듯 버스 수리가 끝나고, 아라는 아이들을 데리고 천문대에서 내려갔다.

나로는 하룻밤에 일어난 사랑의 열병으로 괴로웠지만 낮에는 아라가, 밤에는 나로가 근무를 하니 두 사람은 서로 잠든 시각에 깨어 그리워하기만 했다. 그러던 5월의 어느 이른 새벽. 다른 연구원들이 하나 둘 잠자리에 들기 직전, 나로는 전화를 받았다. 그리고 산길을 내려갔다.

영천시가 보현산 자락 정각별빛마을에 관측실과 천체투영관, 시청각실이 마련된 보현산천문과학관을 건립하고 유능한 대원을 소개해달라고 보현산천문대에 의뢰했는데, 천문대장이 나로를 적임자로 추천한 것이다.

"자네가 별을 보고 행복해하는 만큼 어린아이들이 별을 보고 행복할 수 있도록 해주고 오게."

천문대장의 명령과 함께 추천서를 가지고 보현산천문과학관까지 산길을 내려온 것이다. 나로는 천문과학관 입구에서 잠시 망설이다가 어딘가로 전화를 걸었다.
"아라씨! 저는 밤하늘의 수많은 별을 정말로 사랑합니다. 하지만 가슴속 가장 깊숙한 곳에서 가장 밝게 빛나는 일등성 아라별을 대신할 수는 없습니다. 보고 싶습니다."

그날 아침 별빛마을 사람들은 유난히 늦게까지 빛을 밝히는 샛별을 보았다.

참고 문헌과 자료 출처
《재미있는 별자리 여행》, 이태형, 김영사
경향신문, 스포츠칸
 http://news.khan.co.kr/section/khan_art_view.html?mode=view&artid=200904291126142&code=900306
한국천문연구원 홈페이지 www.kasi.re.kr
네이버 캐스트 http://navercast.naver.com/geographic/smalltown/336
데일리안(2008년 8월 20일자) www.dailian.co.kr/news/news_view.htm?id=122989

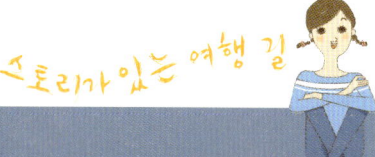

보현산천문과학관 》 보현산천문대 》 정각별빛마을

보현산은 '별의 도시'를 추구하는 영천의 보배로, 가파른 산길을 굽이굽이 오르면 보현산 동봉 정상에 천문대가 자리한다. −20℃, 습도 95%에서도 작동이 가능한 동양 최대의 1.8m 광학망원경과 태양 플레어망원경이 설치된 국내 광학 천문 관측의 중심지로서 항성과 성단, 성운과 은하 등의 생성과 진화를 연구하고 있다. 연구 목적의 기관이라 4~6월과 9~10월 넷째 토요일에 주간 공개 행사와 1년에 한 번 과학의 날(4월 21일)을 기준으로 날을 정하여 야간 공개 행사를 실시하며, 이외에는 일반인에게 공개하지 않는다. 대신 천문대 앞쪽 보도를 따라 시루봉까지 트레킹을 하거나 정각별빛마을 전망 감상으로 만족해야 한다. 야간에는 천체 관측을 하기 때문에 방문객은 반드시 일몰 전에 내려가야 한다.
문의 보현산천문대(054-330-1000, http://boao.kasi.re.kr)
대신 보현산천문대 가는 길목에 자리한 보현산천문과학관에서 아쉬움을 달랠 수 있다. 태양, 별, 달을 관측할 수 있는 주·보조관측실, 우주천문학습전시실, 로봇들의 댄싱쇼 공간, 5D 돔영상관 등을 갖추었다. 특히 국내 최초의 5D 돔영상관에선 사계절 별자리 학습, 우주 롤러코스터 상영 등을 진행하는데, 누워서 천장의 입체 영상에 따라 의자에 전해지는 짜릿한 진동과 바람의 특수 효과는 우주선을 타고 있는 듯한 느낌을 준다.
문의 보현산천문과학관(054-330-6447, www.staryc.com)
보현산천문과학관에서 보현산천문대로 오르는 길목에 70가구 140여 명이 사는 정각별빛마을이 있다. 이곳에서 밤하늘 별자리를 관찰할 수 있으며, 매년 여름에 별빛축제가 열린다. 사과 따기 등 농산물 수확 체험, 자연 생태 체험이 가능하다. 별빛을 닮아 푸근한 주민들 집에서 민박할 수 있다. **문의** 정각별빛마을 경로당(054-336-3588)

여행 정보

| 은해사, 거조암 |
은해사는 신라 헌덕왕 1년(809), 혜철국사가 창건한 사찰이다. 대웅전과 보화루 등 현판은 조선 명필로 손꼽히는 추사 김정희의 글씨며, 보물 제1270호 은해사 괘불탱, 보물 제1604호 은해사 소장금고가 있다. 거조암을 비롯해 백흥암, 운부암, 중앙암, 기기암 등 부속 암자 8개가 있다.
문의 054-335-3318(www.eunhae-sa.org)

| 영천댐 호반도로 드라이브 |
영천시 자양면에 있는 영천댐은 높이 42m, 제방 길이 300m, 총 저수량 9천640만 t으로, 포항제철공업단지와 금호강 중·하류의 농업지대에 용수를 공급하는 다목적댐이다. 댐 상류에 공업단지나 민가가 없어 물이 깨끗하고, 구불구불 댐을 따라 가는 호반도로가 아름답다.

| 영천 한약시장 |
영천은 예부터 전국 한약재 유통시장의 30%를 차지하는 한방도시로, 거래 규모가 연간 7천 t에 이른다. 특히 중풍 치료에 탁월한 약재가 많이 나고, 다양한 생약재를 저렴한 가격에 구입할 수 있다. 경부고속도로와 인접해 교통도 편리하다.

영산전

영천 한약시장

영천 돌할매

1 day

11:30~13:30
시안미술관, 점심식사

16:00~18:00
정각별빛마을

08:00~09:30
아침식사

09:00~11:30
은해사, 거조암

13:30~16:00
보현산천문과학관, 보현산천문대

18:00~19:00
저녁식사(별빛마을)

2 day

임고서원

| 영천 돌할매 |

영천시 북안면 관리에 있는 영천 돌할매는 영험하기로 소문이 났다. 돌할매는 10kg 정도 되는 돌이다. 처음에 그냥 들어보고 소원을 빈 뒤 다시 들어보았을 때 무겁게 느껴지며 들리지 않으면 소원이 이루어지는 것이고, 가볍게 들리면 소원이 이루어지지 않는다고 한다. 북안면 반정리 농공단지에서 좌측 4km 지점에 위치한다.

| 임고서원 |

임고서원은 고려 말의 충신이자 유학자 정몽주(1337~1392)의 위패를 봉안한 곳이다. 임고면 고천동 부래산에 창건했으나 임진왜란으로 소실된 것을 선조 36년(1603) 다시 지었으며, 이때 임금에게 이름을 하사 받아 사액서원이 되었다. 흥선대원군의 서원철폐령에 따라 철거되었다가 1965년 정몽주의 위패만 봉안하여 복원했다.

● 맛집

편대장영화식당(육회와 소금구이, 054-334-2655)이 오랜 전통을 자랑하는 집이고, 한우숯불단지에 있는 경성관(한우불고기, 054-336-0772)이 맛있다. 은해사 입구의 영일식당(산채비빔밥, 054-335-1057)과 포항할매집(소머리국밥, 054-334-4531), 영천 시내에 있는 25년 전통의 삼송꾼만두(054-333-8806)가 유명하다.

● 숙박

영천역 부근 라벤더모텔(054-338-0333), 영천시 보건소 뒤 일마레모텔(054-331-9953), 영천문화원 옆 동경모텔(054-331-4611) 등이 있으며, 정각별빛마을(054-336-3588)에서 민박이 가능하다.

● 찾아가는 길

대구포항고속도로에서 청통·와촌IC로 나와 919번 지방도를 이용하다 이정표를 보고 은해사로 향한다.

09:30~10:30	10:30~12:00	12:00~13:30	13:30~14:30	14:30~16:00
영천댐 호반도로 드라이브	임고서원	점심식사 (영천 한우숯불단지)	영천 한약시장	영천 돌할매 체험

액운을 쫓는 한국의 토종개
경산 삽살개

황이는 늘 형들이 부러웠다. 큰형은 홍보견으로, 작은형은 치료견으로 연구소에서 인정받고 있었다. 하지만 황이는 소심한 성격 탓에 어느 것 하나 제대로 하는 일이 없었다. 연구소 직원들은 황이의 기운을 북돋우려고 무던히 애를 썼지만, 결과는 늘 만족스럽지 못했다. 실패를 거듭할수록 황이는 더욱 소심해졌다.

글·사진 | 정철훈 사진 제공 | (사)한국삽살개보존협회

육종연구소에서 홍보견으로 활동 중인 황삽살개

경산

요 며칠 황이는 우리에서 나오려고도 하지 않았다. 그런 황이를 유심히 바라보던 장군이 할아버지가 황이의 우리가 있는 곳으로 천천히 다가왔다. 장군이 할아버지는 15년 동안 이곳에서 종견으로 활동하다 지난달 은퇴한 육종연구소의 터줏대감이다.

"우리 황이가 요즘 왜 이리 힘이 없누?"
"아니에요. 그냥 좀 피곤해서요."
"허허, 그래? 황이 오늘 이 할아비하고 오랜만에 산책이나 다녀올까?"
"산책이오?"
산책이란 말에 황이의 얼굴에 금방 화색이 돌았다. 황이는 어릴 때부터 장군이 할아버지와 산책하는 걸 제일 좋아했다.

그날 밤, 연구소 직원들이 다 퇴근한 뒤 장군이 할아버지와 황이는 견사를 빠져나왔다. 모두 잠든 밤, 주위는 고요했다. 황이는 장군이 할아버지를 따라 큰길까지 나왔다. 이 길은 황이도 자주 다녀본 길이다. 그런데 오늘은 뭔가 이상하다. 발걸음을 옮길 때마다 시간이 거꾸로 흐르는 것처럼 주위의 모습이 조금씩 바뀌었기 때문이다. 이슬이 내려 차갑던 아스팔트는 보드라운 흙길로 변했고, 벽돌과 콘크리트로 지은 네모반듯한 집들은 둥글둥글 모나지 않은 초가로 바뀌었다. 당

삽살개들은 청각과 후각이 특히 예민하다.

황해하는 황이에게 장군이
할아버지는 괜찮다는 듯 한
쪽 눈을 살짝 감아 보였다.
마침내 밤길을 밝혀주던 가
로등마저 사라져버렸다. 불
꺼진 거리는 한 치 앞도 분간
할 수 없을 정도로 어두웠다.
하지만 황이는 걷기가 전혀 불편
하지 않았다. 순간 황이는 얼마 전 장
군이 할아버지가 들려준 말이 생각났다.
"할아버지! 할아버지! 정말이에요."
"뭐가 말이냐?"
"할아버지가 그러셨잖아요. 세상은 눈으로만 보는 게 아니라고요. 보세요, 아무
것도 보이지 않는 이 길을 제가 이렇게 편하게 걷고 있어요. 청각과 후각에 의지
해서요."
"허허, 녀석. 그래, 우리 삽살개들은 그만큼 청각과 후각이 예민하단다."
황이는 어두운 길을 마치 대낮처럼 걷는 자신의 모습이 신기하고 대견했다.
"할아버지 근데요, 저는 사실 '삽살' 이라는 우리 이름이 마음에 안 들어요."
황이의 엉뚱한 말에 장군이 할아버지가 잠시 걸음을 멈추고 황이를 돌아보았다.
"이름이 마음에 안 든다? 왜 그렇지?"
"삽살이라고 하면 왠지 좀 가벼워 보이잖아요. 삽살, 삽살."
황이가 까불거리며 말했다.
"가벼워 보인다… 어감은 좀 그렇구나. 하지만 황이야, 절대 그렇지 않단다. 가
만히 생각해보렴. 우리나라 토종개 중 순수하게 자기 이름이 있는 경우가 우리 말
고 또 있더냐?"
황이는 곰곰이 생각해보았다. 그러고 보니 아랫동네 진돗개, 저 윗동네 풍산개들
은 모두 지명에서 이름을 따온 경우다.
"정말 그러네요. 그럼 혹시 삽살도 옛날 어느 곳의 지명이 아니었을까요?"
"허, 그 녀석 의심은…. 아니란다. 삽살이란 이름에는 '살(殺)을 퍼낸다' 는 의미
가 있단다. 사람들이 삽을 이용해 흙을 퍼내듯 우리는 살을 퍼내는 게지."
"살을 퍼낸다? 그럼 사람들이 우리보고 액운을 쫓는 개라고 부르는 이유도 그것

삽살이란 이름에는
'살(殺)을 퍼낸다', 즉
액운을 쫓는 의미가 있다.

때문인가요?"
"그 녀석, 머리 하나는 비상하구나."
장군이 할아버지는 황이의 머리를 쓰다듬어주었다.

황이와 장군이 할아버지가 이런 저런 이야기를 나누는 사이, 야트막한 언덕 아래 도착했다. 언덕 위에서 사람들의 기합 소리가 들려왔다. 장군이 할아버지와 황이는 언덕 위로 올라섰다. 늦은 밤이지만 사람들이 횃불을 밝힌 채 무예를 연마하고 있었다.
"할아버지, 여기가 어디예요?"
"이곳은 연무장이란다. 군사들이 훈련을 받는 곳이었지. 황이야, 저기 연무장 끝에 불쑥 솟은 언덕 보이니?"
황이는 할아버지가 쳐다보는 곳으로 고개를 돌렸다. 언덕 위의 또 다른 언덕. 그 위에 키가 훤칠한 젊은 장군이 군견을 앞세우고 군사들을 지켜보고 있었다.
"예, 보여요."
"저기 서 계신 분이 바로 김유신 장군이란다."
"김유신 장군이오? 신라의 삼국 통일을 이룬, 그 김유신이오?"
"그래, 그리고 말이다. 그분 옆에 있는 군견은 우리의 오랜 조상이란다."
'우리의 조상?' 황이는 자세히 보려고 미간을 한껏 찌푸렸다. 그러고 보니 윤기 흐르는 긴 황색 털이며, 얼굴의 이목구비가 자신과 꼭 닮았다.
"우리 삽살개들은 군견으로서도 인정을 받았단다. 특히 우리의 조상인 저 삽살개는 전시에도 김유신 장군과 함께 전장을 누볐지."
"그럼 실제 전투에도 참가했단 말인가요?"
"그렇지는 않아. 우리 삽살개는 사람을 공격해 죽일 정도로 성정이 포악하지 않으니까. 다만 다른 어느 개들보다 충성심이 강하고 감각이 예민해 호위견으로서는 그만이지. 너도 조금 전에 온몸으로 경험해보지 않았니?"
"와, 그럼 제 몸에도 저 멋진 군견처럼 호위견의 피가 흐른다는 말씀이네요."
장군이 할아버지는 말없이 고개를 끄덕였다. 그때 첫닭 우는 소리가 들렸다.
"자, 이제 돌아가야 할 시간이구나."
황이는 아쉬움에 발걸음이 떨어지지 않았다. 하지만 이제 황이는 어제의 소심한 황이가 아니다. 새로운 목표가 생겼기 때문이다. 황이는 고개를 돌려 김유신 장군 옆에서 늠름한 모습으로 서 있는 삽살개를 다시 한 번 바라보있다. 그리고 자신의 미래를 상상해보았다.

"할아버지, 저 훈련 열심히 해서 우리나라 최초로 대통령 경호견이 될래요."

"대통령 경호견? 허허, 녀석 꿈 한번 크구나. 그래, 모름지기 꿈이란 커야 하는 법이지. 어디 한번 열심히 해보거라. 할아버지도 지켜볼 테니."

신이 난 황이는 장군이 할아버지를 앞질러 저만치 달려 나갔다. 때마침 수평선 위로 붉은 태양이 솟았다. 황금빛으로 물든 도로 위에 황이의 긴 그림자가 이리저리 흔들렸다. 그 사이 시간은 1천500년 세월을 거슬러 다시 2009년으로 돌아왔다.

 참고 문헌과 자료 출처
(사)한국삽살개보존협회 홈페이지 www.sapsaree.org

(사)한국삽살개보존협회 육종연구소 사무실 》 훈련장 견학 》 삽살개와 포토 타임

경산시 하양읍 대조리에 위치한 (사)한국삽살개보존협회 육종연구소는 삽살개(천연기념물 제368호) 혈통 보존을 위해 만들어진 연구소다. 연구소에는 삽살개들이 생활하는 견사와 훈련소가 있으며, 훈련소 옆으로 연구소 사무실이 자리한다. 견사는 종견과 훈련견이 생활하는 곳으로 나뉘어 관리되는데, 아쉽게도 일반인에게 공개되진 않는다.
연구소 견학은 삽살개에 대한 간략한 설명과 훈련 모습 관람으로 진행된다. 관람 뒤에는 삽살개와 함께 사진을 찍는 포토 타임도 주어진다. 단 이들 프로그램은 상시 진행되는 것이 아니므로 미리 견학 가능한 시간을 확인한 뒤 방문하는 게 좋다.
경산시에서는 현재 육종연구소가 위치한 경산시 하양읍 대조리 일대에 삽살개 테마파크를 준비하고 있다. 오는 2011년 개장을 목표로 진행 중인 삽살개 테마파크에는 삽살개육종연구소를 비롯해 세계 각국의 희귀견을 볼 수 있는 동물원, 인간과 개의 유구한 역사와 인연을 한눈에 볼 수 있는 박물관, 개와 더불어 각종 놀이를 할 수 있는 개 체험관 등이 들어설 예정이다. **문의** 053-856-0370

여행 정보

팔공산 갓바위

| 팔공산 갓바위(관봉석조여래좌상) |

경산시 와촌면 대한리에 위치. 팔공산 갓바위의 정확한 명칭은 관봉석조여래좌상(보물 제431호)이다. 팔공산의 관봉(850m)에 있는 이 석조여래좌상을 흔히 갓바위라고도 부르는데, 그 이유는 불상의 머리에 갓을 닮은 돌이 올려져 있기 때문이다. 관봉석조여래좌상은 정성을 다해 기도하면 한 가지 소원은 반드시 들어주는 불상으로 유명하다.

| 불굴사, 홍주암 |

경산시 와촌면 강학리에 위치. 신라 신문왕 10년(690)에 건립된 불굴사는 한때 기와집 50여 동과 부속 암자 12개를 갖춘 대사찰이었다고 전한다. 경내에는 불굴사 삼층석탑(보물 제429호)과 부처님의 진신사리를 모신 적멸보궁, 석조입불상(경북 문화재자료 제401호)를 모신 약사보전이 있다. 김유신 장군과 원효대사가 수도했다는 불굴사의 홍주암은 경주의 골굴암을 연상시킬 정도로 인상적인 천연 석굴 법당이다.

| 압량유적 |

경산시 압량면 압량리에 위치. 압량유적은 압량면 압량리와 내리, 진량읍 선화리에 있는 토성 모양 축조물을 함께 이르는 말로, 김유신 장군이 압량주 군주로 있을 당시 군사 훈련을 목적으로 조성한 연무장으로 알려졌다. 세 곳의 축조물은 각각 1.2~3.2km 간격으로 배치되었으며, 7m 높이의 야트막한 구릉에 둘레 300m의 원형 광장을 갖추고 있다.

| 경산시립박물관 |

경산시 사동에 위치. 경산시립박물관은 경산의 역사와 문화를 한눈에 살필 수 있는 곳이다. 근대 경산의 모습을 전시한 제1전시실, 조선시대와 통일신라를 아우르는 제2전시실, 고대국가 압독국과 선사시대 유물이 전시된 제3전시실이 있다.
문의 053-810-6455(museum.gbgs.go.kr)

불굴사

| 임당동 고분군 |

경산시 임당동에 위치. 임당동의 낮은 구릉에는 4~6세기 것으로 추정되는 고분 30여 기가 3개 군락을 이루고 있다. 각각의 고분은 지름 7~30m에 이르며, 이들 고분에선 금동관, 금귀고리, 반지 같은 장신구류 외에도 마구류, 토기류 등 다양한 유물이 발굴되었다. 고분군 옆에는 7호분 발굴 모습을 재현한 전시관도 있다.

| 영남대박물관 |

경산시 대동에 위치. 영남대박물관은 9개 전시실에 유물 2만2천여 점을 소장하고 있다. 특히 2층 임당특별실에는 영남대박물관에서 직접 발굴·조사한 임당동 고분군의

압량유적

1 day

12:00~13:00
점심식사

14:30~16:30
삽살개육종연구소

18:00~
저녁식사 후
숙소 이동

2 day

09:00~11:00
경산시립박물관

09:00~12:00
팔공산 갓바위

13:00~14:30
불굴사, 홍주암

16:30~18:00
압량유적

08:00~09:00
아침식사

경산시립박물관

임당동 고분군

● 맛집

갓바위가 있는 와촌면 부근에선 제2솔매기식당(주먹두부, 053-852-9344)과 숲속(촌두부, 053-852-9588)이, 자인쇠고기단지에서는 송림식육식당(쇠고기, 053-857-6006)이 추천할 만하다. 하원유원지 내 민물고기식당단지에서는 정인식당(053-852-7722)이 국물 맛 시원한 메기매운탕을 끓여 낸다.

유물들이 전시되었다. 영남대박물관의 야외박물관인 민속원은 본 건물과 떨어진 학교 본관 뒤편에 있다. 문의 053-810-1707(www.yumuseum.net)

| 계정숲 |

경산시 자인면 서부리에 위치. 계정숲은 우리나라에서 보기 드물게 평지에 조성된 천연림 군락이다. 이 팝나무가 주종을 이루지만 말채나무, 느티나무, 참느릅나무 등 낙엽수와 활엽수가 함께 자라 과거 경산시 일대의 수종이 어떠했는지 알 수 있는 중요한 자연 유적지다. 계정숲 주위로 한장군의 묘와 사당, 한장군놀이 전수관 등이 남아 있다.

계정숲

| 상대온천 |

경산시 남산면 상대리에 위치. 겨울에도 반경 15m에는 물이 얼지 않았다는 곳이다. 1982년 정식 온천으로 개장한 상대온천은 지하 500m 암반층에서 용출되는 알칼리성 온천으로, 위장병과 류머티즘, 피부병에 효과가 좋은 것으로 알려졌다. 문의 053-815-8001

● 숙박

경산시의 모텔은 대부분 옥산동에 있다. 발리파크(053-814-6556), 리베라(053-816-8100), 메리어트모텔(053-812-7740) 등이 깨끗한 편이다. 남산면 상대리의 상대온천관광호텔(053-851-6645)과 압량면 금구리의 경산용암웰빙스파(053-817-5500)는 온천과 숙박을 동시에 해결할 수 있는 곳이다.

● 찾아가는 길

대구포항고속도로 청통·와촌 IC에서 919번 지방도를 타고 동서사거리에서 4번 국도를 이용, 경산 방면으로 진행하다 경동정보대학 앞에서 대부잠수교 방면으로 우회전해 경산시민공원 쪽으로 가면 오른쪽에 삽살개육종연구소가 있다.

11:00~12:00 임당동 고분군

12:00~13:00 점심식사

13:00~15:00 영남대박물관

15:00~16:00 계정숲

16:00~18:00 상대온천

18:00~ 귀가

마을에 내린 돌비로 쌓은 돌담
군위 대율리 전통 문화마을

오늘은 어머니의 아흔 번째 생신이다. 어머니는 한 달 전 내게
이번 생일 선물은 다른 거 다 필요 없으니 고향 마을에나 다녀오자고 하셨다.
사실 어머니의 부탁이 아니라도 한번쯤 어머니를 모시고
고향에 다녀올 생각이었다. 이제 나도 제법 머리가 희끗희끗한
노인이 되었기 때문에 이번 기회가 아니면 또 언제 어머니를 모시고
고향에 다녀올지 장담할 수 없었다.

글·사진 | 정철훈

대율리 전통문화마을의 명물인 돌담길

저 멀리 마을 입구와 송림이 보였다. 송림은 그때나 지금이나 여전히 멋스러웠다.
"어머니, 이제 다 왔네요. 저기 송림 보이시죠?"
어머니는 차창을 활짝 열고 고개를 돌려 송림을 바라보셨다.
"그렇구나. 이게 얼마 만인지…. 송림은 예나 지금이나 푸르구나."
어머니의 목소리가 가늘게 떨렸다. 나는 룸미러로 어머니를 보았다. 어머니는 그새 손수건을 꺼내 눈물을 훔치고 계셨다.
"어머니도 참, 이렇게 좋은 날 왜 우세요?"
"하하, 그러게 말이다. 나이가 드니 눈물이 많아지는구나. 아범아, 어여 가자."
"예, 어머니."
차가 마을 대청 앞에 닿았다. 사람들은 이곳을 대율리 대청이라 불렀다. 어머니는 차에서 내려 대청마루를 한참 동안 올려다보셨다.
"어머니, 잠깐 앉았다 갈까요?"
"그래, 그러자꾸나."
내가 어머니의 팔을 잡으려 하자, 어머니는 짐짓 정색을 하며 말씀하셨다.
"아범아, 나 아직 괜찮다."
"예, 어머니."

학소대에서 휴가를
즐기는 여행객들

오랜 세월을 보여주는 돌담

나는 머리를 긁적이며 부축하려고 잡았던 어머니의 팔을 놓았다. 사실 어머니는 아흔이라는 나이가 믿기지 않을 정도로 정정하셨다. 나는 그게 늘 감사했다. 어머니가 대청에 오르신 뒤, 나도 대청으로 올라 어머니 옆에 자리를 잡고 앉았다.

"어머니, 그거 생각나세요? 누님들이 봉제 일 배운다고 밭일도 빼먹고 매일 여기 와서 미싱 돌리고 그랬잖아요."

"그래, 기억나는구나. 학교 보내기도 힘들던 시절인데 얼마나 고마운지."

"큰누님은 여기서 배운 봉제 기술로 지금도 떵떵거리고 살잖아요."
"그래, 참 고마운 일이지."

어머니와 나는 대청에서 내려와 천천히 돌담을 따라 걷기 시작했다. 어머니는 걷는 내내 아무 말씀이 없었다. 그저 길을 따라 걷다가 돌담을 쓰다듬고, 또 걷기를 반복하셨다. 아버지가 돌아가신 뒤 10년 동안 어머니는 고향을 찾지 않으셨다. 그에 대한 미안함 때문인지 어머니는 그렇게 손끝과 발끝으로 고향을 마음에 깊이 새기고 계셨다.

"어머니, 저 어릴 때만 해도 이렇게 두 손 활짝 벌리면 돌담과 돌담에 손이 닿는 곳도 많았는데. 그렇죠?"

나는 팔을 활짝 펴며 어머니를 바라보았다.

"그랬지. 길이 이렇게 넓어진 건 아마 새마을운동이 시작되던 그즈음인 것 같구나. 그때 자칫하면 이 돌담이 모두 사라질 뻔했지."

나는 처음 듣는 이야기다. 그즈음 나는 취직을 위해 서울로 올라와서 마을에 무슨 일이 있었는지 잘 몰랐다.

"아니, 무슨 일이 있었는데요?"

"잘 살아보자고 한창 떠들 때 아니었니? 군청에서 길을 넓혀준다고 했는데 돌담이 문제였지. 길을 넓히려면 어쩔 수 없이 허물어야 하잖니."

"그래서요?"

"몇몇 사람들은 그냥 허물고 거 뭐니, 그래 블록그, 그걸로 쌓자고 했지. 하지만 당시 이장이던 홍씨 어른께서 극구 반대를 하셨단다. 도로 포장을 안 하면 안 했지 돌담을 헐어버릴 수는 없다고 말이야. 결국 마을 사람들이 조금씩 자신의 땅을 양보해 돌담을 뒤로 물린 뒤에야 도로를 포장할 수 있었단다."
"그랬군요. 잘못하면 멋진 돌담길이 개발 논리에 밀려 사라져버릴 수도 있었군요. 근데 어머니, 이 돌담이 언제부터 있었나요? 저 어릴 때도 있긴 했는데."
"이 돌담 말이냐?"
어머니는 한참 동안 아무 말 없이 뭔가를 골똘히 생각하셨다. 그리고 어렵게 입을 여셨다.
"오늘이 며칠이지?"
"어머니도 참, 오늘은 어머니 생신인 7월 13일이잖아요."
"그래, 오늘이 7월 13일이지. 꼭 80년이 되었구나. 마을에 돌비가 내린 지도."
"돌비요?"
나는 어머니가 무슨 말씀을 하시는지 알아들을 수가 없었다. 분명 돌비라고 하셨는데, 그럼 이 거대한 돌들이 하늘에서 떨어졌단 말인가. 나는 어머니의 입만 쳐다보고 있었다.
"1930년, 그러니까 내 나이 열 살 되던 해였단다. 마을에서는 3년 전부터 계속 좋은 일만 있었지. 너도 알지만, 요 위에 삼존석굴이 있잖니. 그게 1927년에 발견되었거든. 마을 사람들은 길조라며 좋아했단다. 그리고 3년 동안 정말 좋은 일만 있었지. 농사도 잘 됐고."
나는 묵묵히 어머니의 얘기에 귀를 기울였다. 어머니는 말씀이 길어질 것 같은지 다시 대청 쪽으로 발걸음을 돌리셨다. 어머니는 대청에 앉아 말씀을 계속하셨다.
"그렇게 3년을 보내고 내 열 번째 생일날, 오전부터 비구름이 몰려오더니 오후 3시쯤 돼서 엄청난 비가 쏟아지기 시작했단다. 마을이 떠내려갈 것 같은 비가 꼬박 네 시간 동안 쏟아 부었지."
"그래서요? 마을은 어떻게 됐나요?"
"앞내와 뒷내에 둘러싸인 마을이 남아날 수 있었겠니. 그런데 정작 문제는 불어난 물이 아니라 팔공산에서 흘러내린 엄청난 돌이었단다. 하늘에서 돌덩어리들이 떨어지는 것 같은 엄청난 소리를 내며 돌이 굴러 내렸단다. 마을 사람들은 돌비가 내린다고 모두 두려워했지."
어머니는 그때의 일이 떠오르는지 잠시 말씀을 멈추고 숨을 깊게 들이마셨다.
"비가 그치고 마을로 돌아와 보니 집이며 논이 온통 돌밭이 되었더구나. 마을 사람들은 어찌 해볼 엄두도 내지 못하고 망연자실 하늘만 원망하고 있었단다. 그때 마을을 떠난 사람도 적지 않았지."

"그럼, 그때 팔공산에서 흘러내린 돌들이?"

어머니는 가만히 고개를 끄덕이셨다. 돌은 퍼 날라도 퍼 날라도 끝이 없었다고 한다. 그래서 쌓기 시작한 게 지금의 돌담이라는 것이다.

"어머니, 오늘 제가 80년 전에 잃어버린 어머니 열 살 때 생일도 챙겨드릴게요."

"그래, 그래, 고맙다 우리 아들. 기왕 여기까지 왔으니 저기 삼존석굴에 다녀오자꾸나."

"예, 어머니."

나는 어머니의 주름진 손을 꼭 잡고 삼존석굴 방향으로 천천히 걸음을 옮겼다.

 참고 문헌과 자료 출처
《돌담과 함께한 부림의 터, 한밤마을》(군위군 부계면 대율리 한밤마을 민속지)

대율리 송림 》 대율리 대청 》 상매댁 》 돌담길 》 대율리 석불입상 》
군위삼존석굴(제2석굴암)

대율리 전통문화마을로 들어서면 가장 먼저 돌담길이 반긴다. 돌담길의 유래에 대해서는 의견이 분분하다. 경오년(1930년) 대홍수로 팔공산에서 흘러내린 돌을 이용해 담을 쌓았다는 의견과 원래 돌이 많은 지역으로 그 이전부터 돌담이 있었다는 의견이다. 하지만 그 진위를 떠나 마을 곳곳으로 실핏줄처럼 이어지는 돌담은 그 자체로도 문화재 감이다. 대율리에는 돌담 외에도 경북 유형문화재 제262호로 지정된 대율리 대청, 남천고택이라고도 불리는 상매댁, 보물 제988호인 대율리 석불입상 등이 있다. 마을길을 따라 오르면 제2석굴암이라 불리는 군위삼존석굴에 닿는다. 천연 동굴에 미타삼존을 모신 군위삼존석굴은 경주의 석굴암보다 조성 시기가 1세기 정도 빠른 것으로 알려졌다. 그런데 왜 군위삼존석굴을 제2석굴암이라고 부를까. 그건 단순히 경주 석굴암보다 발견된 시기가 늦기 때문이라고 한다. 군위삼존석굴은 1927년 발견됐으며, 1962년 12월 20일 경주 석굴암과 함께 국보로 지정되었다. 군위삼존석굴은 국보 제109호다.

여행 정보

| 법주사 |

군위군 소보면 달산리에 위치. 법주사는 신라 소지왕 15년(493)에 창건된 사찰로, 고려시대 보조국사 지눌이 머물기도 했다. 법주사 오층석탑(경북 문화재자료 제27호)과 우리나라에서 가장 큰 맷돌인 군위 법주사 왕맷돌(경북 민속자료 제112호)이 있다.
문의 054-382-4618

법주사

| 김수환 추기경 생가 |

군위군 군위읍 용대리에 위치. 김수환 추기경 생가라 불리는 이곳은 엄밀히 따지면 생가는 아니며, 고 김수환 추기경이 유년기를 보낸 곳이다. 다섯 살 때 대구에서 군위로 이사 온 김수환 추기경은 소학교 5년 과정을 마치고, 대구 성유스티노신학교 예비과에 진학할 때까지 이곳에서 생활했다.

김수환 추기경 생가

| 경북대학교 자연사박물관 |

군위군 효령면 장군리에 위치. 2004년 개관한 경북대학교 자연사박물관은 공룡화석관, 지질암석관, 야생동물관, 곤충관 등으로 구성된다. 공룡화석관에서는 세계에서 가장 작은 육식공룡의 발자국을 볼 수 있으며, 야생동물관에서는 멸종된 토종 늑대 박제를 포함해 다양한 야생동물 박제를 만날 수 있다. 문의 054-383-7026(mnh.knu.ac.kr)

| 인각사 |

군위군 고로면 화북리에 위치. 신라 선덕여왕 11년(642)에 의상대사가 창건한 사찰로, 일연선사가 5년간 머무르며 《삼국유사》를 완성한 곳이다. 인각사에는 일연선사의 부도인 보각국사정조지탑과 일연선사의 행적을 기록한 보각국사비(보물 제428호)가 남아 있다. 이외에도 인각사 석불좌상(경북 유형문화재 제339호)과 일연선사생애관이 있다.
문의 054-383-1161(www.ingaksa.org)

인각사

| 학소대 |

인각사와 도로 하나를 사이에 두고 있다. 남성미 물씬 풍기는 수직 절벽이 인상적인 학소대는 여름철이면 군위는 물론 의성과 영천, 심지어 대구에서까지 피서객이 몰려드는 소문난 피서지다.

| 화산산성 |

군위군 고로면 화북리 화산마을 동쪽 끄트머리에 있는데, 화수리에서 갑령을 잇는 28번 국도변에서 임도를 따라 7km 정도 올라가야 한다. 북문과 수구문 터만 남아 있는 화산산성은 숙종 35년 병마절도사 윤숙이 건설했으나 축성 당시 흉년이 크게 드는 바람에 성을 완성하지 못했다고 한다.

화산산성

1day

10:00~12:00 김수환 추기경 생가

13:00~15:00 경북대학교 자연사박물관

17:00~18:00 군위삼존석굴

08:00~09:00 아침식사

09:00~10:00 법주사

12:00~13:00 점심식사

15:00~17:00 대율리 전통문화마을

18:00~ 숙소 이동, 저녁식사

2day

화산마을

● 맛집
군위삼존석굴이 위치한 남산리 일대에 식당이 밀집해 있다. 원두막식당(펑샤브샤브, 054-383-8227), 산너머남촌(촌닭백숙, 054-383-5445), 동화속으로(갈비찜, 054-383-7979), 꿈의도시(산채비빔밥, 054-383-8300) 등이 추천할 만하다.

| 화산마을 |
군위군 고로면 화북리에 위치. 화산(828m) 자락에 자리한 화산마을은 1962년 개간촌으로 불리던 곳이다. 화산마을에선 군위의 특산품 고랭지 배추와 상추를 재배한다. 화산마을은 사진가들 사이에서 청송의 옥정호, 강릉의 안반데기 등과 함께 운해가 아름답기로 소문난 곳이다. 일교차가 심해지는 10월이면 갓산을 에둘러 피어오르는 운해가 장관이다.

● 숙박
인각사에서 멀지 않은 고로면 장곡리에 장곡자연휴양림(054-382-9925, www.janggok.co.kr)이 있으며, 남산리 부근에는 송암장모텔(054-383-9303), 남산장여관(054-383-8800), 현대모텔(054-383-6200), 팔레스모텔(054-383-3804) 등이 있다.

| 신비의 소나무 |
군위군 고로면 학암리에 위치. 나무에 손을 대고 소원을 빌면 이루어진다는 소나무다. 실제로 이 마을에는 수령 500년인 이 소나무에 소원을 빌어 사법고시와 기술고시 등에 합격한 사람이 있다고 한다. 지금도 마을에서는 매년 음력 7월에 마을 청년들이 김매기를 마치고 소나무에 풍년을 기원하는 동제를 드린다.

● 찾아가는 길
중앙고속도로 군위 IC에서 5번 국도를 이용해 효령면까지 진행한다. 효령면에서 919번 지방도를 타고 다시 부계면까지 간 뒤, 부계삼거리에서 제2석굴암(군위삼존석불) 이정표를 따라 우회전한다. 79번 지방도를 따라 5km 정도 진행하면 제2석굴암 못미처 대율리 전통문화마을이 나온다.

신비의 소나무

09:00~10:00 인각사
10:00~12:00 학소대
12:00~13:00 점심식사
13:00~15:00 화산산성
15:00~17:00 화산마을
17:00~18:00 신비의 소나무

천년의 숨결을 간직한 고찰
청도 운문사

오늘 아침, 영화사에서 전화가 왔다. 몇몇 극장들이 벌써 영화를 내리고 있다는 것이다. 영화를 개봉한 지 이제 일주일이 지난 시점이다. 처음 영화계에 발을 들여놓은 10년 전, 언론은 흥행성과 작품성을 두루 갖춘 천재 감독이라며 나를 한껏 치켜세웠다. 하지만 그 후 연이은 흥행 실패로 나는 조금씩 언론과 대중의 관심에서 멀어졌다. 그리고 야심차게 준비한 네 번째 영화가 고전을 면치 못하는 것이다. 이번마저 실패한다면 영화계를 떠나야 할지도 모른다.

글·사진 | 정철훈

책상 위에 올려놓은 휴대폰이 요란스럽게 흔들렸다. 새벽 3시. 이 시간에 전화할 사람은 한 명뿐이다. 박현우.
"뭐 해? 또 서재에서 청승 떨고 있는 거야?"
"그렇지 뭐."
"지금 너희 아파트 정문 앞이다. 내려와. 바람이나 쐬러 가자."
"지금? 어디로?"
"청도, 운문사."
"운문사? 거긴 왜?"
"혹시 아냐, 그곳에 네가 원하는 답이 있을지…."
"뭐야, 운문사에 소원 들어주는 영험한 부처님이라도 계신 거야?"

운문사 삼층석탑과 비로전

"영험한 부처님? 음… 그럴지도 모르지. 하여튼 빨리 내려와."
현우는 내 의사는 묻지도 않고 일방적으로 전화를 끊어버렸다. 나는 얇은 점퍼 하나만 챙겨 집을 나섰다. 며칠 새 새벽 공기가 많이 차가워졌다. 나는 들고 나온 점퍼를 주섬주섬 걸치며 아파트 정문으로 향했다. 그곳에 현우의 차가 있었다.
"오랜만이지?"
현우가 물었다.
"응?"
"우리 둘이 여행 가는 거 말이야."
"응…."
그러고 보니 현우와는 여행을 참 많이 다녔다. 녀석을 만난 중학생 시절부터.

"눈 좀 붙여라. 며칠 동안 잠도 제대로 못 잤을 텐데."
현우가 차에 시동을 걸며 말했다.
정말 며칠째 잠다운 잠을 자본 적이 없다. 의자에 기대 눈을 감으니 참을 수 없는 졸음이 밀려왔다. "고맙다." 나는 잠결에 현우에게 말했던 것 같다. 그리고 이내 깊은 잠에 빠져들었다.

얼마나 잤을까. 눈을 떴을 땐 날이 훤히 밝았다. 잠에 취한 나는 짧은 순간 여기가 어딘가 어리둥절했다.
"이제 깼냐?"
그제야 나는 우리가 여행을 떠나왔다는 사실을 깨달았다. 정신없이 곯아떨어졌던 모양이다.
"도착했으면 깨우지 않고…."
"너무 곤히 자서. 내리자."
현우와 솔숲을 따라 걸었다. 길은 차와 사람을 위해 두 갈래로 나뉘었다. 얼마쯤 걸었을까. 현우가 소나무 하나를 가리키며 말했다.
"여기, 이 소나무가 상처 난 소나무야."
"상처 난 소나무?"
나는 현우가 가리키는 소나무를 쳐다봤다. 소나무의 허리 밑동이 시멘트로 메워져 흉물스러웠다.
"일제강점기에 일본군이 연료로 쓸 송진을 채취하려고 한 짓 이래. 이렇게 깊은 상처를 입고도 60년 넘게 살아왔다는 게 믿기니?"
현우가 소나무를 올려다보며 말했다.
"상처 난 소나무, 내게 이걸 보여주고 싶었던 거야?"
"응? 어… 하지만 이게 전부는 아냐."
"전부는 아니라고? 그럼 정말 영험한 부처님이라도 있다는 얘기야?"
현우는 아무 말 없이 앞서 걸었다. 우리는 솔 숲 산책로와 예쁜 돌담길을 지나 운문사로 들어섰다. 범종루 오른쪽에 운문사의 명물이라는 처진

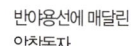
반야용선에 매달린 악착동자

운문사 솔숲 산책로

소나무가 보였다. 언젠가 TV에서도 본 적이 있는 소나무다. 나는 방금 전에 본 상처 난 소나무가 생각나 처진 소나무 앞으로 바짝 다가가 밑동부터 살폈다. 다행히 이 소나무에는 상처가 없었다.
"저기 보이는 건물이 대웅보전이야. 1994년 새로 지은 건물이라 옛 맛은 덜하지? 이리 와봐. 재미있는 거 보여줄게."
현우를 따라간 곳에 대웅보전이 하나 더 있었다.
"어? 뭐야. 대웅보전이 또 있잖아?"
"응. 이 건물이 원래 운문사의 대웅보전이야. 방금 본 대웅보전을 새로 짓기 전까지. 지금은 비로전이라고 부르지. 비로자나불을 모신 법당이거든."
"근데 왜 아직도 대웅보전이란 현판이 달린 거야?"
"그건 이 건물이 보물로 지정되었기 때문이야. 보물로 지정되면 그때부턴 사찰에서도 어쩔 수가 없거든. 문화재청에서 관리하니까."
현우와 나는 호위무사처럼 당당한 모습으로 서 있는 두 석탑을 지나 비로전으로 향했다.
"저기 대웅보전, 아니 비로전 안에 계신 부처님이 혹시 그 영험한 부처님이냐?"
나는 농담 반 진담 반으로 현우에게 물었다. 하지만 현우는 꽤 진지한 표정으로 비로전의 천장만 바라보았다. 한참 동안 말이 없던 현우가 비로전 천장을 가리키며 입을 열었다.
"난 여기 올 때마다 저 동자상을 보고 가. 네게 보여주고 싶었던 것도 바로 저 동자상이야."
나는 현우가 가리키는 곳을 쳐다봤다. 정말 작은 동자상 하나가 보였다. 외줄에 간신히 매달린 모습이 무척 위태로워 보였다.
"동자가 매달린 용 모양 배를 반야용선(般若龍船)이라고 해. 불교에서는 반야용선이 중생을 피안의 세계로 인도한다고 믿지. 반야용선에 오르려는 동자의 노력이 눈물겹지 않니?"

운문사 대웅보전 단청

"……."
"나는 말이다, 역사는 살아남은 자의 기록이라고 생각해. 어떻게든 살아남는 게 중요하다는 얘기지. 그래야 언젠가 지금의 내 생각을 다른 사람들에게 들려줄 수 있으니까. 네 영화도 마찬가지 아닐까?"
나는 아무 말도 할 수가 없었다. 그저 현우의 마음이 고마울 뿐이었다.
"저… 현우야, 고마…"
내 말이 채 끝나기도 전에 현우가 내 목을 조르며 장난을 걸었다. 나도 지지 않고 녀석의 목을 졸랐다. 그렇게 엎치락뒤치락하는 사이 둘은 30년 전 까까머리 중학생으로 돌아갔다.
"근데 말이야, 저 동자 이름이 뭐라고 했지?"
"악착동자."
"악착동자? 누군지 이름 참 잘 지었네. 그런데 여긴 비구니 사찰이니 악착동자가 아니라 악착보살이라 불러야 할 것 같은데? 하하하."
"뭐? 악착보살? 듣고 보니 그러네. 역시 영화감독다운 발상이다. 하하하."

운문사 홈페이지 www.unmunsa.or.kr

솔숲 산책로 》 상처 난 소나무 》 쳐진 소나무 》 삼층석탑 》 비로전(악착동자)

청도군 운문면 신원리 호거산 자락에 위치한 운문사는 신라 진흥왕 21년(560)에 창건한 것으로 알려졌다. 창건 당시 이름은 대작갑사로 이후 원광국사(圓光國師), 보양국사(寶壤國師), 원응국사(圓應國師)의 중창을 거쳐 지금에 이르고 있다. 대작갑사가 운문사라 불리기 시작한 건 973년 고려 태조 왕건이 후삼국의 통일에 도움을 준 보양국사께 보은한다는 의미에서 운문선사(雲門禪寺)라는 사액을 내리면서부터다. 운문사는 일연선사(一然禪師)가 5년 동안 주지로 머물면서 《삼국유사》 집필을 시작한 곳으로도 유명하다.

운문사에는 대웅보전이 두 개 있다. 1994년 대웅보전이 새로 건립되면서 종전의 대웅보전은 비로전이라 불린다. 하지만 이 건물이 대웅보전으로 사용될 당시 보물로 지정되었기 때문에 아직까지도 대웅보전이란 현판을 달고 있다. 비로전은 조선 숙종 44년(1718)에 세운 건물로 보물 제835호다. 운문사 경내에는 비로전 외에도 원응국사비(보물 제316호)와 석가여래좌상(보물 제317호)을 포함해 국가지정보물 7점과 천연기념물 제180호 쳐진 소나무가 있다.

문의 054-372-8800

여행 정보

범곡리 지석묘군

| 범곡리 지석묘군 |

청도군 화양읍 범곡리에 위치. 경북 기념물 제99호 범곡리 지석묘군은 청도천 일대에서 지석묘가 가장 많이 분포한 지역이다. 이곳에선 청동기시대 것으로 추정되는 지석묘 34기가 발견되었는데, 이들 지석묘는 80m 간격을 두고 동쪽에 22기, 서쪽에 12기가 있다.

| 청도 석빙고 |

청도군 화양읍 동천리에 위치. 보물 제323호 청도 석빙고는 조선 숙종 때 만들어진 얼음 저장고로, 전국에 있는 석빙고 6기 중 역사가 가장 오래됐다. 석빙고 내부는 어른 키 높이로 땅을 판 뒤 잡석으로 벽을 쌓았으며, 계단을 통해 내부로 들어갈 수 있도록 만들어졌다. 장방형으로 된 석빙고 천장은 홍예 4개로 틀어 올렸다.

청도 석빙고

| 도주관 |

청도군 화양읍 서상리에 위치. 경북 유형문화재 제212호 도주관은 조선시대 청도군 객사로 쓰이던 곳이다. 도주는 청도의 옛 이름으로, 객사 중앙에 정청을 두고 좌우에 동헌과 서헌이 있다. 정청에는 왕을 상징하는 전패가 있어 지방 수령이 초하루와 보름에 배례했으며, 동헌과 서헌은 외국 사신이나 중앙 관리들을 위한 유숙 시설로 활용되었다.

| 꼭두서니공방 |

청도군 화양읍 유등리에 위치. 천연 염색 공방 꼭두서니는 청도군에서 감물 염색을 체험할 수 있는 대표적인 체험장이다. 감물 염색은 생각보다 간단하다. 감물과 소금을 이용해 만든 염액에 천을 넣고 20분 정도 잘 주물러주면 된다. 염색된 천은 줄에 널어 햇볕에 말리는데, 제대로 된 색을 얻기 위해서는 이 과정을 여러 번 반복해야 한다. 문의 054-371-6135

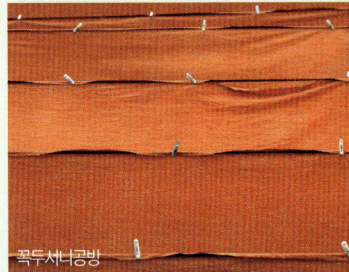
꼭두서니공방

| 농기구박물관 |

청도군 각남면 예리리 각남초등학교 내 위치. 농부들이 밭 갈 때 사용하던 써레와 쟁기, 씨를 담아두던 삼태기, 인분을 담던 똥장군에 이르기까지 다양한 농기구 유물이 전시되었다. 인분이나 오줌을 똥장군에서 퍼내 밭에 뿌리던 바가지 모양의 새갓통도 흥미롭다. 농기구박물관에는 모두 152종 242점의 유물이 있다. 문의 054-372-6086

| 용암웰빙스파 |

청도군 화양읍 삼신리에 위치. 지하 1천8m 암반에서 뿜어지는 천연 광천 온천수를 이용한 웰빙 테마 온천이다. 최신식 바데풀과 아쿠아테라피 외에도 각종 약초를 이용한 테마탕과 웰빙 객실을 갖췄다. 문의 054-371-5500(www.yongamspa.co.kr)

농기구박물관

 1 day
- 09:00~10:00 범곡리 지석묘군
- 10:00~11:00 청도 석빙고
- 11:00~12:00 도주관
- 12:00~13:00 점심식사

- 13:00~15:00 꼭두서니공방
- 15:00~16:00 농기구박물관
- 16:00~17:00 용암웰빙스파

- 17:00~ 숙소 이동, 저녁식사
- 08:00~09:00 아침식사
 2 day

와인터널

삼족대

동산리 처진 소나무

● 맛집
운문사 인근에는 울산아지매집(054-373-0568)과 하얀집(054-372-5599), 삼보식당(054-372-8835) 등의 산채비빔밥이 맛있다. 청도역 앞에서 40년째 식당을 운영하는 역전추어탕(054-371-2367)도 유명하다.

● 숙박
온천과 숙박을 동시에 해결할 수 있는 용암웰빙스파(054-371-5500)와 운문사 인근에 위치한 운문산 자연휴양림(054-371-1323)이 추천할 만하다. 운문면 일대에 후레쉬모텔(054-371-0700)과 산수장여관(054-373-4335), 화양읍 일대에 비바모텔(054-371-5666)과 스위스산장(054-373-3114) 등도 있다.

| 와인터널 |
(주)청도와인에서 운영하는 와인터널은 청도의 특산품 반시로 와인을 만드는 곳이다. 이곳의 대표 와인 '감그린'은 2005년 부산 APEC 정상회담에서 만찬주로 선정되며 세인의 관심을 끌기 시작했다. 와인 숙성고로 사용되는 와인터널은 대한제국 말기(1904년)에 경부선 철도용으로 뚫은 터널이다. 문의 054-371-1135(www.gamwine.com)

| 동산리 처진 소나무 |
청도군 매전면 동산리에 위치. 이 나무는 가지가 수양버들처럼 처져서 '유송'이라고도 부른다. 나무의 형태가 이러한 것은 주변의 나무에 가지가 눌렸기 때문이라는데 확실치는 않다. 옛날 어느 정승이 이 나무 앞을 지날 때 나무가 갑자기 큰절을 하듯 밑으로 처진 뒤 다시 일어서지 않았다는 재미난 일화도 전한다.

| 삼족대 |
청도군 매전면 금곡리에 위치. 정면 3칸, 측면 2칸인 이 정자는 조선 중종 14년(1519)에 삼족당 김대유(1479~1552)가 후진 교육을 위해 건립한 것으로, 그의 호를 따라 삼족대라 불린다. 김대유는 정암 조광조(1482~1519)의 문인으로 중종 2년 정시에 장원급제하고, 정언과 철원현감 등을 지낸 인물이다.

| 신지리 고택 |
청도군 금천면 신지리에 위치. 도로 하나를 사이에 둔 신지리와 신지1리에는 운강 박시묵의 둘째 아들 박재소(1840~1873)가 지은 섬암고택, 소요당 박하담(1479~1560)이 벼슬을 사양하고 은거하며 후학을 양성하던 서당 터에 건립한 만화정과 운강고택 등 여러 고택이 남아 있다.

● 찾아가는 길
신대구부산고속도로 청도 IC에서 20번 국도를 따라 매전면, 금천면을 지나 대천삼거리에서 운문사 방면으로 우회전한다. 대천삼거리에서 69번 지방도를 따라 4.5km 정도 진행하면 농민회관 지나 갈림길이 나오고, 이곳에서 다시 운문사 방향으로 우회전해 3km 들어가면 운문사 매표소가 나온다.

09:00~12:00 와인터널
12:00~13:00 점심식사
13:00~14:00 동산리 처진 소나무
14:00~14:30 삼족대
14:30~15:00 신지리 고택 (섬암고택, 운강고택)
15:00~17:00 운문사

대가야가 타전하는 찬란한 고대 문화
고령 대가야박물관과 지산리 고분군

고령은 대가야의 흥망성쇠를 고스란히 간직하고 있다.
금관가야와 더불어 영·호남의 가야국들을 대표하던 대가야는 지산리 고분군에서 발굴된
유물을 통해 찬란한 철기 문화와 독특한 순장 풍습 등이 알려졌다.
그러나 대가야의 역사와 문화는 여전히 베일에 가려져 밝히고 찾아야 할 것이 많다.
우리나라 고대 문화의 한 축을 담당한 대가야. 박물관에는 화려한 지난날의 문화가 간직되었고,
거대한 고분들은 전해야 할 대가야의 역사가 아직 많다고 말해주는 듯하다.
글·사진 | 윤규식

지산리 고분군에서 바라본 고령

오후 6시가 되자 관람객들이 하나 둘 사라지기 시작했다. 전시 유물과 석곽만 간신히 비추던 조명도 꺼졌다. 지산리 44호 고분을 본뜬 거대한 반원형의 대가야 왕릉전시관 내부는 비상구 조명등만 희미할 뿐, 어둠 속으로 고요히 잠겼다.

"아가, 아가…."

"아버지, 어디 계세요?"

왕릉전시관의 28호 석곽 모형

텅 빈 전시관의 적막을 뚫고 남자와 소녀의 목소리가 나직하게 들린다. 임금이 안치된 주석실 서쪽 28호 석곽에서 나는 소리다. 1천600년 전 왕과 함께 순장된 부녀는 이렇듯 가끔씩 누웠던 자리를 털고 일어나 주위를 둘러보곤 했다.

그런데 오늘은 좀 특별한 날이다. 오래전부터 딸과 계획한 대가야박물관 나들이를 드디어 실행하는 날이기 때문이다. 호위무관들의 눈을 피해 밖에 다녀오려면 평소보다 조심해야 한다. 오늘따라 딸을 깨우는 아버지의 표정이 유난히 긴장돼 보인다.

부녀는 옆 석곽의 부부와 소녀들을 깨우지 않기 위해 살금살금 출구로 향했다. 주석실 부근의 호위무관들에게 발각되기라도 하면 치도곤을 당할 수도 있다. 출구로 가는 길이 멀게만 느껴진다.

부녀는 무사히 밖으로 나왔다. 어스름하게 어둠이 깔리기 시작한 전시관 밖은 선선한 바람이 불었다. 아버지와 어린 딸은 박물관 뒤편 주산에 올라 44호 고분의 원래 자리로 향했다. 저 멀리 여신 정견모주(政見母主)와 하늘신 이비가(夷毗訶)가 사랑을 나눈 가야산이 보인다. 대가야의 시조 이진아시왕(伊珍阿豉王)은 이들의 큰아들이다.

"아버지, 난 영문도 모른 채 아버지랑 여기에 묻혀서 속상해."

무덤 앞에서 딸이 투덜댄다. 오랜만에 바깥바람을 쐬니 신나면서도 아버지에게 늘어놓던 불만은 여전하다.

"아버지도 너한테는 참 미안하구나. 세상의 즐거움도 맛보지 못하고 내세에 왔으니 말이다."

아버지는 새삼 딸이 안쓰럽다. 조국에 대한 충성심이 남달랐던 아버지는 딸과 함께 기꺼이 순장에 동참했다. 비록 현실의 세상이 죽은 뒤에도 이어진다는 대가야의 계세사상(繼世思想)을 따랐지만, 나이 어린 자식의 목숨을 스스로 끊게 한 건

차마 못 할 짓이었다. 이제 와 생각하니 좀 억울하기도 하다. 차라리 그 친구들처럼 도망칠걸 그랬다는 생각도 든다.

대가야에서는 왕과 같이 신분이 높은 사람이 죽으면 그를 보필하던 시종은 물론, 각 연령층의 호위무사와 농민, 수송인 등 신분이 다양한 사람들을 함께 매장해 사후의 생활에 불편함이 없도록 했다. 농사를 짓던 28호 석곽의 부녀도 이런 이유로 44호 고분에 순장된 것이다. 옷을 만들던 옆 석곽의 부부와 몸종이던 소녀, 그 옆의 남자와 여자도 같은 이유로 함께 매장됐다. 그러나 순장 행사가 치러지던 날 마부 몇 명은 끝내 나타나지 않았고, 결국 빈 석곽만 남겨둔 채 봉분을 쌓았다. 아마도 이승의 미련을 버리지 못해 어디론가 몸을 숨겼을 것이다.

어느새 땅거미가 내려앉은 지산리 고분군은 어둑어둑해졌고, 철부지 딸의 손을 잡은 아버지의 눈가에는 이슬이 맺혔다.

슬쩍 눈치를 살피던 어린 딸이 말했다.

"아버지, 우리 박물관 보기로 했잖아요. 빨리 가요."

"그래, 내려가자. 계단 조심하구."

박물관 입구의 사무실에는 아직 불이 켜졌다. 그러나 인기척은 없어 보였다. 부녀는 사무실을 통해 박물관 안으로 들어갔다. 왕릉전시관과 달리 대가야박물관

왕릉전시관
내부 전경

은 아직 전시실의 조명을 끄지 않았다. 전시실에는 금귀고리, 금동관 등 장신구와 투구, 갑옷, 칼 등 철제 무기류, 굽다리접시와 목항아리, 그릇받침 등 다양한 토기들이 있다.

아버지는 일상생활에서 사용하던 토기들을 보니 반가웠다. 평소에는 감히 가까이서 보지 못하던 금귀고리나 금동관을 보니 신기하기도 했다. 아버지는 자신이 살던 시절의 생활과 문화를 딸에게 이야기했다.

한창 말을 잇던 아버지는 금동관을 설명하는 대목에서 말문이 막혔다. 금동관을 보자니 집권 국가의 단계에 진입하려는 순간, 백제와 신라에 패망한 조국의 운명이 보이는 듯했기 때문이다. 대가야의 금동관은 다른 나라와 구별되는 특징이 있지만, 전체 가야 지역을 볼 때 장식의 모양이 통일되지 않았다. 대가야의 왕권이 백제나 신라의 왕권에 미치지 못했다는 방증이기도 하다. 아버지의 머릿속에는 이런 사실과 대가야의 패망이 한 줄로 연결돼 그려졌다. 오랜만에 딸과 즐거운 시간을 보내는데 아버지의 가슴은 자꾸 먹먹해진다.

그런데 아뿔싸, 생각해보니 시간을 너무 끌었다. 호위무관들이 순찰하는 시각이 지난 것 같다. 부녀는 서둘러 박물관을 빠져나와 왕릉전시관으로 향했다.

입구로 들어서는 순간, 누군가 아버지의 양팔을 거칠게 잡는다. 호위무관이다. 갑작스런 상황에 부녀는 겁에 질려 부들부들 떨었다.

"어디에 갔다 온 게야? 왕의 무덤을 떠나서는 안 된다는 것을 잊었나?"

"그, 그게…."

아버지의 목소리는 기어들어갔다. 부녀는 자초지종을 설명할 틈도 없이 호위무관들의 석곽으로 끌려갔다. 잠시 후 호위대장이 다가왔다. 그는 떨고 있는 부녀를 한참 뚫어지게 쳐다보았다.

"자네의 충성심은 잘 알지만 규율을 어겼어. 바깥에서 두 사람의 모습을 본 사람은 없겠지?"

"예, 아무도 없습니다. 탈출할 생각도 아니었고요. 딸과 함께 대가야의 옛 모습을 보고 싶었을 뿐입니다."

"그래? 밖에서는 대가야의 옛 모습을 많이 알고 있던가?"

호위대장이 다소 수그러든 태도로 물었다.

"발굴된 유물을 통해 대강의 모습만 짐작하는 것 같았습니다."

"그럴 거야. 원래 패망한 나라는 역사도 지워지게 마련이지. 그런데 한 가지 비밀이 있어. 우리의 마지막 임금 도설지왕(道設智王)께서는 지금도 대가야의 부활을 꿈꾸고 계시지. 적어도 우리 고대국가가 3국이 아니라 4국이었다는 사실을 알리고 싶어서. 하지만 아직 때가 되지 않았지."

"그럼 언제?"

"우선 대가야 연구를 게을리 한 후손들이 반성해야 해. 그래야 44, 45호 고분을 통해 대가야를 살짝 보여준 도설지왕이 더 많은 것을 알려줄 거야. 그게 언제인지는 아직 발설할 수 없다."

호위대장은 무언가 아는 듯했지만 더는 말을 잇지 않았다. 그리고 부녀에게 한 번만 눈감아주겠노라며 자리를 떠났다. 부녀는 풀린 다리를 간신히 움직여 28호 석곽으로 돌아왔다. 딸을 먼저 눕힌 아버지는 자리에 걸터앉아 생각에 잠겼다.

'사람들은 대가야의 진실을 언제 알 수 있을까?'

참고 문헌과 자료 출처

정동락(대가야박물관 학예 담당)
《대가야》, 대구은행
《대가야와 여섯가야》, 대가야박물관
《잃어버린 왕국 대가야》, 매일신문 특별취재팀, 창해

대가야박물관 » 왕릉전시관 » 지산리 고분군 » 대가야역사테마관광지

대가야가 가장 번성한 400년대에는 수도 고령 지역을 중심으로 합천, 거창, 함양, 산청 등 영남 권역과 남원, 장수, 진안, 임실, 구례, 순천 등 호남 권역까지 관할하는 영역 국가의 모습을 갖췄다. 더욱이 479년 하지왕(荷知王) 때는 고구려, 백제, 신라의 왕들처럼 중국에 사신을 파견해 보국장군본국왕(輔國將軍本國王)이라는 작호까지 받았다. 대가야의 왕은 '대왕'으로 불리며 다른 가야국을 이끌었다. 강성 대국의 바탕에는 우수한 철기 문화가 있었다. 그러나 주변국의 끊임없는 침략에 국력은 점점 쇠퇴해졌고, 562년 대가야는 역사의 뒤안길로 사라지고 말았다.

대가야의 토기는 직선적인 신라 토기와 달리 굽다리나 목 등을 아름다운 곡선으로 처리했다. 귀고리 등 장신구도 신라나 백제와는 다른 특징을 보인다. 특히 고령에서 출토된 금동관은 풀잎이나 꽃잎 모양의 솟은 장식이 금동띠 고리에 꽂혔고, 정상에는 양파 모양 봉우리가 올라앉았다. 이는 신라 관의 '出' 자 모양이나 새 날개 모양과 뚜렷이 구별되는 점이다.

대가야의 역사와 문화를 한눈에 볼 수 있는 박물관에는 주로 고령 지역에서 출토된 유물이 전시된다. 44호 고분의 내부 모습을 재현한 왕릉전시관에서는 순장된 이들의 석곽과 특징을 살펴볼 수 있다.

대가야역사테마관광지는 고령군이 개발한 테마 관광지로, 대가야의 의식주와 철기 문화를 애니메이션과 함께 살펴볼 수 있다. 특히 4D 영상관에서는 좌석까지 움직이는 입체 화면을 제공해 생동감 있는 영상을 즐길 수 있다. 이밖에 야외 분수와 물놀이 시설을 갖춰 가족 단위 방문 코스로 제격이다. 향후 방갈로 형태의 숙박 시설도 조성할 예정이다.

문의 대가야박물관(054-950-6071, www.daegaya.net)

여행 정보

| 우륵박물관 |
고령군 고령읍 쾌빈리에 위치. 가야금을 창제한 악성 우륵과 관련된 자료를 수집·보존하고, 가야금의 세계를 쉽게 이해할 수 있도록 건립한 테마 박물관이다. 우륵의 생애와 가야금의 기원, 전통 국악기 등이 전시되며, 악기 소리를 직접 청취해볼 수 있다. 관람시간은 오전 9시~오후 6시(동절기는 오후 5시, 월요일 휴관), 관람료는 어른 2천원, 청소년 1천500원. **문의** 054-950-6789

안화리 암각화

| 안화리 암각화 |
고령군 쌍림면 안화리에 위치한 청동기시대의 암각화로, 경북 기념물 제92호로 지정되었다. 퇴적 변성암에 쪼기 수법으로 암각화 3점을 새겼다. 영일 칠포리 암각화와 비슷한 모양으로 보아 청동기시대 해안인과 내륙인의 의식구조가 비슷했던 것으로 추정된다. 선사시대 사람들의 표현 기법, 신앙 등을 연구하는 데 귀중한 자료다.

양전동 암각화

| 양전동 암각화 |
고령군 고령읍 장기리에 위치. 1971년에 발견된 양전동 암각화는 높이 3m, 너비 6m 산

우륵박물관

09:00~11:00	대가야박물관
11:00~12:00	왕릉전시관
12:00~13:00	점심식사
13:00~15:00	지산동 고분군
15:00~17:00	대가야역사테마관광지
17:00~18:00	우륵박물관
18:00~19:00	숙소 이동, 저녁식사

대가야역사테마관광지

비탈에 겹둥근 무늬와 십자 무늬, 탈 모양 등이 조각되었다. 선사시대에 농경 의례나 제사 때 사용하던 장소로 추정된다.
문의 고령군 문화체육과(054-950-6105)

| 고천원공원 |

고천원공원

고령군 고령읍 지산리 가야대학교 내에 있는 공원으로, 일본 건국 신화에 등장하는 여러 신들이 머물렀던 곳이 고령 지역이었음을 기념하기 위해 건립했다. 고령이 일본 황실 선조의 고향이라는 내용을 담은 비석이 있으며, 매년 고천원제를 지낸다.
문의 고령군 문화체육과(054-950-6105)

| 개실마을 |

개실마을

고령군 쌍림면 합가리에 위치. 영남학파의 종조 점필재 김종직 선생의 후손이 350년간 집성촌을 이루는 전통 마을이다. 음식, 놀이, 혼례, 농사 등 각종 전통문화 체험 프로그램을 통해 우리 고유의 다양한 문화를 접해볼 수 있다. 한옥에서 하룻밤 숙박은 특별한 추억을 선사한다. **문의** 054-956-4022

개실마을

● **맛집**
고령읍 인근에 도축장이 있어 신선한 소·돼지고기를 맛볼 수 있다. 영남식육식당(054-954-2303)과 복동이숯불갈비(054-956-3310), 선지해장국이 일품인 진국명국(054-956-6900), 샤브샤브로 유명한 대통대맛(054-956-6746), 갈치정식을 맛볼 수 있는 옛촌가든(054-955-0986) 등이 추천할 만한 집이다.

● **숙박**
개실마을 민박(054-956-4022)이 특별한 잠자리를 제공하며, 고령읍에는 무인셀프스카이파크모텔(054-956-4546) 등이 있다.

● **찾아가는 길**
중부내륙고속도로 성산 JCT에서 88고속도로를 타고 고령 IC로 나간다. 여기서 고령 방면으로 약 4km 진행하면 대가야박물관이 있다.

2 day

- 09:00~12:00 개실마을 전통 체험
- 13:00~14:00 안화리 암각화
- 15:00~16:00 고천원공원
- 08:00~09:00 아침식사
- 12:00~13:00 점심식사
- 14:00~15:00 양전동 암각화

사도세자와 충직한 신하에게서 소통과 믿음을 배우다
성주 한개마을

수백 년 전통을 이어온 한개마을은 중요민속자료 제255호로 지정되었다.
영남 최고의 명당으로 꼽히는 이 마을은 성산 이씨의 집성촌이자, 우리나라 전통 가옥의 보고다.
한개마을의 돌담길은 전국에서 열 손가락 안에 들 정도로 아름답다.
그러나 이 마을의 아름다움은 사도세자를 향한 충정과 신의가 배어 있는
어서문의 북비고택이 있기에 그 가치가 더하다. 아버지와 아들의 소통, 주군과 신하의 믿음이
얼마나 중요한지 찬혁이와 함께 한 한개마을 여행에서 뼈저리게 실감한다.

성주

한개마을 돌담길

나는 지금 찬혁이와 함께 성주 한개마을로 향하고 있다. 생각해보니 줄곧 모범생이던 아들이 고2가 되면서 급격히 말수가 줄었고, 성적도 떨어졌다. 예전에는 아들과 비교적 많은 시간을 보냈는데, 최근에는 일을 핑계로 얼굴조차 보지 못하는 날이 많았다.

그다지 내키지 않아 하는 찬혁이를 데리고 반 강제로 여행을 떠났다. 목적지를 한개마을로 삼은 이유는 오랜만에 한적한 시골 돌담길을 걷고도 싶었지만, 사도세자의 호위무관이던 훈련원 주부 이석문이 칩거했다는 북비고택을 찾기 위함이다. 사도세자. 당파 싸움의 희생양이자 아버지 영조에 의해 처참하게 죽어간 비운의 왕세자다. 나중에 후회하며 '생각하며 슬퍼한다(思悼)'는 시호를 지어주면 무슨 소용인가? 아들은 세상과 인연이 끝난 것을….

사도세자의 곁에서 그림자처럼 경호하던 이석문은 상관의 억울한 죽음을 호소했지만, 영조는 오히려 그의 관직을 삭탈했다. 이석문은 고향 성주로 내려와 집을 짓고, 사립문을 북쪽으로 냈다. 그리고 매일 북녘의 사도세자를 향해 절을 올렸다. 세월이 흘러 자신의 과오를 뉘우친 영조가 이석문에게 복직을 명했지만 그는 끝내 받아들이지 않았다. 훗날 사도세자의 아들 정조가 왕위에 올라 이석문의 후손이 장원급제하자 "지금도 너희 집에 북비가 있느냐?"며 사도세자에게 충성을 다한 신하의 안부를 물었다고 한다. 그의 충절이 녹아 있는 집이 바로 북비고택이다.

성주로 향하는 고속도로를 달리는 동안 머릿속에는 이런 저런 생각이 가득하다. 조수석에 있는 찬혁이는 곯아떨어진 지 오래다. '아버지가 아들을 좀더 이해했으면 이런 비극은 없었을 텐데, 소통의 부재가 엄청난 결과를 초래한 것 아닐까?' 비운에 간 상관을 그리며 평생을 보낸 이석문의 충절도 참 대단하다. 그런데 나는 찬혁이를 얼마나 이해하고 있을까?

얼마 전 찬혁이는 친구들과 어울려 오토바이를 타다 경찰의 폭주족 단속에 걸렸다. 당혹스럽기도 하고, 답답하기도 했다. 경찰서를 나서며 다그쳐봤지만 녀석은 묵묵부답, 어깨만 축 늘어뜨리고 있었다. 나도 하늘만 쳐다볼 뿐이었다.

영취산의 품에 안긴 한개마을이 저만치 보인다. 영남 최고의 명당이라고 알려진 마을답게 고즈넉하게 자리 잡은 모양새가 기품 있다.

한주정사에서
내려다본
한개마을과 북비

"아빠, 다 온 거야?"
찬혁이가 부스스 눈을 뜨며 묻는다.
"그래, 다 온 모양이다."
마을 입구에 차를 대고 찬혁이와 함께 걸었다. 고풍스런 고택과 함께 크기며 모양이 제각각인 돌담이 길을 따라 쭉 이어졌다. 황토 사이에 군데군데 자연석을 끼워 쌓은 돌 하나하나가 살갑고 정겹다. 언젠가 문화재청에서 우리나라의 아름다운 돌담길 10곳을 선정했는데, 그중 한개마을이 속했다는 말을 들었다. 직접 와서 보니 과연 그럴 만하다.
"아빠, 난 이런 거 첨 보네. 이거 다 쌓으려면 꽤 힘들었겠다."
찬혁이의 표정이 조금 밝아지는 듯하다. 녀석의 눈빛도 차츰 빛나기 시작한다.
"우리야 아파트에 사니까 옆집에 누가 사는지도 잘 모르지만, 옛날에는 동네 사람들끼리 힘든 일은 나눠서 했어. 힘들었겠지만 재미도 있었을 거야."
초가을로 접어드는 한개마을의 햇살은 따스했다. 어색함이 채 가시지 않은 우리는 돌담길을 따라 하회댁, 극와고택, 도동댁, 한주종택을 차례로 둘러봤다. 진주목사 이우(李友)가 터를 잡았다는 하회댁은 잔디와 기와집이 어울려 정갈한 맛을 더한다. 사랑채가 초가로 된 극와고택을 지나 한주종택에 도착했다. 'ㅁ'자형 안채가 원형대로 남아 있는 한주종택은 이 마을 민가 배치의 표준 형식을 잘 보여준다.

"근데 아빠, 여기 집들에는 지금도 사람이 사나 봐."
찬혁이가 신기한 듯 물었다.
"그렇다네. 실제 생활하는 공간이라니 친근하긴 한데, 들여다보기가 조심스럽다. 그치?"
왔던 길을 되돌아 마침내 북비고택에 도착했다. 북쪽의 사립문(北扉)이라는 현판이 보인다. 안으로 들어가 사랑채 마루에 앉았다. 인적 없는 집 안에 둘이 있으니 가뜩이나 서먹한 부자의 모습이 엉거주춤하다.

처마 밑으로 이어진 돌담길

"찬혁아, 여기는 말야… 너 국사 시간에 배웠지? 사도세자가…."
더듬더듬 찬혁이에게 사도세자의 억울한 죽음과 이석문의 충절을 이야기했다.
"어떻게 아버지가 그럴 수 있지?"
"글쎄 말이야."
"아빤 그럴 수 있어?"
"아니."
한참 뒤 찬혁이가 또 묻는다.
"아빠, 나 사랑해?"
"그… 그럼."
불쑥 던진 녀석의 질문이 지극히 평범한데도 가슴 한구석을 쿡 찌른다. 슬며시 찬혁이의 손목을 잡았다. 잡은 손에 서서히 힘이 들어간다. '아빠 마음 알지?' 차마 이 말을 하지 못했다. 대신 녀석의 손을 꼭 잡은 채 천천히 북비고택 이곳저곳을 둘러봤다. 이석문의 손자가 지었다는 안채와 사랑채를 둘러봤다. 고택은 화려하지 않지만 집주인의 충절을 닮은 듯 반듯하다. 조선시대 지조 있는 양반의 품위가 엿보인다. 그리고 이곳에서 이석문의 사람에 대한 믿음을 배운다. 끊임없는 소통을 통해 쌓은 확고한 믿음은 북비고택을 비롯한 한개마을의 옛집들이 수백 년을 이어오듯 든든한 버팀목이 될 것이다.
북비고택을 나서 좀 전에 들렀던 한주종택 안으로 들어섰다. 주인아주머니께 양해를 구하니 선뜻 둘러보라 하신다. 마을을 내려다볼 수 있는 별당채 한주정사에 올랐다. 저 멀리 들판을 내려다보니 가슴속까지 시원하다. 짙은 녹음과 기와지붕 사이로 불어오는 바람이 상쾌하다. 서먹하던 찬혁이와도 한결 친근해진 느낌이다.

"아빠도 오토바이 한번 배워볼까? 근데 좀 위험할 것 같기도 하고…."
"나도 잘 못 타. 그냥 호기심에 몇 번 타봤을 뿐이야."
"찬혁이랑 단둘이 있으니까 좋다."
"아빠, 다음에 또 오고 싶다."

 참고 문헌과 자료 출처
성주군 문화관광 홈페이지 http://sjmelon.go.kr/tour
네이버 백과사전 http://100.naver.com/100.nhn?docid=741265
네이버 블로그 '초아의 삶과 그리움' http://blog.chosun.com/blog.log.view.screen?blogId=46498&logId=1949495

스토리가 있는 여행 길

북비고택의 안채

마을 입구 》 첨경재 》 한주종택 》 도동댁 》 극와고택 》 하회댁 》 월곡댁 》 북비고택 》 교리댁

영취산 아래 폭 싸인 한개마을 여행은 논길 따라 이어진 진입로부터 시작한다. 마을 입구에 들어서면 길이 크게 두 갈래로 나뉜다. 오른쪽부터 마을 구경을 시작하면 한개마을의 돌담길 정취를 맘껏 감상할 수 있다. 불규칙하게 쌓인 자연석이 황토에 묻혀 높지도, 낮지도 않게 이어진다. 그 길을 따라 첨경재, 한주종택, 도동댁, 극와고택, 하회댁이 자리하고 있다. 마을 내 다섯 개 재실 중 하나인 첨경재를 지나면 북비고택과 더불어 한개마을의 대표적 고택인 한주종택이 나온다. 경북 민속자료 제45호로 지정되었으며, 조선 말 유학자 이진상(李震相)이 학문을 닦은 곳이다. 별당채 한주정사에 오르면 마을 전체가 한눈에 내려다보인다.
고샅길을 내려와 반대쪽으로 가면 월곡댁과 북비고택, 교리댁에 닿을 수 있다. 월곡댁은 20세기 초 목조 건축의 전형을 보여준다. 북비고택은 경북 민속자료 제44호로 지정되었으며, 사도세자의 충신 이석문의 지조가 서린 곳이다. 교리댁은 이 마을에서 가장 오래된 건축물로 알려졌다.
고택에는 대부분 마을 주민들이 거주하고 있다. 호기심에 아무 곳이나 불쑥 들어가면 실례를 범하기 십상이다.
문의 성주군 문화체육정보과(054-930-6067)

세종대왕자태실

여행 정보

| 세종대왕자태실 |
성주군 월항면 인촌리에 위치하며, 사적 제444호로 지정되었다. 세종대왕의 적서 18왕자 중 큰아들 문종을 제외한 17왕자의 태실과 원손 단종의 태실이 있다. 우리나라 왕자 태실이 완전하게 군집을 이룬 유일한 형태고, 조선시대 태실 초기 형태 연구에 중요한 자료라는 점에서 문화재적 가치가 높다.

| 성산동 고분군 |
성주군 성주읍 성산리에 위치하며, 사적 제86호로 지정되었다. 성산가야 수장층의 분묘로 추정되는 고분군은 해발 389m 성산 줄기를 따라 크고 작은 무덤이 밀집되었다. 현재까지 129기가 확인돼 정비·복원 작업이 진행되고 있다. 주실인 석실보다 부곽에 넘칠 정도로 많은 유물이 부장된 것이 특징이다.

성산동 고분군

| 성밖숲 |
성주군 성주읍 경산리에 위치하며, 천연기념물 제403호로 지정되었다. 풍수지리 사상에 따라 성주읍성 밖에 조성된 숲은 300~500년 된 왕버들 57주가 자생하고 있다. 기록에 따르면 성 밖 마을의 아이들이 이유 없이 죽는 등 여러 흉사가 발생해 이를 방지하고자 숲을 조성한 것으로 전해진다. 왕버들로만 구성된 단순림으로 학술적 가치가 높은 곳이다.

성밖숲

| 가야산 야생화식물원 |
성주군 수륜면 백운리에 위치. 가야산을 야생화의 메카로 만들기 위해 조성된 국내 최초의 야생화 전문 식물원. 총 400여 종의 수목과 야생화를 식재해 보전과 자연 학습, 학술 연구와 발전에 기여하고 있다. 종합전시관과 유리온실을 갖추었으며, 관람 시간은 오전 10시~오후 5시(매주 월요일 휴관). 관람료 무료. **문의** 054-931-1264

| 참외생태학습원 |
성주군 성주읍 대흥리에 위치. 참외의 본고장 성주군이 참외의 기원, 재배 농기구, 참외

1 day

09:00~12:00
한개마을

12:00~13:00
점심식사

13:00~14:30
성산동 고분군

14:30~15:30
성밖숲

15:30~17:00
참외생태학습원

17:00~18:00
세종대왕자태실

18:00~19:00
숙소 이동, 저녁식사

음식 등을 소개하고 전시하기 위해 조성했다. 분야별 전시 공간과 유리온실, 비닐하우스 등에서 참외의 모든 것을 보고 듣고 체험할 수 있다. 관람 시간은 오전 10시~오후 6시(동절기 오후 5시, 매주 월요일 휴관), 관람료 무료. **문의** 054-933-0375

참외생태학습원

| 독용산성, 성주호 |

성주군 가천면 금봉리에 위치. 해발 955m 독용산 정상에 있는 산성으로, 둘레 7.7km에 달한다. 산성 내 수원이 풍부하고 활용 공간이 넓어 장기 전투에 대비하기 좋으며, 영남 지방에서 가장 큰 산성이다. 지금은 성문과 성벽 일부만 남았으며, 최근 웅장한 성곽 일부와 아치형 동문을 복원했다. 산성에서 내려다보는 성주호가 멋지다.

| 두리실마을 |

두리실마을의 무명 짜기

성주군 용암면 본리2리에 위치하며, 경북 무형문화재 제16호로 지정되었다. 500년 동안 목화 재배와 무명 짜기 기법을 이어오는 마을. 무명 짜기 기능 보유자 백문기씨가 중요무형문화재 제87호 조옥이씨에게 전통 길쌈 기법을 전수받아 지금에 이르고 있다. 연간 5필이 넘는 무명을 짜며, 사랑채에 베틀을 설치해 작업 광경을 시연한다. **문의** 054-932-2146

| 회연서원 |

성주군 수륜면 신정리에 위치. 조선 선조 때 한강 정구(1543~1620)의 제자들이 지방민의 유학 교육을 위해 세운 서원. 숙종 1년(1690)에 사액 받았다. 서원 앞뜰 백매원에는 신도비가 있으며, 유물전시관에는 선생의 저서와 문집의 각종 판각 등 유물과 유품이 보존되었다.

회연서원

● **맛집**
성산리 원무술한우촌(054-933-1611)의 주목심과 안창살, 차돌박이가 유명하고, 성주읍 양반골식당(054-931-3800)은 보쌈정식이 맛있다. 성주시장의 장터분오국수집(054-931-3296)은 칼국수와 수제비를 잘하고, 월항면의 왜관식당(054-932-9554)은 청국장으로 소문났다.

● **숙박**
가야산 입구의 가야산관광호텔(054-931-3500), 가야산시실리황토펜션(054-932-1133)이 특별한 잠자리를 제공한다. 가야산 농촌 체험 마을이나 성주 읍내의 모텔을 이용하는 것도 좋다.

● **찾아가는 길**
중부내륙고속도로 남성주 IC로 나와 용정삼거리에서 좌회전, 광영사거리에서 성주 방면으로 좌회전한 뒤 신부사거리에서 월항 방면으로 우회전해 약 2.7km 달리면 한개마을에 닿는다.

2 day

- 08:00~09:00 아침식사
- 09:00~11:00 두리실마을 (무명 짜기)
- 11:00~12:30 회연서원
- 12:30~13:30 점심식사
- 13:30~15:00 가야산 야생화식물원
- 15:00~18:00 독용산성, 성주호

고즈넉한 풍경과 격조 높은 건축물이 아름답다
칠곡 가실성당

가실성당은 오래된 역사만큼이나 아름다움과 품위를 갖춘 우리나라 대표적 성당이다. 신 로마네스크 양식으로 지어진 성당은 경북 유형문화재 제348호로 지정되었으며, 영화 〈신부수업〉의 촬영지로도 유명하다. 성당 내부의 안나 모녀상과 칠보 작품 〈엠마오〉는 국내에 유일하게 존재한다. 그러나 무엇보다 가실성당이 가슴에 와 닿는 건 성당 한쪽에서 고즈넉한 풍광을 감상하며 차분하게 마음을 정리할 수 있기 때문이다. 〈신부수업〉의 주인공 규식과 봉희가 결혼 후 오랜만에 가실성당을 찾았다.

글·사진 | 윤규식

가실성당 전경

가실성당 내부의
나무 의자와 십자가

"와! 여전히 아름답다."
만삭의 몸을 이끌고 가실성당 언덕길을 오르던 봉희가 감탄사를 연발한다.
"그러게, 예전 그대로네. 참 좋다."
손을 잡고 함께 걷던 규식도 맞장구친다.
몇 년 전 영화〈신부수업〉에서 배우 권상우와 하지원이 두 사람의 사랑 이야기를 아름답게 연기해 많은 사랑을 받았다.
규식은 서품 최종 단계에서 봉희를 잊지 못해 결국 신부의 길을 포기했고, 봉희는 옛사랑과 함께 미국행을 결심하고 공항까지 나갔지만 탑승 직전 발길을 돌렸다. 그리고 이곳 가실성당에서 다시 만난 두 사람은 사랑을 약속했다. 어렵게 선택한 사랑이기에 규식과 봉희는 누구보다 예쁘게 사랑했고, 며칠 뒤면 마침내 그 사랑의 결실이 태어난다.
봉희는 뱃속의 아이에게 규식과 운명적인 사랑이 싹튼 가실성당을 꼭 보여주고 싶었다. 그리고 지금 규식과 함께 그 작은 소망을 이루고 있다.
아침저녁으로 선선한 초가을이지만 한낮의 햇볕은 아직도 좀 따갑다. 언덕길을 오르는 동안 봉희의 이마에는 땀방울이 송골송골 맺힌다. 두 손 모아 기도하는 성모마리아처럼 가운데로 우뚝 선 종탑이 맨 처음 보이더니, 회색과 붉은색이 멋스럽게 어우러진 기둥과 벽이 서서히 모습을 드러낸다. 짧은 거리인데도 두 사람은 어렵게 성당 문 앞까지 걸었다. 봉희의 가쁜 숨이 턱까지 찼다. 안쓰럽게 바라보는 규식의 표정이 못내 초조하다. 하지만 어디선가 불어온 산들바람이 이내 봉희의 젖은 이마를 말렸고, 규식의 얼굴도 다시 밝아졌다.
"우리, 안으로 들어가 보자."
규식은 봉희의 손을 잡고 성당 문을 열었다. 길게 이어진 반원형 지붕과 짙은 갈색 기둥, 줄지어 놓인 긴 의자가 정갈하다. 아무도 없는 성당 안은 고요했고, 양

옆 색 유리창마다 울긋불긋 고운 빛깔이 은은히 퍼진다. 예수의 생애를 40가지로 나눠 그린 색 유리창은 독일의 작가 에기노 바이너트(Egino Weinert)의 작품이다.

"여기는 언제 봐도 참 편안해. 마음도 차분해지고."

봉희가 속삭이듯 나지막이 말했다.

"가실성당 문이 언제나 열려 있다는 거 알아?"

규식이 물었다.

"알지. 그래서 난 가끔 한밤중에 여기 앉아 기도하곤 했어."

"그랬군, 나도 그런 적 있는데."

규식의 입가에 엷은 미소가 번진다.

두 사람은 천천히 성당 안을 둘러보았다. 그러던 중 규식이 한 곳을 가리키며 환히 웃는다.

"봉희야, 저 그림 생각나?"

규식이 봉희가 세례 받는 연습하던 곳에서 물었다. 마주 보는 두 사람 사이로 저만치 걸려 있던 그림. 에기노 바이너트의 칠보 작품 〈엠마오〉다.

봉희는 특유의 새침한 표정으로 말했다.

"글쎄… 예수님이랑 제자가 떡 같은 걸 먹고 있네."

"하하, 맞아. 엠마오로 가던 두 제자가 함께 떡을 떼면서 그제야 부활하신 예수님을 알아보는 장면이야. 우리나라에 하나뿐이래."

사제관 옆의 성모마리아상

하나라는 말에 봉희는 다시 한 번 그림을 훑어봤다. 하지만 봉희는 그보다 보고 싶은 것이 있었다. 가실성당의 수호성인 안나 모녀상이다. 가톨릭에서는 신자마다, 교회마다 자기가 믿고 본받기 바라는 수호성인이 있다. 가실성당은 예수의 외할머니, 그러니까 성모마리아의 어머니 '안나'를 모신다. 굳은 믿음으로 마리아를 가르친 어머니의 교육을 본받기 위함이다. 얼마 후면 엄마가 될 봉희가 가실성당을 꼭 찾고 싶었던 진짜 이유는 여기에 있었다.

"데오 그라시아스."

봉희의 모습을 보며 규식이 되뇌었다. 하느님에게 하는

감사와 사랑 고백을 남들이 알아듣지 못하게 암호처럼 하는 말이다. 암호는커녕 아는 사람은 다 아는 말인데도 규식은 자주 이 말을 쓴다. 그녀도 규식의 옆에서 따라 했다.
"아니 이게 누구야?"
갑자기 등 뒤에서 누가 말을 건넨다. 가실성당의 현익현 주임신부다. 훤칠한 키에 맘씨 좋아 보이는 현 신부는 독일 태생이다. 일흔을 바라보는 나이지만 훨씬 젊어 보인다. 우리나라에 온 지도 벌써 10년이 지나 얼굴만 외국인이지 말투는 한국인과 거의 흡사하다.
"신부님, 건강하시죠?"
"그럼. 자, 내 방으로 가지."
현 신부는 두 사람을 집무실로 안내했다. 그리고 한참 동안 살아온 이야기를 나눴다. 현 신부는 두 사람이 떠난 후 성당이 더 많이 알려져 찾아오는 사람도 늘었고, 언론에도 자주 소개되어 부쩍 바빠졌다고 전했다. 둘의 안부를 묻는 사람들도 많다고 한다.
현 신부는 보여줄 것이 있다며 두 사람의 손을 잡고 사제관 한쪽으로 향한다. 평소에는 잠가놓지만 오늘은 특별히 두 사람을 위해 열쇠를 들고 나왔다. 방 안에 들어서자 오래된 종이 냄새가 가득하다. 내부는 온통 옛 문서와 서적으로 가득하다. 한쪽 벽에는 가실성당의 역사를 한눈에 볼 수 있도록 초대 하경조 신부부터 역대 신부들의 사진이 나란히 걸려 있다. 성당에서 사용하던 촛대며, 미사에 쓰이던 기구와 포도주를 만들 때 쓰던 착즙기 등도 잘 보존되었다. 저마다 오랜 세월이 지나는 동안 한 시기를 풍미한 추억을 간직하고 있었다.
"본당이 1895년에 지어졌으니 벌써 100년도 지났지. 1922년에 지어진 지금 건물은 중국 기술자들과 함께 직접 벽돌을 구워서 완공했어. 한국전쟁 때는 우리 성당이 양측 군인들의 야전병원으로도 사용됐어. 그래서 다행히 폭격이나 화재를 피할 수 있었지. 얼마나 감사한 일인지 몰라."
"그랬군요."
고개를 끄덕이며 봉희를 보는 순간 규식은 깜짝 놀랐다. 봉희가 잔뜩 얼굴을 찌푸린 채 고통스런 표정을 하고 있다.
"봉희야, 왜 그래?"
"몰라. 갑자기 배가…."
깜짝 놀란 규식과 현 신부는 봉희를 부축하고 황급히 전시관을 빠져나왔다. 산통이 빨리 오나 보다. 차가 있는 곳으로 내려가는 길이 규식에겐 유난히 길게 느껴진다.

"규식씨, 잠깐. 저기 저쪽으로…."

봉희가 저쪽 건물을 가리킨다.

"저긴 화장실인데?"

"예. 맞아요. 그곳으로."

봉희는 쑥스럽게 미소 지으며 그곳으로 달려갔다.

규식과 현 신부는 순간 멍한 표정으로 바라보다 허탈한 듯 크게 웃었다. 규식은 놀란 가슴을 쓸어내리며 하늘을 보고 외쳤다.

"데오 그라시아스!"

📖 참고 문헌과 자료 출처

가실성당 현익현 신부
가실성당 홈페이지 www.gasil.kr
다음 블로그 '여행자유' blog.daum.net/b-pyung/15608335
오마이뉴스 www.ohmynews.com/NWS_Web/view/at_pg.aspx?CNTN_CD=A0001036793

성당 입구 》 성당 내부 》 안나 모녀상 》 칠보 작품 〈엠마오〉 》
유물전시관 》 주변 풍광

가실성당은 2005년까지 '낙산성당'으로 불렸다. 그러나 이 이름은 일제강점기에 붙은 것으로, 성당은 이를 바로잡고자 2005년 이후 원래 이름인 '가실(佳室)'을 사용하고 있다. 이름에 걸맞게 건물과 주변 풍광이 무척 아름답다. 왜관에서 대구로 가는 옛길로 접어들면 가실성당 입구에 닿는다. 가실성당은 한국 교회로는 열한 번째, 대구·경북에서는 두 번째로 설립됐다. 성당 건물은 1922년 당시 본당의 여동선 신부가 중국인 기술자들과 함께 직접 벽돌을 구워 지었다. 회색과 적색 벽돌이 긴 세월이 흐르는 동안 주황빛을 만들고 있다. 성당 내부를 찬찬히 살펴보면 흥미로운 작품들이 많다. 성당의 수호성인 안나 모녀상은 70여 년 전 프랑스에서 석고로 제작돼 들여온 국내 유일의 작품이다. 에기노 바이네트의 칠보 작품 〈엠마오〉도 눈여겨볼 직하다. 돔 천장의 성체등은 지금도 전기를 이용하지 않고 일주일에 두세 번 파라핀 오일을 보충하며 불을 밝힌다.

가실성당과 함께 역사를 간직한 사제관의 창틀에는 아름다운 프랑스 여인이 있다. 창틀 덮개를 고정하기 위한 고리를 주물로 제작한 것인데, 이것 역시 프랑스산이다.

한가한 시간에 성당을 찾으면 현익현 신부님에게 따뜻한 차 한잔 대접받을 수 있다. 성당 밖으로 나와 차분히 주변 풍광을 감상하면 이곳이 '아름다운 집'이란 사실을 새삼 확인하게 된다.

문의 054-976-1102

안나 모녀상

여행 정보

호국의 다리

구상문학관

가산산성

송림사

신동 입석

| 호국의 다리 |

칠곡군 왜관읍 왜관리에 위치. 일제가 대륙 침략을 위해 부설한 경부간 군용철도다. 한국전쟁 발발 직후인 1950년 8월 3일, 북한군의 도하를 막기 위해 폭파되기도 한 이 다리는 그해 10월 총반격 때 침목 등으로 긴급 복구한 뒤 줄곧 인도교로 활용해왔다. 철도청은 철거도 검토했으나, 호국의 상흔을 간직하고자 전면 보수 작업을 거쳐 '호국의 다리'로 명명했다.

| 성베네딕도회 왜관수도원 |

칠곡군 왜관읍 왜관리에 위치. 1909년 독일 베네딕도회 오틸리엔 수도원에서 수도자 5명이 서울에 파견돼 교육 사업을 펼친 것을 시작으로, 1927년에는 북한에서 선교와 사회사업을 펼쳤다. 그러나 북한이 공산화되면서 수도원은 폐쇄되었고, 수도자 30여 명이 처형되거나 옥사하는 등 박해를 당했다. 이에 수도원은 1952년 왜관에 자리 잡은 뒤 교육, 복지 등 활발한 사회사업을 펼치고 있다. 피정의집에서 피정 숙박도 가능하다.
문의 054-970-2000

| 구상문학관 |

칠곡군 왜관읍 왜관6리에 위치. 구상문학관은 우리나라 현대문학사에 큰 족적을 남긴 시인이자 언론인 구상 선생을 기념하기 위해 2002년 10월 개관했다. 1953년부터 왜관에 정착, 20여 년간 왕성한 문학 활동을 펼친 구상 시인은 프랑스문인협회가 선정한 '세계 200대 문인' 가운데 한 사람이다. 문의 054-979-6447

1 day

- 09:00~11:00 가실성당
- 11:00~12:00 성베네딕도회 왜관수도원
- 12:00~13:00 점심식사
- 13:00~15:30 구상문학관
- 15:30~16:00 호국의 다리
- 16:00~17:00 왜관지구 전적기념관
- 17:00~18:00 숙소 이동, 저녁식사

2 day

- 08:00~09:00 아침식사
- 09:00~11:00 가산산성

| 왜관지구 전적기념관 |
칠곡군 석적읍 중지리에 위치. 멀리 금오산이 바라보이는 낙동강변에 자리 잡은 기념관은 한국전쟁 당시 낙동강 일대에서 벌어진 격전을 기념하기 위해 건립됐다. 6개 전시장에 당시 사용된 무기류와 피복 등이 전시된다. **문의** 054-975-9155

| 가산산성 |
칠곡군 가산면 가산리에 위치. 호국의 고장을 상징하는 대표적 유적으로, 국가지정사적 제216호다. 해발 600~900m 골짜기를 에워싼 가산산성은 내·중·외성으로 구성되며, 인조 17년(1639)에 쌓기 시작해 영조 17년(1741)에 완성됐다. 한국전쟁 당시 치열한 교전이 벌어진 곳이기도 하다.

| 한티순교성지 |
칠곡군 동명면 득명리에 위치. 해발 600m 깊은 산중에 을해박해(1815년) 때부터 형성된 천주교 교우촌이다. 1800년에 심한 박해를 받은 천주교 신자들이 수난을 피하기 위해 대구 인근 산간벽지였던 이곳 한티에 살았다. 그러나 신자들은 결국 이곳에서 관군의 습격을 받고 최후를 맞았다. 천진암, 미리내, 솔뫼성지 등과 함께 우리나라의 대표적 천주교 성지다. **문의** 054-975-5151

| 송림사 |
칠곡군 동명면 구덕리에 위치. 팔공산순환도로변에 있는 신라 고찰로, 교통이 편해 가족단위 관광객이 많이 찾는다. 높이 3m에 달하는 대웅전 향나무 불상 3좌는 국내에서 보기 드문 형태다. 또 우리나라에 5기밖에 남지 않은 오층전탑은 보물 제189호로 지정되었다. **문의** 054-976-8116

| 신동 입석 |
칠곡군 지천면 창평리에 위치. 고인돌과 함께 청동기시대 사람들의 일상생활을 알 수 있는 우리나라 최대의 입석이다. 주변에서 무문토기, 석기 등이 발견돼 청동기시대에 세워진 것으로 추정된다.

| 다부동 전적기념관 |
칠곡군 가산면 다부리에 위치. 지정학적으로 전략적 요충지인 다부동고개는 일찍이 왕건과 견훤이 대권의 길목에서 혈투를 벌였고, 병자호란과 임진왜란이 치열하게 펼쳐진 곳이기도 하다. 한국전쟁 당시에도 남한 최후의 보루로 치열한 전투가 벌어져 수많은 병사들이 목숨을 바쳤다. 탱크 모양 기념관 건물이 인상적이다. **문의** 054-973-6313

● 맛집
왜관 읍내의 개성평통보쌈(054-976-5353)과 고궁식당(054-974-0055)의 순대국밥이 괜찮다. 79번 지방도변에 있는 옛고을두부(054-975-6228)의 두부전골, 한티고개의 동명가든(054-975-1778)과 대경식당(054-975-7979)의 오리고기도 추천 음식이다.

● 숙박
송정자연휴양림(054-979-6600)이 특색 있는 잠자리를 제공하며, 단체는 한티순교성지에 있는 피정의집(054-975-5151)을 이용하는 것도 좋다. 이밖에 왜관읍에 샹그리라모텔(054-973-1119) 등 다수의 모텔이 있다.

● 찾아가는 길
경부고속도로 왜관 IC에서 대구 방향으로 나와 500m 직진 후 우회전, 왜관공업단지로 들어가서 끝까지 직진하면 삼거리가 나온다. 여기서 좌회전해 2.7km 진행하면 가실성당 이정표가 보인다.

11:00~12:00	12:00~13:00	13:00~15:00	15:00~16:00	16:00~18:00	18:00~
한티순교성지	점심식사	송림사 	신동 입석 	다부동 전적기념관	귀가

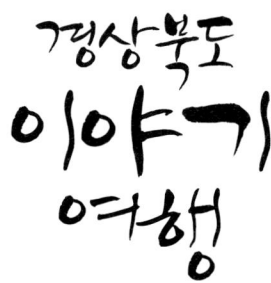

초판 1쇄 2009년 12월 10일
초판 3쇄 2010년 1월 7일

지은이 (사)한국여행작가협회

발행인 겸 편집인 유철상

기획 (사)한국여행작가협회, 경상북도, (재)경북테크노파크
편집 한은희
집필·사진 촬영 정보상, 이신화, 이동미, 윤규식, 정철훈, 문일식, 김연미, 유현영
교정·교열 김지영
일러스트 홍수정
디자인 eve(02-777-5058)

펴낸곳 상상출판
주소 서울시 중구 정동 34-7 동양빌딩 A동 303호
구입·내용 문의 02-777-7627
등록 2009년 9월 22일(제2009-76호)
찍은곳 미래프린팅(주)

＊가격은 뒤표지에 있습니다.

ISBN 978-89-963244-0-9(13980)

ⓒ (사)한국여행작가협회, 경상북도, (재)경북테크노파크

＊이 책은 상상출판사가 저작권자와 계약에 따라 발행한 것이므로 본사의 서면 허락 없이는 어떠한 형태나 수단으로 이용하지 못합니다.
＊이 책의 모든 자료(전화번호, 주소, 홈페이지 등)는 2009년 10월 30일 기준으로 작성되었습니다.
＊잘못된 책은 바꿔드립니다.